L'allemand pour les nuls en voyage !

Paulina Christensen
et Anne Fox

FIRST
Editions

L'allemand pour les Nuls en voyage !

Éditions First, un département d'Édi8
12, avenue d'Italie
75013 Paris – France
Tél. : 01 44 16 09 00
Fax : 01 44 16 09 01
Courriel : firstinfo@editionsfirst.fr
Site Internet : www.pourlesnuls.fr

ISBN : 978-2-412-02244-3
Dépôt légal : avril 2017

Imprimé en France
Traduction: Claude Raimond
Contribution : Terence Collard
Mise en page : Soft Office

L'allemand pour les nuls en voyage !

Sommaire

Introduction

À mesure que l'Union européenne grandit et se renforce, la connaissance d'autres langues que le français – et l'anglais – devient de plus en plus nécessaire. L'allemand est de loin la langue maternelle la plus répandue en Europe. L'économie française a plus de clients et de fournisseurs dans les pays germanophones que nulle part ailleurs. Les liens entre l'Allemagne et la France n'ont jamais été aussi étroits et fructueux, non seulement sur les plans économique et politique, mais aussi dans tous les autres domaines.

Paradoxalement, la proportion des Français qui connaissent l'allemand en entrant dans la vie active n'a cessé de diminuer au cours des dernières décennies. Par suite, un nombre croissant d'adultes veulent aborder aujourd'hui – mieux vaut tard que jamais – l'apprentissage de cette langue réputée difficile. Ils souhaitent aller droit au but, être au plus vite en mesure de prononcer des phrases facilitant leurs visites dans les pays germanophones ou l'établissement de relations durables et productives avec des partenaires de langue allemande.

Ils ne désirent pas tout savoir sur la langue, en découvrir la profondeur ni toutes les finesses mais, dans un premier temps, assimiler ce qui présente un intérêt pratique immédiat : les dialogues pour acheter ou vendre, les conversations à table, en voyage, au bureau, à l'usine, dans un bureau d'étude ou une exposition, en ville, à la mer ou à la montagne.

Ils savent que, pour y parvenir, ils ont besoin d'être guidés pas à pas, de comprendre parfaitement l'essentiel et d'être stimulés dans leur progression par un style alerte, humoristique et, avant tout, clair. Les habitués des livres *pour les Nuls* peuvent reconnaître dans un tel énoncé les points fort de cette collection. Ils ne seront pas déçus.

À propos de ce livre

Vous pouvez utiliser *L'allemand pour les Nuls en voyage !* à votre guise, à votre rythme. Choisissez une approche en harmonie avec vos goûts, vos principes, votre personnalité : tout lire à la suite de la première à la dernière page ; commencer par la fin, c'est à dire par l'index, et y repérer ce qui pique votre curiosité ou correspond à des lacunes que vous désirez combler ; écouter d'abord les pistes audio ; ouvrir les pages au hasard et lire ce qui vous semble *a priori* intéressant. Lisez quand même l'introduction jusqu'au bout. Elle dit à qui le livre s'adresse et donne un aperçu du contenu du livre et décrit les conventions qu'il utilise.

Naturellement, si vous n'avez jamais appris l'allemand et si vous regardez d'abord les chapitres de la première partie, vous éprouverez moins souvent le besoin de revenir en arrière : ils précisent comment prononcer les mots, et contiennent des repères utiles à la construction et à la compréhension d'une phrase allemande.

Conventions utilisées dans le livre

Nous avons établi quelques conventions pour faciliter votre navigation à travers le livre :

- Les termes allemands sont en caractères **bleus** pour les faire ressortir.
- La prononciation suit, entre parenthèses et en *italiques*, les termes en allemand.
- La traduction en français suit, entre parenthèses, la prononciation.

À qui s'adresse ce livre ?

Cet ouvrage a été préparé en pensant aux besoins et aux aspirations du groupe le plus nombreux de lecteurs potentiels : les personnes connaissant à peine ou pas du tout la langue allemande. Certains s'en accommodent ; d'autres le déplorent, mais pensent que tout remède efficace exigerait un investissement lourd en efforts et en temps. Voici les hypothèses sur lesquelles repose *L'allemand pour les Nuls en voyage !* :

- Comme la grande majorité des Français, vous n'avez pas appris l'allemand au cours de vos études.
- Vous savez que l'allemand est une langue riche et puissante, qu'elle exprime la pensée de grands savants, philosophes, écrivains et poètes européens, et qu'elle mériterait d'être étudiée à ces différents titres. Mais vous n'en avez pas le temps, ce n'est pas votre préoccupation du moment. Vos motivations sont essentiellement d'ordre pratique, vous recherchez avant tout l'efficacité pour votre séjour en Allemagne.
- Vous savez qu'aucun livre ne peut à lui seul vous apporter la maîtrise d'une langue. Vous voudriez cependant assimiler suffisamment de mots, expressions et de modèles de construction

de phrases pour communiquer et comprendre des informations relativement simples en allemand.

» Vous avez ou voulez avoir des contacts avec des germanophones, et vous savez qu'une langue est indissociable de la culture qui l'utilise. Vous attendez de ce livre des informations contribuant à une meilleure connaissance des pays de langue allemande, des mentalités et des habitudes de ceux qui y vivent.

Les icônes du livre

Vous pouvez aussi vouloir retrouver certaines catégories d'information en parcourant directement le livre. Les icônes suivantes, dans la marge, faciliteront vos recherches :

TRUC

Cette icône signale des conseils facilitant l'apprentissage de l'allemand.

N'OUBLIEZ PAS

Cette icône vous aide à éviter des erreurs susceptibles de vous mettre dans l'embarras, portant sur le vocabulaire, la grammaire, ou un point d'ordre culturel.

GRAMMAIRE

Cette icône attire l'attention sur des questions grammaticales mentionnées au passage dans des sections portant sur d'autres sujets que la grammaire.

CULTURE

Si vous voulez des informations et des conseils sur la culture et les voyages, recherchez cette icône. Elle vous signale des particularités des pays où l'on parle allemand.

Pour accéder aux fichiers MP3

Afin de vous habituer à la langue allemande et à ses particularités, nous vous proposons des fichiers MP3 mettant en scène des situations que vous aurez de grandes chances de rencontrer, comme passer une commande au restaurant, changer de l'argent ou passer les douanes à l'aéroport.

Vous trouverez les fichiers à télécharger directement sur la page de l'ouvrage. Pour cela, recherchez le titre de ce livre sur le site Internet www.pourlesnuls.fr et cliquez sur le lien de la section « Téléchargement » situé sous la couverture de l'ouvrage.

Et maintenant...

Les lignes qui précèdent vous ont fait entrevoir un chemin pour pénétrer au cœur de la forteresse. Il peut vous y conduire. Toutefois, la clé de voûte de cette introduction – le secret de votre réussite – a été gardée pour la fin.

Pour apprendre une langue vite et bien, il faut l'aimer. L'aimer comme on aime une personne, souvent pour des raisons que la raison ne connaît pas. Voici cependant une excellente raison : la langue allemande est belle. Elle vous attend dans ce livre. Mais elle est fière, et un peu farouche. Vous devrez faire les premiers pas.

Chapitre 1
Bases indispensables

DANS CE CHAPITRE :

- **Les bases de la prononciation**
- **Construire des phrases simples**
- **Poser des questions**
- **Verbes réguliers et irréguliers**
- **Le passé, le présent et le futur**
- **Les cas de la déclinaison**
- **Compter en allemand**

On ne commence pas à apprendre une autre langue par l'étude de sa grammaire, mais par l'absorption d'un peu de vocabulaire, fait de mots faciles à apprendre ou très courants.

Démarrons avec quelques mots allemands que vous connaissez déjà, d'autres dont la consonance française vous permet en général d'en deviner le sens, quelques tournures allemandes très courantes, et il vous explique la manière de prononcer l'allemand.

Des mots d'allemand authentiques

Les mots allemands – vraiment allemands – intégrés dans la langue française et encore identifiables comme tels sont rarissimes. Ceux qui sont présentés ici appartiennent à trois domaines dans lesquels la France et l'Allemagne ont eu dans le passé des contacts de grande ampleur et d'un grand retentissement – la guerre, la musique, la philosophie : **das Blockhaus** (*das blok-h'aôs*) (le blockhaus), **der Ersatz** (*dèèr er-zats*) (l'ersatz), **das Leitmotiv** (*das laït-mô-tif*) (le leitmotiv), **die Weltanschauung** (*dii vèlt-an-shaô-oung*) (la weltanschauung).

Regardez bien ces quatre mots. Ils sont plein d'enseignements sur la langue allemande. Ce sont des mots composés. Les trois premiers comportent chacun deux éléments, le dernier peut être dissocié en quatre parties.

- **Blockhaus** est la réunion de deux substantifs : **der Block** (*dèèr blok*) (le bloc) et **das Haus** (*das h'aôs*) (la maison). Ça veut dire « maison en forme de bloc ».
- **Ersatz** réunit le préfixe **-er** (« particule inséparable ») et le substantif **der Satz** (*dèèr zats*) (le set [tennis], le marc [de café], le dépôt, la phrase [grammaire]...). **Er-** correspond un peu au préfixe français « re » que l'on trouve dans remplacer, remémorer, restaurer... **Satz** est lié au radical du verbe **setzen** (*zèt-sen*) (mettre). **Ersatz**, c'est ce qu'on « met » à la place (faute de disposer de l'authentique).
- **Leitmotiv** réunit la racine du verbe **leiten** (*laï-ten*) (conduire) au nom **das Motiv** (*das mô-tif*) (le motif), et veut dire motif conducteur.
- **Weltanschauung** se compose du nom **die Welt** (*dii vèlt*) (le monde), de la particule séparable **an-**, du radical du verbe **schauen** (*shaô-en*) (regarder) et de la terminaison **-ung** que l'on retrouve à la fin de nombreux substantifs. **An-** apporte l'idée de contact, de durée, **anschauen** celle d'un examen attentif, et le mot tout entier veut dire « façon d'envisager le monde ».

GRAMMAIRE

La terminaison **-ung** vous rappelle peut-être la terminaison anglais -ing qui sert elle aussi à former des substantifs, dont un bon nombre émaillent les langues française et allemande (jogging, lifting...). Ajoutée à la racine d'un verbe, la désinence **-ung** donne un nom. Elle n'est pas utilisée pour former le participe présent. Ce livre n'a pas l'ambition de vous apprendre ce temps, mais voici tout de même la désinence utilisée : **-end**, et un exemple : **die Überlebenden des Tsunamis...** (*dii uu-ber-léé-ben-den dès tsou-naa-mis*) (Les survivants du tsunami...).

En comprenant ce qui précède, vous avez fait un tour presque complet des mécanismes de formation et de dérivation des mots allemands, et découvert un contraste inattendu entre le vocabulaire allemand et le vocabulaire français : le premier est transparent, le second est opaque (sauf si vous avez appris le latin et le grec !). Cette transparence a des conséquences bénéfiques : plus vous connaîtrez de mots, plus vous pourrez comprendre d'autres mots sans explication ni dictionnaire. Les quatre mots qui précèdent peuvent vous aider à comprendre d'autres mots qui vous seront utiles :

» **Blockhaus** vous aide à comprendre **blockieren** (*blo-kii-ren*) (bloquer), **die Blockade** (*dii blo-kaa-de*) (le blocage), **die Hausnummer** (*dii h'aôs-nou-mer*) (le numéro de la rue dans une adresse), **die Hausfrau** (*dii h'aôs-fraô*) (la ménagère), **der Haushalt** (*dèèr h'aôs-halt*) (la tenue du ménage/le budget), **der Hausarzt** (*dèèr h'aôs-artst*) (le médecin de famille).

» **Leitmotiv** vous aide à comprendre **leiten** (*laï-ten*) (conduire), **der Leitfaden** (*dèèr laït-faa-den*) (le fil conducteur), **ableiten** (*ap-laï-ten*) (dériver), **der**

Blitzableiter (*dèèr blits-ap-laï-ter*) (le paratonnerre), **die Leitung** (*dii laï-toung*) (la conduite [d'une entreprise] [de gaz] [d'eau]/le câble [électrique]), **die Einleitung** (*dii aïn-laï-toung*) (l'introduction), **motivieren** (*môô-ti-vii-ren*) (motiver), **die Motivation** (*dii môô-ti-va-tsi-ôôn*) (la motivation).

» **Ersatz** vous aide (un peu) à comprendre **erwerben** (*èr-vèr-ben*) (acquérir), **erscheinen** (*èr-shaï-nen*) (apparaître), **setzen** (*zèt-sen*) (mettre, placer), **ersetzen** (*er-zèt-sen*) (remplacer), **setzen Sie sich!** (*zèt-sen zii zich*) (asseyez-vous).

» **Weltanschauung** vous aide à comprendre **der Weltmeister** (*dèr vèlt-maïs-ter*) (le champion du monde), **die Weltmeisterschaft** (*dii vèlt-maïs-ter-shaft*) (le championnat du monde), **schauen** (*shaô-en*) (regarder), **die Presseschau** (*die prè-se-shaô*) (la revue de presse).

Règles de base de la prononciation

Pour prononcer une langue étrangère correctement, le plus important est de surmonter sa crainte de ne pas y arriver ou de mal prononcer. Si vous entendez une langue étrangère parlée à la vitesse normale, vous risquez de ne même pas pouvoir reconnaître un seul mot ou son que vous pourriez reproduire. Pour maîtriser la langue, vous devez apprendre les règles de base de la prononciation et vous focaliser sur de petites unités, que vous pourrez ensuite étendre – et passer des sons de base à des mots puis à des phrases. Le reste est une question de pratique, de pratique et encore de pratique.

Orthographe et prononciation

L'alphabet allemand comporte 26 lettres, comme l'alphabet français. Certaines lettres sont prononcées de manière un peu différentes du français. En revanche, les mots se prononcent toujours comme il s'écrivent, et ils s'écrivent toujours comme ils se prononcent (à part certains mots étrangers). L'allemand partage cette grande qualité avec une langue que les Français aiment bien, l'italien. Et il est à cet égard aux antipodes d'une langue que beaucoup de Français jugent facile, l'anglais.

L'accent tonique

En allemand, l'accentuation des mots est l'un des moyens utilisés pour les reconnaître et les comprendre. L'allemand accentue chaque mot selon un schéma propre à ce mot, contrairement au français, qui accentue systématiquement la dernière syllabe non muette. Il s'ensuit que lorsque vous apprenez un mot allemand, vous avez intérêt à mémoriser non seulement sa signification, mais aussi la position de l'accent tonique. La prononciation indiquée en italique dans le livre vous montre clairement la syllabe accentuée : elle est *<u>soulignée</u>*. L'emplacement de l'accent tonique n'est d'ailleurs pas arbitraire. Il suit certaines règles, mais il n'est pas utile de les apprendre en tant que telles. Si vous faites attention à la prononciation fournie dans ce livre, vous serez bientôt en mesure de les appliquer d'instinct, sans même les connaître.

La durée des sons de voyelle

Contrairement au français, l'allemand distingue nettement les sons de voyelle brefs des sons de voyelle longs. Il y a des règles pour déterminer la durée des sons de voyelles en fonction de l'orthographe des mots, mais pour vous faciliter la tâche, la prononciation fournie dans le livre signale un son de voyelle long par le doublement de la lettre (ou de la diphtongue) figurant le son de voyelle : **hören** (*h'eueu-ren*) (entendre), **der Laden** (*dèèr laa-den*) (le magasin), **die Tür** (*dii tuur*) (la porte).

En allemand, les voyelles (*a*, *e*, *i*, *o* et *u*) peuvent produire des sons de voyelle brefs ou longs, selon les règles ci-après :

- Une voyelle est longue quand elle est suivie d'un « h », comme dans **der Stahl** (*dèèr shtaal*) (l'acier), **der Stuhl** (*dèèr shtoul*) (la chaise).
- Une voyelle est longue quand elle est suivie d'une seule consonne, comme dans **der Tag** (*dèèr taag*) (le jour).
- Une voyelle est longue quand elle est doublée, comme dans **der Teer** (*dèèr téér*) (le goudron) ou **der Aal** (*dèèr aal*) (l'anguille), **das Boot** (*das bôôt*) (le bateau).
- En général, une voyelle est brève quand elle est suivie de deux consonnes ou plus, comme dans **die Tanne** (*dii ta-ne*) (le sapin).

Le tableau 1.1 vous donne la prononciation approchée des voyelles en allemand au moyen d'exemples et d'un équivalent (en *italiques*) basé sur la prononciation des voyelles en français.

TABLEAU 1.1 **Prononciation des voyelles en allemand**

Lettre allemande	Symbole	Comme le français	Mot allemand
a (long)	*aa*	blague	**der Laden** (*dèèr laa-den*) (le magasin)
a (bref)	*a*	mat	**der Platz** (*dèèr plats*) (la place)
e (long)	*éé*	levée	**das Leben** (*das léé-ben*) (la vie)
e (bref/ accentué)	*è*	hocquet	**das Bett** (*das bèt*) (le lit)
e (bref/non accentué)	*e*	cheval	**lachen** (*la-ghen*) (rire)
i (long)	*ii*	pire	**der Ritus** (*dèèr rii-tous*) (le rite)
i (bref)	*i*	micmac	**die Milch** (*dii milch*) (lait)
o (long)	*ôô*	aube	**das Lob** (*das lôôp*) (louange)
o (bref)	*o*	offre	**die Motte** (*dii mo-te*) (le papillon de nuit)
u (long)	*ouou*	bouge	**die Tube** (*dii touou-be*) (le tube)
u (bref)	*ou*	bouc	**der Rum** (*dèèr roum*) (le rhum)

Prononciation de l'umlaut

Les trémas qui apparaissent parfois au-dessus des voyelles **a (ä), o (ö) et u (ü)**s'appellent des umlauts : **der Umlaut** (*dèèr oum-laôt*) (l'umlaut). Ils altèrent la prononciation du son d'une voyelle, selon les règles du tableau 1.2.

TABLEAU 1.2 Prononciation de voyelles avec umlaut

Lettre allemande	Symbole	Comme le français	Mot allemand
ä (long)	èè	fête	**nächste** (*nèèk-ste*) (suivant)
ä (bref)	è	bec	**der Bäcker** (*dèèr bè-ker*) (boulanger)
ö	eu	miséreux	**hören** (*h'eueu-ren*) (entendre)
ü	uu	pur	**die Tür** (*dii tuur*) (porte)

GRAMMAIRE

Certains noms prennent un umlaut au pluriel : **das Huhn** (*das h'ououn*) (le poulet/la poule), **die Hühner** (*di h'uu-ner*) (les poules), **das Buch** (*das bouch*) (le livre), **die Bücher** (*dii bu-cher*) (les livres).

Prononciation des diphtongues

Les diphtongues sont les combinaisons de deux voyelles dans une même syllabe (comme dans le français « mauve »), et l'allemand en comporte un assez grand nombre, comme le montre le tableau 1.3.

TABLEAU 1.3 Prononciation des diphtongues allemandes

Diphtongue allemande	Symbole	Comme le français	Mot allemand
ai	aï	ail	**der Mais** (*dèèr maïs*) (le maïs)
au	aô	là-haut	**laut** (*laôt*) (fort/bruyant)
au	ôô	aube	**das Restaurant** (*das rès-tôô-rann't*) (le restaurant)

Diphtongue allemande	Symbole	Comme le français	Mot allemand
äu/eu	oï	Loïc	**die Häuser** (*dii h'oï-zer*) (les maisons)/**die Leute** (*dii loï-te*) (les gens)
ei	aï	ail	**ein** (*aïn*) (un)/**mein** (*maïn*) (mon)
ie	ii	vie	**die Liebe** (*dii lii-be*) (l'amour)

Prononciation des consonnes

La prononciation des consonnes est assez proche de la prononciation des consonnes en français, à part quelques cas particuliers ou exceptions. Les consonnes **f**, **k**, **l**, **m**, **n**, **p**, **t**, **x** se prononcent comme en français. Les autres consonnes ont ou peuvent avoir une prononciation différente, indiquée dans le tableau 1.4.

TABLEAU 1.4 Prononciation de certaines consonnes en allemand

Lettre allemande	Symbole	Comme le français	Mot allemand
b	*p*	pierre	**die Abfahrt** (*dii ap-faart*) (le départ)
b	*b*	bon	**das Bild** (*das bilt*) (l'image)
c	*k*	café	**das Café** (*das ka-féé*) (le café où l'on prend un café ; le café que l'on boit est **der Kaffee** (*dèèr ka-féé*))
c	*ts*	tsar	**Celsius** (*tsèl-zious*) (Celsius)

Lettre allemande	Symbole	Comme le français	Mot allemand
c	*tsh*	dispatcher	**Cello** (*tshè-lô*) (violoncelle)
d	*t*	zut	**blind** (*blint*) (aveugle)
d	*d*	deux	**durstig** (*dours-tish*) (assoiffé)
g	*gu*	guet	**geben** (*guéé-ben*) (donner)
g	*gk* (son intermédiaire entre ces deux lettres)	zinc	**der Tag** (*dèèr taagk*) (le jour)
h	*h'*	ha! ha!	**hart** (*h'art*) (dur)
j	*i*	ici	**ja** (*iaa*) (oui)
qu	*kv*	pic-vert	**der Quatsch** (*kvatsh*) (l'idiotie)
s (début d'un mot)	*z*	zoo	**sieben** (*zii-ben*) (sept)
s (milieu/ fin de mot)	*s*	vis	**das Haus** (*das h'aôs*) (la maison)
ig	en fin de mot se prononce – ish en hochdeutsch dans le nord de l'Allemagne et – igk dans le sud de l'Allemagne. Nous proposons ici la prononciation en – ish.		
v	f	fou	**der Vogel** (*dèèr fôô-guel*) (l'oiseau)
v	v	vase	**die Vase** (*dii vaa-ze*) (le vase)
w	v	vis	**der Wald** (*dèèr valt*) (la forêt)
y	i	ici	**das Yoga** (*das iôô-ga*) (le yoga)

Lettre allemande	Symbole	Comme le français	Mot allemand
y	uu	bure	**das System** (*das zus-téém*)
z	ts	tsar	**die Zahl** (*dii tsaal*) (le nombre)

Une nouvelle lettre : ß (Eszett)

En allemand écrit, vous rencontrerez la lettre **ß** (*ès-tsèt*), qui combine les lettres **s** (*ès*) et **z** (*tsèt*) et se prononce comme un « s » dur (*sharfes ès*). On la considère comme une unique consonne, mais non comme une lettre supplémentaire de l'alphabet.

Il y eut longtemps d'assez nombreux mots allemands qui pouvaient s'écrire avec « ss » ou « ß » (la prononciation est identique), suivant des règles dont l'application était délicate. Mais depuis la réforme de l'orthographe allemande de 1996 (en allemand *Die Rechtschreibreform*), en vigueur depuis 1998 et obligatoire depuis 2005, qui vise à simplifier l'apprentissage de l'orthographe allemande, la règle du eszett se résume désormais comme suit :

» Après une voyelle longue, le s dur s'écrit « ß » – par exemple dans le mot **der Fuß** (*dèèr fouous*) (le pied).

» Après une voyelle brève, le « s » dur s'écrit « ss » – par exemple dans le mot **das Fass** (*das fas*) (le tonneau).

Notez qu'en Suisse, le ß n'est pas utilisé. Les Suisses écrivent toujours les mots avec « ss ».

Prononciation des combinaisons de consonnes

L'allemand comporte quelques combinaisons de consonnes qui ne se retrouvent pas en français ou sont prononcées différemment.

Prononciation du « ch »

La prononciation des lettres **ch** précédées d'une voyelle est selon la voyelle ou la diphtongue précédente, un peu différente ou très différente de la prononciation en français.

Si les lettres **ch** sont précédées d'un **i**, d'un **ü**, d'un **ä**, d'un **ö**, d'un **e** ou de la diphtongue **eu** (*oï*), leur prononciation se rapproche de celle du « j » en français. Pour produire ce **ch** allemand, positionnez la bouche comme pour dire « je », mais soufflez comme pour dire chemin. Il est représenté dans la prononciation approchée par la combinaison de lettres « *ch* ». En voici cinq exemples : **ich** (*ich*) (je), **vielleicht** (*fiil-laïcht*) (peut-être), **Bücher** (*buu-cher*) (livres), **das Blech** (*das blèch*) (la tôle), **feucht** (*foïcht*) (humide).

Si les lettres **ch** sont précédées d'un **a**, d'un **o**, d'un **u** ou de la diphtongue **au**, elles se prononcent par un son qui n'existe pas en français, que l'on peut décrire comme une sorte de râclement du fond de la gorge. C'est le même son que dans la prononciation du prénom espagnol Juan (en espagnol). Il est représenté dans la prononciation approchée par la combinaison *gh*. Voici quelques exemples : **das Dach** (*das dagh*) (le toit), **das Joch** (*das iogh*) (le joug), **das Buch** (*das bough*) (le livre), **auch** (*aôgh*) (aussi).

Et pour en finir avec le **ch**, cette combinaison de lettres se prononce comme un « k » lorsqu'elle est suivie d'un

« s » : **das Wachs** (*das vaks*) (la cire), **wachsen** (*vak-sen*) (croître), **der Lachs** (*dèèr laks*) (le saumon).

Prononciation du « sch »

La combinaison de consonnes **sch**, assez fréquente en allemand, se prononce à peu près comme un « ch » normal en français, et plus précisément comme le « sh » que l'on trouve dans des mots anglais très connus comme « ship » ou « fish ». Pour cette raison, et pour le distinguer du « *ch* », elle est représentée dans la prononciation figurée par la combinaison *sh*. Et voici les homologues allemand des mots anglais « ship » et « fish » : **das Schiff** (*das shif*) (le navire), **der Fisch** (*dèèr fish*) (le poisson).

Prononciation de ck, sp, st et tsch

Le tableau 1.5 vous montre comment prononcer d'autres combinaisons de consonnes assez fréquentes en allemand.

TABLEAU 1.5 Prononciation de ck, sp et st

Lettres allemandes	Symbole	Comme le français	Mot allemand
ck	*k*	plouc	**der Dreck** (*dèèr drèk*) (l'ordure)
sp	*shp*	d'arrache-pied	**spät** (*shpèèt*) (tard)
st (début de mot)	*sht*	bouche-trou	**die Stadt** (*dii shtat*) (ville)
st (milieu/fin de mot)	*st*	statique	**die Last** (*dii last*) (le fardeau/la charge)
tsch	tsh	tchèque	**deutsch** (*doïtsh*) (allemand)

Types de mot

Pour construire une phrase simple, vous avez besoin d'un certain nombre de matériaux de construction : les noms, adjectifs, verbes, et adverbes sont les types de mot les plus importants.

Noms

Tous les noms allemand ont un genre, comme les noms en français. Ils peuvent être masculins, féminins ou neutres (un genre supplémentaire par rapport au français). Presque tous les noms peuvent être au singulier ou au pluriel. Et tous les noms allemands commencent par une majuscule.

Les noms sont habituellement accompagnés d'un article, soit l'article défini, soit l'article indéfini. La meilleure façon de vous familiariser avec le genre d'un nom est de vous rappeler le nom accompagné de l'article défini, qui indique le genre du nom. Aux articles définis français « le », « la » correspondent en allemand les trois articles **der** (*dèèr*) (le), **die** (*dii*) (la) et **das** (*das*) (article défini du neutre), en fonction du genre du nom.

N'OUBLIEZ PAS

Quand vous rencontrez un nouveau nom, mémorisez-le avec son article défini. Par exemple, mémorisez **der Garten** (*dèèr gar-ten*) (le jardin) et pas seulement **Garten** (*gar-ten*) (jardin), **die Tür** (*dii tuur*) (la porte), et pas seulement **Tür** (*tuur*) (porte), et **das Haus** (*das h'aôs*) (la maison) et pas seulement **Haus** (*h'aôs*) (maison).

Au pluriel, les choses sont plus faciles en ce qui concerne les articles, mais tous les mots allemands ne forment pas leur pluriel de la même façon. L'article défini pour tous les mots au pluriel est **die** (*dii*). Et l'article indéfini disparaît au pluriel. Le pluriel de **eine Tür** (*aï-ne tuur*) (une porte) est simplement **Türen** (*tuu-ren*) (des portes).

Cependant, les trois articles **der**, **die**, **das** subissent toutes sortes de transformations selon les cas de la déclinaison.

Adjectifs

Les adjectifs qualifient les noms. En allemand, les adjectifs, lorsqu'ils précèdent le nom qu'ils qualifient, ont différentes terminaisons selon le genre, le cas (voir plus loin dans ce chapitre), et le nombre (singulier ou pluriel) du nom qu'ils qualifient, et selon que l'adjectif est accompagné par un article défini, un article indéfini ou pas d'article du tout.

N'OUBLIEZ PAS

Contrairement au français, l'allemand n'accorde pas avec les noms les adjectifs introduits par un verbe situé après le nom qualifié. On dit **das große Haus** (*das grôô-se h'aôs*) (la grande maison) [accord en allemand comme en français], mais on dit **das Haus ist groß** (*das h'aôs ist grôôs*) (la maison est grande) [pas d'accord en allemand, accord en français].

Contentons-nous pour commencer de voir comment se fait l'association article-adjectif-nom lorsque ce groupe de mots est au cas du nominatif, c'est-à-dire constitue le sujet d'une phrase : d'abord avec un article défini (**der**, **die** ou **das**), puis avec un article indéfini (**ein**, **eine**, **ein**), enfin sans article du tout.

Voici les terminaisons des adjectifs accompagnés d'un article défini : nous utilisons comme exemples les adjectifs **schön** (*sheueun*) (beau), **weiß** (*vaïs*) (blanc), **groß** (*grôôs*) (grand), et **klein** (*klaïn*) (petit). Les terminaisons des adjectifs sont en italiques.

- **der schön*e* Garten** (*der sheueu-ne gar-ten*) (le beau jardin)
- **die weiß*e* Tür** (*dii vaï-se tuur*) (la porte blanche)
- **das klein*e* Haus** (*das klaï-ne h'aôs*) (la petite maison)
- **die groß*en* Häuser** (*dii grôô-sen h'oï-zer*) (les grandes maisons)

Voici maintenant les terminaisons des mêmes adjectifs accompagnés d'un article indéfini :

- **ein schön*er* Garten** (*aïn sheueu-ner gar-ten*) (un beau jardin)
- **eine weiß*e* Tür** (*aï-ne vaï-se tuur*) (une porte blanche)
- **ein klein*es* Haus** (*aïn klaï-nes h'aôs*) (une petite maison)
- **groß*e* Häuser** (*grôô-se h'oï-zer*) (de grandes maisons)

Enfin, voici les terminaisons pour les adjectifs utilisés sans article :

- **schön*er* Garten** (*sheueu-ner gar-ten*) (beau jardin)
- **weiß*e* Tür** (*vaï-se tuur*) (porte blanche)
- **klein*es* Haus** (*klaï-nes h'aôs*) (petite maison)
- **groß*e* Häuser** (*grôô-se h'oï-ser*) (grandes maisons)

Vous venez de voir les terminaisons des adjectifs lorsque le nom qualifié est sujet (cas nominatif). Les terminaisons des autres cas seront examinées plus loin.

N'OUBLIEZ PAS

Si l'adjectif n'est pas précédé d'un article défini, l'adjectif prend la terminaison qu'aurait eu l'article défini. C'est lui qui a la responsabilité d'indiquer le genre du nom qu'il précède.

TRUC

Ces terminaisons servent à marquer le genre et le nombre du groupe sujet de la phrase ; notez que cette indication n'est pas redondante, elle n'est donnée qu'une fois. Regardez la première liste. La terminaison de l'adjectif est simplement **-e** pour **der**, **die**, **das**, qui annoncent clairement le genre d'un nom au singulier. Mais elle devient **-en**, qui signale l'arrivée d'un pluriel, après le deuxième **die**, pour montrer que le nom qui suit n'est pas un féminin, mais un pluriel.

De même, la terminaison **-er** du premier élément de la deuxième liste est nécessaire pour marquer le genre masculin du nom qui suit, tandis que celle du dernier élément de cette liste est **-es**, qui est le signe du neutre. (Au nominatif, il n'y a qu'un seul et même article indéfini pour le masculin et le neutre, et le locuteur allemand éprouve le besoin de les distinguer : il le fait par la terminaison de l'adjectif.)

Verbes

Les verbes expriment des actions ou des états. La personne qui fait l'action est son sujet, et le verbe adapte sa terminaison au sujet, comme en français. Exemple **die Tür öffnet sich** (*dii tuur <u>euf</u>-net zich*) (la porte s'ouvre), **die Türen öffnen sich** (*dii <u>tuu</u>-ren <u>euf</u>-nen zich*) (les portes s'ouvrent), **du öffnest die Tür** (*dou euf-nest dii tuur*) (tu ouvres la porte).

L'infinitif est la forme verbale dépourvue de marquage indiquant son sujet ou un temps (passé, présent ou futur). Les infinitifs allemands prennent habituellement la terminaison **-en**, comme **lachen** (*la-ghen*) (rire). Certains verbes se terminent en **-rn**, ou en **-ln**. Exemples : **kichern** (*ki-chern*) (ricaner), **lächeln** (*lèè-cheln*) (sourire).

La racine d'un verbe régulier reste inchangée pour tous les sujets et tous les temps. Les terminaisons correspondant à un sujet et à un temps sont les mêmes pour tous les verbes réguliers. Autrement dit, pour conjuguer correctement tous les verbes réguliers dont on connaît la racine, il suffit de savoir en conjuguer un seul. C'est comme en français.

Voici la conjugaison au présent du verbe **sagen** (*zaa-guen*) (dire), montrant les terminaisons ajoutées à sa racine **sag-** :

ich sag-e (je dis)

du sag-st (tu dis)

Sie sag-en (vous [vouvoiement au singulier] dites)

er, sie, es sag-t (il/elle/cela dit)

wir sag-en (nous disons)

ihr sag-t (vous [pluriel du tutoiement] dites)

Sie sag-en (vous [vouvoiement au pluriel] dites)

sie sag-en (ils disent)

Il y a toutefois quelques exceptions à la règle : quand la racine du verbe se termine en **-m**, **-n**, **-d** ou **-t**, vous devez insérer un **-e** avant la terminaison des formes associées aux pronoms **du**, **er/sie/es** et **ihr** :

du atm-est (tu respires)

er arbeit-e-t (il travaille)

ihr bad-e-t (vous vous baignez)

Pourquoi cette insertion d'un « e » ? Essayez de prononcer « atmst » et vous comprendrez pourquoi.

Adverbes

Les adverbes accompagnent les verbes ou les adjectifs et en infléchissent le sens. En français, la plupart des adverbes se terminent en « -ment », un suffixe généralement ajouté à un adjectif. L'équivalent allemand de ce suffixe serait **-lich**, mais il est rarement accolé à un adjectif pour en faire un adverbe. En voici un exemple, **wahrlich** (*vaar-lich*) (en vérité), que l'on trouve surtout dans la bible. **-lich** est l'une des terminaisons servant à fabriquer des adjectifs à partir d'autres mots : **die Pein** (*dii païn*) (la douleur) → **peinlich** (*païn-lich*) (pénible), **klein** (*klaïn*) (petit) → **kleinlich** (*klaïn-lich*) (mesquin).

N'OUBLIEZ PAS

En allemand, la plupart des adjectifs sont directement utilisables comme adverbes. C'est pourquoi, contrairement au français, l'allemand n'a pas besoin de terminaison spécifique pour les adverbes.

TRUC

Ce sont au contraire les adjectifs allemands, qui peuvent avoir une terminaison spécifique de leur catégorie : elle sert à les accorder en genre, en nombre et en cas avec les substantifs qu'ils précèdent. Si donc un adjectif ne comporte pas de terminaison, c'est qu'il ne sert pas à qualifier un substantif placé après lui. Il n'y a alors que deux autres possibilités :

- L'adjectif et le nom qu'il qualifie sont reliés par un verbe, et le substantif apparaît avant le verbe : **das Haus ist groß** (*das h'aôs ist grôôs*) (la maison est grande), et alors l'adjectif est toujours invariable.
- L'adjectif est utilisé comme adverbe : **Das neue Auto ist schnell, und Herr Müller fährt zu schnell.** (*das noï-e aô-tô ist shnèl, ount h'èr mu-ler fèèrt tsou shnèl*) (La nouvelle voiture est rapide, et Monsieur Müller conduit trop vite.) ; **neu** précède et qualifie **Auto** et comporte une terminaison. La première utilisation de **schnell** qualifie également **Auto** mais ne comporte pas de terminaison, l'adjectif étant introduit par un verbe. La seconde utilisation de **schnell** est un adverbe.

Construction d'une phrase simple

Les noms, les verbes, les adjectifs et les adverbes ne sont généralement pas placés au hasard dans la phrase, et leur position doit être conforme à certaines règles.

Placer les mots dans le bon ordre

L'ordre « normal » des mots en allemand est voisin de l'ordre des mots en français. Le sujet vient d'abord, suivi du verbe, suivi du reste de la phrase. À moins qu'il y ait une raison pour ne pas le suivre, voici l'ordre des mots à respecter.

Sujet	Verbe	Objet
Meine Freundin	**hat**	**einen VW-Bus.**

maï-ne froïn-din h'at aï-neen faô-véé bous

Mon amie a un minibus Volkswagen.

Mettre le verbe en deuxième position

L'une des choses les plus importantes à mémoriser est la place du verbe dans une phrase allemande. Dans les propositions indépendantes, comme celle de la section précédente et comme la proposition suivante, le verbe est toujours en deuxième position, dans tous les cas de figure.

Meine Freundin fährt nach Dänemark. (*maï-ne froïn-din fèèrt nagh dèè-ne-mark*) (Mon amie part au Danemark en voiture.)

Que se passe-t-il quand nous ajoutons un peu d'information ?

Meine Freundin fährt morgen nach Dänemark. (*maï-ne froïn-din fèèrt mor-guen nagh dèè-ne-mark*) (Mon amie part demain en voiture pour le Danemark.)

Ici encore, le verbe est en deuxième position.

Que se passe-t-il si la phrase commence par **morgen** (*mor-guen*) (demain) ?

Morgen fährt meine Freundin nach Dänemark.

Morgen est en première position, et comme le verbe doit être en deuxième position, le sujet suit le verbe. Techniquement, ceci s'appelle l'*inversion du verbe*. Tout simplement, le verbe et le sujet échangent leurs positions respectives. Ce phénomène se produit s'il y a quoi que ce soit d'autre que le sujet en première position d'une phrase.

Cela dit, considérons la toute première phrase de cette section. Pouvez-vous bousculer l'ordre des mots ? Absolument, pourvu que le verbe reste en deuxième position. **Meine Freundin hat einen VW-Bus.** devient

Einen VW-Bus hat meine Freundin. Aucun problème. Mais pourquoi faire une telle chose ? En général, pour souligner l'importance de certains mots. Par exemple, vous pouvez vouloir dire :

- **Hat deine Schwester einen VW-Bus? Nein, meine Schwester hat einen BMW. Einen VW-Bus hat meine Freundin Heike.** (*h'at daï-ne shvès-ter aï-nen faô-véé bous? naïn, maï-ne shvès-ter h'at aï-nen béé-èm-véé. aï-nen faô-véé h'at maï-ne froïn-din h'aï-ke*) (Ta sœur a-t-elle un minibus Volkswagen ? Non, ma sœur a une BMW. C'est mon amie Heike qui a un minibus Volkswagen.)
- **Fährt deine Freundin heute nach Dänemark? Nein, morgen fährt sie nach Dänemark.** (*fèèrt daï-ne froïn-din h'oï-te nagh dèè-ne-mark? naïn, mor-guen fèèrt zii nagh dèè-ne-mark*) (Ton amie
- part-elle aujourd'hui pour le Danemark ? Non, c'est demain qu'elle part pour le Danemark.)

Les germanophones ne sont-ils pas perturbés par de telles modifications de l'ordre des mots ? C'est ici qu'intervient le fameux système de la déclinaison en allemand. Les adjectifs et les articles qui accompagnent les noms, et bien souvent, les noms eux-mêmes, ont des terminaisons différentes suivant leur fonction dans la phrase. Ainsi, quel que soit l'endroit où un nom apparaît dans une phrase, vous connaissez son rôle en faisant attention à la terminaison de l'article (et/ou de l'adjectif) qui l'accompagnent. Pour plus de précisions, reportez-vous à la section « Mettre les mots au cas approprié », plus loin dans ce chapitre.

Repousser le verbe à la fin

Les exemples utilisés jusqu'ici dans cette section étaient tous des phrases autonomes, indépendantes. Il arrive toutefois que plusieurs propositions se combinent en une structure plus complexe :

Meine Freundin sagt, dass sie nach Dänemark fährt.
(*maï-ne froïn-din zaagt, das zii nagh dèè-ne-mark fèèrt*)
(Mon amie dit qu'elle part en voiture pour le Danemark.)

Le verbe principal **sagt** (*zaagt*) (dit) est à la deuxième place, là où vous vous attendez à le trouver, mais le verbe de la deuxième proposition introduit par **dass** (*das*) (que) se retrouve tout à la fin. Ce mouvement se produit dans toutes les propositions dépendantes.

N'OUBLIEZ PAS

Les propositions dépendantes commencent typiquement par des conjonctions (de subordination) telles que **dass**, **weil**, **damit** (*das, vaïl, da-mit*) (que, parce que, afin que), et elles se terminent toujours par le verbe.

Poser des questions

L'ordre des mots d'une question en allemand est différent de celui des questions posées en français. Alors que le verbe vient en deuxième position dans une phrase standard, il vient en premier dans une question, et est suivi du sujet. Pour former la question, le sujet et le verbe échangent leurs positions respectives.

- **Fährt deine Freundin nach Dänemark?** (*fèèrt daï-ne froïn-din nagh dèè-ne-mark*) (Ton amie part-elle au Danemark ?)
- **Hat deine Freundin einen VW-Bus?** (*h'at daï-ne froïn-din aï-nen faô-véé bous*) (Ton amie a-t-elle un minibus Volkswagen ?)

Une autre façon de se renseigner consiste à former une question en commençant la phrase par un adjectif interrogatif comme **wer?** (*vèèr*) (qui ?), **wem?** (*vèèm*) (à qui ?), **was?** (*vas*) (quoi ?), **wo?** (*vôô*) (où ?), **wohin?** (*vôô-hin*) (où ?), **woher?** (*vôô-hèèr*) (d'où ?), **wann?** (*van*) (quand ?) **wie?** (*vii*) (comment ?), **warum?** (*vaa-roum*) (pourquoi ?), **wieso?** (*vii-sôô*) (pourquoi ?), et **wie viele?** (*vii fii-lee*) (combien ?). Vous pouvez aussi former des questions au moyen d'expressions telles que **was für ein(e/en)...?** (*vas fuur aïn/e/en*) (quelle sorte de... ?) ou **welche/r/s...?** (*vèl-she/r/s*) (lequel/laquelle ?). Quand vous formez une question avec l'un de ces mots, le verbe occupe sa place habituelle – la deuxième :

» **Wer fährt nach Dänemark?** (*vèr fèèrt nagh dèè-ne-mark*) (Qui part en voiture au Danemark ?)

» **Was für ein Auto hat deine Freundin?** (*vas fuur aïn aô-tô h'at daï-ne froïn-din*) (Quel genre de voiture a ton amie ?)

» **Wann fährt sie nach Dänemark?** (*van fèèrt zii nagh dèè-ne-mark*) (Quand part-elle pour le Danemark ?)

» **Wie kommt deine Freundin nach Dänemark?** (*vii komt daï-ne froïn-din nagh dèè-ne-mark*) (Comment ton amie se rend-elle au Danemark ?)

Les temps : passé, présent et futur

Le mot temps prend un sens particulier en grammaire. Vous choisissez un « temps » en fonction du moment de l'action. Comme la manière d'envisager le concept de temps diffère légèrement d'une culture et d'une langue à une autre, il y a souvent des différences d'utilisation des temps de la grammaire. Cependant, les langues française et allemande sont assez proches en ce qui concerne l'utilisation des temps. Les différences essentielles portent sur la forme des verbes.

Le temps présent

Le présent est un temps très utile en allemand. Vous pouvez aller loin en vous servant seulement du présent. Son utilisation suit d'assez près l'utilisation du présent en français.

Le temps présent sert à décrire ce qui est en train de se passer maintenant :

» **Was machst du gerade?** (*vas maghst dou gue-raa-de*) (Qu'es-tu en train de faire ?)

» **Ich lese die Zeitung.** (*ich léé-ze dii tsaï-toung*) (Je lis le journal.)

Le temps présent peut aussi décrire ce qui se passe quelquefois, habituellement ou toujours :

Freitags gehe ich oft ins Kino. (*fraï-tags guéé-e ich oft ins kii-nô*) (Le vendredi je vais souvent au cinéma.)

Le temps présent peut décrire également ce qui va arriver :

» **Morgen fährt meine Freundin nach Dänemark.** (*mor-guen fèèrt maï-ne froïn-din naght dèè-ne-mark*) (Demain mon amie part pour le Danemark.)

» **Nächste Woche fahre ich nach Bremen.** (*nèèx-te vo-ghe faa-re ich nagh bréé-men*) (La semaine prochaine je vais en voiture à Brême.)

N'OUBLIEZ PAS

Il est très fréquent de parler au présent d'événements futurs en allemand, surtout s'il y a une expression de temps dans la phrase pour placer clairement l'action dans le futur – par exemple, **nächste Woche** (*nèèx-te vo-ghe*) (la semaine prochaine) ou **morgen** (*mor-guen*) (demain).

Et pour finir, le temps présent peut aussi décrire ce qui s'est passé jusqu'à maintenant :

Ich bin seit drei Tagen in Hamburg. (*ich bin zaït draï taa-guen in h'am-bourg*) (Je suis à Hambourg depuis trois jours.)

Parler du passé : utilisation du temps dit « Perfekt »

Le temps **Perfekt** est le principal temps passé utilisé en allemand parlé. Sa forme et son utilisation sont voisines de celles du passé composé français. C'est un temps très versatile : vous pouvez l'employer pour parler de la plupart des actions et des situations du passé. Vous pouvez dire par exemple : **Ich habe Anna letzte Woche gesehen** (*ich h'aa-be a-na lèts-te vo-ghe gue-zéé-en*) (J'ai vu Anna la semaine dernière).

La plupart des verbes forment le **Perfekt** au moyen du verbe **haben** (*h'aa-ben*) (avoir) :

- **David hat mir geholfen.** (*daa-vid h'at mir gue-h'ol-fen*) (David m'a aidé.)
- **Gestern haben wir ein Auto gekauft.** (*guès-tern h'aa-ben vir aïn aô-tô gue-kaôft*) (Hier nous avons acheté une auto.)

» **Anna hat die Zeitung gelesen.** (*a-na h'at dii tsaï-toung gue-léé-zen*) (Anna a lu le journal.)

» **Ich habe den Film gesehen.** (*ich h'aa-be déén film gue-zéé-en*) (J'ai vu le film.)

Certains verbes exigent l'utilisation de **sein** (*zaïn*) (être) au lieu de **haben** (*h'aa-ben*) (avoir) pour former le temps **Perfekt**. Ces verbes décrivent une certaine forme de mouvement ou un changement d'état. Voici quelques exemples :

» **Ich bin ins Kino gegangen.** (*ich bin ins kii-nô gue-gan-guen*) (Je suis allé au cinéma.)

» **Meine Freundin ist nach Dänemark gefahren.** (*maï-ne froïn-din ist nagh dèè-ne-mark gue-faa-ren*) (Mon amie est partie en voiture au Danemark.)

» **Ich bin in Hamburg gewesen.** (*ich bin in h'am-bourg gue-véé-zen*) (J'ai été à Hambourg.)

» **Du bist mit dem Auto gekommen.** (*dou bist mit déém aô-tô gue-ko-men*) (Tu est venu en voiture.)

» **Sie ist mit dem Zug gefahren.** (*zii ist mit déém tsougk gue-faa-ren*) (Elle est venue par le train.)

» **Wir sind letzte Woche ins Kino gegangen.** (*vir zind lèts-te vo-ghe ins kii-nô gue-gan-guen*) (Nous sommes allés au cinéma la semaine dernière.)

» **Seid ihr durch den Park gelaufen?** (*zaït iir dourch déén park gue-laô-fen*) (Avez-vous marché à travers le parc ?)

» **Sie sind gestern im Theater gewesen.** (*zii zind guès-tern im téé-aa-ter gue-véé-zen*) (Ils sont allés hier au théâtre.)

Les verbes allemands se divisent en deux catégories : les verbes faibles et les verbes forts. Les verbes réguliers, dits verbes faibles, forment le groupe de verbes allemands le plus nombreux.

Formation du participe passé d'un verbe faible

Voici la formule de formation du participe passé d'un verbe faible, dans le cas le plus simple (verbe dont l'infinitif comporte seulement la racine du verbe suivi de la terminaison **-en**) : **ge + racine du verbe (**infinitif moins **-en) + (e)t = participe passé**

Voici par exemple l'application de la formule au verbe **fragen** (*fraa-guen*) (demander/interroger) : **ge + frag + t = gefragt**

Formation du participe passé d'un verbe fort

Voici la formule de formation du participe passé d'un verbe fort, également dans le cas le plus simple (verbe dont l'infinitif comporte seulement la racine du verbe suivi de la terminaison **-en**) : **ge + racine du verbe (infinitif moins -en) + en = participe passé**

Voici l'application de la formule au verbe **kommen** (*ko-men*) (venir) : **ge + komm + en = gekommen**

Le temps Imperfekt

Le temps dit **Imperfekt**, équivalent à la fois du passé simple et de l'imparfait français, est utilisé constamment dans les journaux, les livres etc, mais il est moins courant dans la langue parlée. Pour cette raison, vous ne le rencontrerez pas beaucoup dans ce livre. Une exception est le temps **Imperfekt** de **sein** (*zaïn*) (être). On l'utilise souvent de préférence au **Perfekt** aussi bien dans la langue parlée que dans la langue écrite. Le tableau 1.6 montre les différentes formes de ce temps pour le verbe **sein.**

TABLEAU 1.6 Imperfekt de sein

Conjugaison	Prononciation	Traduction
ich war	*ich vaar*	j'étais/je fus
du warst	*dou vaarst*	tu étais/fus
Sie waren	*zii vaa-ren*	Vous étiez/fûtes (vouvoiement au singulier)
er/sie/es war	*èr/zii/ès vaar*	il/elle/c'était ; il/elle/ce fut
wir waren	*vir vaa-ren*	nous étions/fûmes
ihr wart	*iir vaart*	vous étiez/fûtes (tutoiement au pluriel)
Sie waren	*zii vaa-ren*	vous étiez/fûtes (vouvoiement au pluriel)
sie waren	*zii vaa-ren*	ils/elles étaient/furent

Le futur

Plus souvent encore qu'en français, le temps futur est souvent remplacé par l'usage du présent. Mais ce remplacement n'est pas systématique, et bien sûr vous pouvez utiliser le temps futur pour parler de ce qui se passera plus tard. Ce temps n'est pas obtenu comme en français par l'adjonction de désinences à la racine du verbe, mais par l'usage d'un verbe auxiliaire, **werden** (*vèèr-den*) (devenir) auquel on ajoute un infinitif. Le français utilise une forme similaire de futur : « Je partirai » peut aussi se dire : « Je vais partir », en introduisant une notion d'imminence que ne comporte pas le mot **werden**. L'imminence d'une action future est rendue en allemand par l'usage du présent.

Le tableau 1.7 vous montre les formes de **werden** au présent.

TABLEAU 1.7 Formes de werden au présent

Conjugaison	Prononciation	Traduction
ich werde	*(ich vèèr-de)*	je vais
du wirst	*(dou virst)*	tu vas
Sie werden	*(zii vèèr-den)*	vous allez (vouvoiement au singulier)
er/sie/es wird	*(èèr/zii/ès virt)*	il/elle/ça va
wir werden	*(viir vèèr-den)*	nous allons
ihr werdet	*(iir vèèr-det)*	vous allez (tutoiement au pluriel)
Sie werden	*(zii vèèr-den)*	vous allez (vouvoiement au pluriel)
sie werden	*(zii vèèr-den)*	ils/elles vont

Et voici comment incorporer le futur dans une phrase :

» **Ich werde anrufen.** (*ich vèèr-de an-rouou-fen*) (J'appellerai.)

» **Wir werden morgen kommen.** (*viir vèèr-den mor-guen ko-men*) (Nous viendrons demain.)

» **Es wird regnen.** (*ès virt réég-nen*) (Il va pleuvoir.)

Mettre les mots au cas approprié

Chaque langue a une manière qui lui est propre d'indiquer le rôle d'un mot dans une phrase particulière ;

par exemple, la façon d'indiquer qui ou quoi fait quoi à qui ou à quoi. En anglais par exemple, le rôle d'un nom est principalement fixé par sa position dans la phrase. La langue allemande, au contraire, indique la fonction d'un nom dans une phrase principalement par l'adjonction de terminaisons à tout article ou adjectif accompagnant le nom (et parfois au nom lui-même).

Lorsqu'ils sont utilisés dans une phrase, les noms apparaissent dans l'un de quatre cas en fonction de leur rôle dans la phrase : nominatif pour le sujet, accusatif pour l'objet direct, datif pour l'objet indirect, et génitif pour l'indication de la possession. Dans ce livre, vous rencontrerez surtout les cas du nominatif, de l'accusatif et du datif. Le génitif est utilisé moins fréquemment, mais nous nous devons de le mentionner ici.

Le nominatif

Le sujet d'une phrase est toujours au nominatif. En général, le sujet est la personne ou la chose qui exécute l'action du verbe. Par exemple, dans la phrase **Der Junge isst den Kuchen.** (*dèèr ioun-gue ii-st déén kouou-ghen*) (Le garçon mange le gâteau.), le garçon est celui qui mange le gâteau : il est le sujet de la phrase.

L'accusatif

L'objet direct de la phrase est toujours à l'accusatif. L'objet direct est la personne ou la chose directement affectée par l'action du verbe. Ainsi dans la phrase **Der Junge isst den Kuchen.** (*dèèr ioun-gue ii-st déén kouou-ghen*) (Le garçon mange le gâteau.), le gâteau est l'objet direct – c'est la chose qui est mangée.

Le datif

L'objet indirect de la phrase est toujours au datif. L'objet indirect est la personne ou la chose indirectement affectée par l'action du verbe. Par exemple, dans la phrase **Der Junge gibt dem Hund den Kuchen.** (*dèèr ioun-gue gipt déém hount déén kouou-ghen*) (Le garçon donne le gâteau au chien.), le chien est l'objet indirect, celui à qui le garçon donne le gâteau. (Le gâteau est l'objet direct, la chose qui est donnée.)

S'il y a deux objets dans la phrase, l'un d'eux est probablement un objet indirect. Dans le doute, essayez de traduire la phrase en français : si vous pouvez mettre « à » devant l'un des noms, c'est l'objet indirect de la phrase allemande.

Le génitif

Le génitif indique la possession. La personne ou la chose qui possède est au génitif. Par exemple, dans le groupe de mots **der Hund des Jungen** (*dèèr h'ount dès iounguen*) (le chien du garçon), c'est le garçon qui possède le chien, et donc c'est le garçon qui est au génitif.

L'importance des cas de la déclinaison en allemand

Les cas jouent un rôle primordial en allemand. Ils précisent le rôle du groupe de mots constitué autour du substantif. Ce procédé représente une complication pour les personnes dont la langue maternelle est une langue sans déclinaison, comme le français. Il présente en contrepartie deux avantages – pour ceux qui maîtrisent la langue :

- Un certaine souplesse : la modification de l'ordre « normal » peut servir à communiquer une information supplémentaire, par exemple, souligner l'importance d'un élément.
- L'application correcte du système des cas contribue à une compréhension plus rapide de la phrase. La forme d'un article et d'un adjectif déclinés livre par avance à la personne qui lit
- ou écoute une première information sur le substantif concerné.

L'envers de la médaille est bien sûr que des terminaisons incorrectes nuisent à la compréhension.

La section « Types de mots », plus haut dans ce chapitre, a traité des accords, au nominatif, entre articles, adjectifs et substantifs, puis elle vous a présenté brièvement les verbes. La conjugaison des verbes met en jeu, comme en français, des pronoms personnels, eux aussi au nominatif, puisqu'ils représentent alors le « sujet » du verbe. Mais les pronoms peuvent aussi avoir d'autres fonctions, et se déclinent. Les sous-sections suivantes vous présentent successivement les transformations que les déclinaisons font subir aux pronoms, aux articles indéfinis, aux articles indéfinis, aux pronoms possessifs, et pour finir, aux adjectifs.

Déclinaison des pronoms

Les pronoms sont de petits mots qui remplacent les noms. On les utilise à la place des noms pour éviter la lourdeur des répétitions.

Les pronoms changent de forme selon la manière dont ils sont utilisés dans une phrase. Le tableau 1.8 montre les pronoms au nominatif (cas du sujet). Et le tableau 1.9 montre la façon dont les pronoms se modifient en fonction du cas.

TABLEAU 1.8 Pronoms personnels au nominatif

Allemand	Français
ich	je
du	tu
Sie	vous (vouvoiement au singulier)
er/sie/es	il/elle/cela
wir	nous
ihr	vous (tutoiement au pluriel)
Sie	vous (vouvoiement au pluriel)
sie	ils/elles

TABLEAU 1.9 Pronoms personnels aux différents cas

Nominatif	Datif	Accusatif	Français
ich	**mir**	**mich**	je, me, me
du	**dir**	**dich**	tu, te, te
Sie	**Ihnen**	**Sie**	vous, vous, vous (vouvoiement au singulier)
er	**ihm**	**ihn**	il, lui, le
sie	**ihr**	**sie**	elle, lui, la
es	**ihm**	**es**	il, lui, le
wir	**uns**	**uns**	nous, nous, nous
ihr	**euch**	**euch**	vous, vous, vous (tutoiement au pluriel)
Sie	**Ihnen**	**Sie**	vous, vous, vous (vouvoiement au pluriel)
sie	**ihnen**	**sie**	ils/elles, leur, les

Voici un exemple de la deuxième personne du singulier, le pronom **du** apparaissant au nominatif, au datif et à l'accusatif selon sa fonction dans la phrase.

» **Du** bist müde. (*dou bist muu-de*) (Tu es fatigué.) **du** = nominatif

» Ich gebe **dir** das Buch. (*ich guéé-be dir das bough*) (Je te donne le livre.) **dir** = datif

» Ich frage **dich.** (*ich fraa-gue dich*) (Je t'interroge.) **dich** = accusatif

Déclinaison des articles indéfinis

L'article indéfini allemand **ein** (*aïn*) (un) peut avoir différentes terminaisons. Sa terminaison varie selon qu'il accompagne le sujet d'une phrase (nominatif), un nom possesseur (génitif), un objet indirect (datif) ou un objet direct (accusatif).

Le tableau 1.10 montre l'article indéfini **ein** aux différents cas de la déclinaison allemande.

TABLEAU 1.10 Terminaisons de ein aux différents cas

Genre	Nominatif	Génitif	Datif	Accusatif
Masculin	**ein**	**eines**	**einem**	**einen**
Féminin	**eine**	**einer**	**einer**	**eine**
Neutre	**ein**	**eines**	**einem**	**ein**

Les exemples suivants montrent l'article indéfini masculin **ein** avec les terminaisons appropriées aux différents cas.

» **Ein** Wagen steht auf der Straße. (*aïn vaa-guen shtéét aôf dèèr shtraa-se*) (Une voiture est arrêtée dans la rue.) **ein** = nominatif

- Du liest das Buch **eines** Freundes. (*dou liist das bouough aï-nes froïn-des*) (Tu lis le livre d'un ami.) **eines** = génitif
- Das Buch gehört **einem** Freund. (*das bouough gue-h'eueurt aï-nem froïn-d*) (Le livre appartient à un ami.) **einem** = datif
- Ich habe **einen** Hund. (*ich h'aa-be aï-nen h'ount*) (J'ai un chien.) **einen** = accusatif

Déclinaison des articles définis

Les articles définis changent selon le cas auquel ils sont utilisés, comme le montre le tableau 1.11.

TABLEAU 1.11 Articles définis aux différents cas

Genre	Nominatif	Génitif	Datif	Accusatif
Masculin	**der**	**des**	**dem**	**den**
Féminin	**die**	**der**	**der**	**die**
Neutre	**das**	**des**	**dem**	**das**
Pluriel	**die**	**der**	**den**	**die**

Les exemples suivants montrent l'article défini **der** et ses terminaison aux différents cas.

- **Der** Wagen steht auf der Straße. (*dèèr vaa-guen shtéét aôf dèèr shtraa-se*) (La voiture est arrêtée dans la rue.) **der** = nominatif
- Du liest das Buch **des** Freundes. (*dou liizt das bough dès froïn-des*) (Tu lis le livre de l'ami.) **des** = génitif
- Ich leihe **dem** Freund mein Auto. (*ich laï-e déém froïnd maïn aô-tô*) (Je prête ma voiture à l'ami.) **dem** = datif

> » Ich bringe **den** Hund zum Tierarzt. (*ich brin-ghe déén H'ount zuum Tiir-arzt*) (J'amène le chien chez le vétérinaire.) **den** = accusatif

Déclinaison des pronoms possessifs

Les pronoms possessifs marquent la possession. Ils permettent d'établir la différence entre ce qui t'appartient à toi **dein Buch** (*daïn bouough*) (ton livre) et ce qui m'appartient à moi **mein Buch** (*maïn bouough*) (mon livre). Voici la liste des pronoms possessifs aux différentes personnes du singulier et du pluriel :

> » **mein** (*maïn*) (mon)
>
> » **dein** (*daïn*) (ton)
>
> » **Ihr** (*iir*) (votre) (vouvoiement au singulier)
>
> » **sein/ihr/sein** (*zaïn/iir/zaïn*) (son/son/son)
>
> » **unser** (*oun-zer*) (notre)
>
> » **euer** (*oï-er*) (votre) (tutoiement au pluriel)
>
> » **Ihr** (*iir*) (votre) (vouvoiement au pluriel)
>
> » **ihr** (*iir*) (leur)

N'OUBLIEZ PAS

Vous voyez apparaître ici une différence majeure entre les pronoms possessifs du français et ceux de l'allemand : en allemand, le pronom possessif n'est pas le même selon le genre du nom possédant représenté par le pronom. Le pronom possessif pour **der Mann** (*dèèr man*) (l'homme) est **sein**. Pour **die Frau** (*dii fraô*) (la femme), le pronom possessif est **ihr**. Pour **das Kind** (*das kint*) (l'enfant), le pronom possessif est **sein**. (Vous savez qu'en français la forme du pronom possessif dépend seulement du genre de l'objet possédé, et nullement de celui du nom possédant.) Exemples : **Herr Zimmermann geht mit *seinem* Hund spazieren.** (*h'èr tsi-mer-man guéét mit zaï-nem h'ount shpa-tsii-ren*) (Monsieur Zimmermann va se promener avec son chien.) **Frau Huber begleitet *ihr* Kind zur Schule.** (*fraô h'ouou-ber be-glaï-tet ii-res kint tsouour shouou-le*) (Madame Huber accompagne son enfant à l'école.) **Das Kind hat *sein* Spielzeug verloren.** (*das kint h'at zaïn shpiil-tzoïgk fer-lôô-ren*) (L'enfant a perdu son jouet.) Notez que si l'enfant est une fillette et même si le contexte le dit expressément, vous devez utiliser la forme neutre du pronom possessif. L'accord se fait avec le genre du nom, pas avec le genre de l'entité représentée par un nom ou un pronom (comme il se fait en anglais).

Le tableau 1.12 montre toutes les formes du singulier du pronom possessif **mein** (*maïn*) (mon). Les autres pronoms possessifs prennent les mêmes terminaisons. Ces terminaisons vous rappelleront peut-être quelque chose : ce sont les mêmes que celles de l'article indéfini **ein**. (Sauf au pluriel, puisqu'au pluriel l'article indéfini disparaît !)

TABLEAU 1.12 Terminaisons d'un pronom possessif aux différents cas

Genre	Nominatif	Génitif	Datif	Accusatif
Masculin	m**ein**	m**eines**	m**einem**	m**einen**
Féminin	m**eine**	m**einer**	m**einer**	m**eine**
Neutre	m**ein**	m**eines**	m**einem**	m**ein**
Pluriel	**meine**	**meiner**	**meinen**	m**eine**

Déclinaison des adjectifs

Comme les articles, les adjectifs précédant les noms changent de terminaison selon le rôle des noms qu'ils qualifient, comme le montre le tableau 1.13.

TABLEAU 1.13 Terminaisons des adjectifs précédés par des articles définis/des articles indéfinis ou absents

Genre	Nominatif	Génitif	Datif	Accusatif
Masculin	**e/er**	**en/en**	**en/en**	**en/en**
Féminin	**e/e**	**en/en**	**en/en**	**e/e**
Neutre	**e/es**	**en/en**	**en/en**	**e/es**
Pluriel	**en/e**	**en/er**	**en/en**	**en/e**

Pour illustrer les terminaisons figurant dans le tableau 1.14, nous vous donnons ci-après des exemples de noms accompagnés d'un adjectif et d'un article indéfini ou défini, respectivement dans les tableaux 1.14 et 1.15. Ces exemples sont les mêmes que ceux illustrant, au début du chapitre, les accords entre article/adjectif/nom au nominatif : **der schöne Garten** (*dèer sheueu-ne gar-ten*) (le beau jardin), **die weiße Tür** (*dii vaï-se tuur*) (la porte blanche), **das kleine Haus** (*das klaï-ne h'aôs*) (la petite maison).

TABLEAU 1.14 Exemples de terminaisons d'adjectifs précédé d'un article

Genre	Nominatif	Génitif	Datif	Accusatif
Masculin	**ein schön*er* Garten**	**eines schön*en* Gartens**	**einem schön*en* Garten**	**einen schön*en* Garten**
Féminin	**eine weiß*e* Tür**	**einer weiß*en* Tür**	**einer weiß*en* Tür**	**eine weiß*e* Tür**

Genre	Nominatif	Génitif	Datif	Accusatif
Neutre	**ein klein*es* Haus**	**eines klein*en* Hauses**	**einem klein*en* Haus**	**ein klein*es* Haus**
Pluriel	**klein*e* Häuser**	**klein*er* Häuser**	**klein*en* Häusern**	**klein*e* Häuser**

TABLEAU 1.15 Exemples de terminaisons d'adjectifs précédés d'un article défini

Genre	Nominatif	Génitif	Datif	Accusatif
Masculin	**der schön*e* Garten**	**des schön*en* Gartens**	**dem schön*en* Garten**	**den schön*en* Garten**
Féminin	**die weiß*e* Tür**	**der weiß*en* Tür**	**der weiß*en* Tür**	**die weiß*e* Tür**
Neutre	**das klein*e* Haus**	**des klein*en* Hauses**	**dem klein*en* Haus**	**das klein*e* Haus**
Pluriel	**die klein*en* Häuser**	**der klein*en* Häuser**	**den klein*en* Häusern**	**die klein*en* Häuser**

Les nombres

Il y a des chances pour que vous n'ayez pas trop à vous inquiéter des nombres en dehors de ceux qui servent à indiquer l'heure (et dont nous parlons au chapitre 7) ou à changer de l'argent (voir au chapitre 11). La connaissance des nombres suivants devraient vous permettre de compter facilement quand vous en aurez besoin.

0 null (*noul*)

1 eins (*aïns*)

2 zwei (*tsvaï*)

3 drei (*draï*)

4 vier (*fiir*)

5 fünf (*fuunf*)

6 sechs (*zèks*)

7 sieben (*zii-ben*)

8 acht (*aght*)

9 neun (*noïn*)

10 zehn (*tséén*)

11 elf (*èlf*)

12 zwölf (*tsveulf*)

13 dreizehn (*dräi-tséén*)

14 vierzehn (*fiir-tséén*)

15 fünfzehn (*funf-tséén*)

16 sechzehn (*sèch-tséén*)

17 siebzehn (*ziib-tséén*)

18 achtzehn (*aght-tséén*)

19 neunzehn (*noïn-tséén*)

20 zwanzig (*tsvan-tsish*)

21 einundzwanzig (*aïn-ount-tsvan-tsish*)

22 zweiundzwanzig (*tsvaï-ount-tsvan-tsish*)

23 dreiundzwanzig (*draï-ount-tsvan-tsish*)

24 vierundzwanzig (*fiir-ount-tsvan-tsish*)

25 fünfundzwanzig (*funf-ount-tsvan-tsish*)

30 dreissig (*draï-sish*)

40 vierzig (*fiir-tsish*)

50 fünfzig (*funf-tsish*)

60 sechzig (*zèch-tsish*)

70 siebzig (*ziib-tsish*)

80 achtzig (*agh-tsish*)

90 neunzig (*noïn-tsish*)

100 hundert (*h'oun-dert*)

200 zweihundert (*tsvaï-h'oun-dert*)

300 dreihundert (*draï-h'oun-dert*)

400 vierhundert (*fiir-h'oun-dert*)

500 fünfhundert (*funf-h'oun-dert*)

1 000 tausend (*taô-zent*)

Les nombres entre 20 et 100 peuvent paraître un peu étrange au premier abord. Ainsi, 21 se dit **einundzwanzig** (*aïn-ount-tsvan-tsish*) en allemand. On dit en réalité un et vingt (au lieu de vingt-et-un). Pensez à appliquer ce même schéma à tous les nombres à deux chiffres au-delà de vingt qui ne se terminent pas par un zéro, par exemple 87 = **siebenundachtzig** (*zii-ben-ount-agh-tsish*).

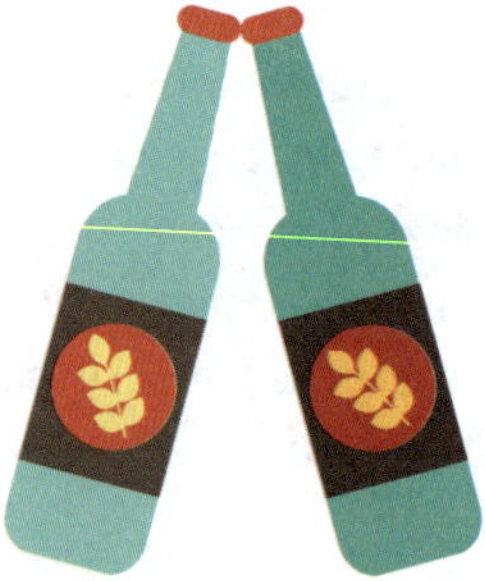

Chapitre 2
Organiser son voyage

DANS CE CHAPITRE

- **L'aéroport**
- **Location d'une voiture**
- **Les cartes et les signaux routiers**
- **Voyages en train**
- **Transports publics et taxis en ville**
- **L'agence de voyages**
- **Le calendrier et les dates**

Ce chapitre est consacré aux transports, d'une ville à une autre, et dans une même ville. Il vous apporte le vocabulaire dont vous aurez besoin pour acheter un titre de transport, louer une voiture, obtenir des informations sur différents aspects de vos déplacements.

L'aéroport

Ce chapitre commence par évoquer l'aéroport [**der Flughafen** (*dèèr flouougk-h'aa-fen*)], qui a de bonnes chances d'être votre point d'arrivée en Allemagne, en Autriche ou en Suisse, et duquel vous repartirez pour revenir chez vous ou partir encore ailleurs.

Vous avez en mains votre billet d'avion, **der Flugschein/das Flugticket** (*dèèr flouougk-shaïn/das flouougk-ti-kèt*), qui est probablement un **Rückflugticket** (*ruk-flououogk-ti-ket*) (billet aller-retour), et pour embarquer, vous devez présenter votre carte d'embarquement, **die Bordkarte** (*dii bord-kar-te*).

Récupération du billet

Si vous avez acheté votre billet par téléphone ou par Internet, vous devez vous présenter au guichet de la compagnie aérienne pour le récupérer, et votre premier souci est de trouver le guichet de cette compagnie. Vous vous adressez à un employé de l'aéoport et vous demandez :

Wo ist der...Schalter? (*vôô ist dèèr...shal-ter*) (Où est le guichet... ?)

Une fois parvenu au guichet des billets, vous dites :

Ich möchte mein Ticket abholen. (*ich meuch-te maïn ti-kèt ap-h'ôô-len*) (Je viens chercher mon billet.)

TRUC

Ayant reçu votre billet, vous pouvez vous renseigner sur le moment où vous devrez vous enregistrer en demandant **Wann muss ich einchecken?** (*van mous ich aïn-tchè-ken*) (Quand dois-je m'enregistrer ?). Et pour vous préparer à cette opération, vous pouvez poser la question **Wieviele Gepäckstücke kann ich mitnehmen?** (*vi-fii-le gue-pèk-shtu-ke kan ich mit-néé-men*) (Combien de bagages puis-je emmener ?).

Enregistrement

Voici les questions qui peuvent vous être posées au guichet d'enregistrement :

- » **Haben Sie Gepäck?** (*h'aa-ben zii gue-pèk*) (Avez-vous des bagages ?)
- » **Wo möchten Sie sitzen, am Fenster oder am Gang?** (*vôô meuch-ten zii zi-tsen, am fèns-ter ôô-der am gang*) (Où voulez-vous être assis, fenêtre ou couloir ?)

Et vous exprimez votre préférence en répétant simplement **am Fenster** ou **am Gang**.

Vous pouvez aussi demander quelques précisions sur le vol :

- » **Wie lange dauert der Flug?** (*vii lan-gue daô-ert dèèr flouugk*) (Combien de temps dure le vol ?)
- » **Wann fliegt die Maschine ab?** (*van fliigkt dii ma-shii-ne ap*) (Quand a lieu le décollage ?)

Si vous êtes à l'aéroport pour attendre l'arrivée de quelqu'un, vous pouvez poser la question :

Wann kommt die Maschine aus… an? (*van komt dii ma-shii-ne aôs… an*) (Quand arrive l'avion de… ?)

TRUC

Vous pouvez aussi vous dispenser de poser ces questions en consultant les grands tableaux ou les moniteurs qui donnent des précisions sur les départs et les arrivées, sous le titre (**der**) **Abflug** (*dèèr ap-flouougk*) (le départ) ou (**die**) **Ankunft** (*dii an-kounft*) (l'arrivée).

Mots clés

das Flugticket/ der Flugschein	*das flouougk-ti-kèt/ dèèr flouougk-shaïn*	le billet d'avion
das Rückflugticket	*das ruk-flouougk-ti-ket*	le billet aller-retour
die Bordkarte	*dii bort-kar-te*	la carte d'embarquement
das Gepäck/ das Handgepäck	*das gue-pèk/ das h'ant-gue-pèk*	les bagages/les bagages à main
das Flugzeug/ die Maschine	*das flouougk-tsoïgk/ dii ma-shii-ne*	l'avion/l'appareil
der Flug	*dèèr flouougk*	le vol
abholen	*ap-h'ôô-len*	aller chercher/ prendre
dauern	*daô-ern*	durer
der Abflug	*dèèr ap-flouougk*	le décollage/ le départ
die Ankunft	*dii an-kounft*	l'arrivée
der Flugsteig	*dèèr flouougk-shtaïgk*	la porte d'embarquement
mitnehmen	*mit-néé-men*	emmener (avec soi)
eincheck en	*aïn-tshè-ken*	enregistrer
fliegen	*flii-guen*	voler
abfliegen	*ap-flii-guen*	décoller
ankommen	*an-ko-men*	arriver
verspätet	*fer-shpèè-tet*	en retard

Formalités d'immigration

Voici le vocabulaire et les déclarations qui peuvent vous être utiles lors d'un éventuel contrôle d'identité :

- **der Reisepass/der Pass** (*dèèr raï-ze-pas/dèèr pas*) (le passeport)
- **der EU-Bürger** (*dèèr éé-ouou-bur-guer*) (le citoyen UE)
- **der Nicht-EU-Bürger** (*dèèr nicht-éé-ouou-bur-guer*) (ressortissant d'un pays n'appartenant pas à l'UE)
- **Ich bin im Urlaub hier.** (*ich bin im our-laôp h'iir*) (Je suis ici en vacances.)
- **Ich bin geschäftlich hier.** (*ich bin gue-shèft-lich h'iir*) (Je suis ici pour affaires.)
- **Ich bin aus privaten Gründen hier.** (*ich bin aos pri-va-ten grun-deun hiir*). (Je suis ici pour des raisons personnelles.)
- **Ich bin auf der Durchreise nach...** (*ich bin aôf dèèr dourch-raï-ze nagh...*) (Je suis en transit pour...)

La douane

Si vous devez passer la douane [**der Zoll** (*dèèr tsol*)], vous choisissez entre deux options : **anmeldepflichtige Waren** (*an-mèl-de-pflich-ti-gue vaa-ren*) (marchandises à déclarer), et **anmeldefreie Waren** (*an-mèl-de-fraï-e vaa-ren*) (marchandises exemptes de déclaration).

Dans un cas comme dans l'autre, vous pouvez cependant être soumis à un contrôle de la part d'un (**der**) **Zollbeamte** (*tsol-be-am-te*) (douanier), qui peut vous demander :

Haben Sie etwas zu verzollen? (*h'aa-ben zii èt-vas tsou fer-tso-len*) (Avez-vous quelque chose à déclarer ?)

ou

Haben Sie etwas anzumelden? (*h'aa-ben zii èt-vas an-tsou-mèl-den*) (Avez-vous quelque chose à déclarer ?)

Votre réponse peut être :

- **Ich möchte... anmelden.** (*ich meuch-te...an-mèl-den*) (Je voudrais déclarer...)
- **Ich habe nichts zu verzollen.** (*ich h'aa-be nichts tsou fer-tso-len*) (Je n'ai rien à déclarer.)

Le douanier peut aussi vous dire :

Bitte öffnen Sie diesen Koffer/diese Tasche. (*bi-te euf-nen zii dii-sen ko-fer/dii-ze ta-she*) (Veuillez ouvrir cette valise/ce sac.)

Et s'il vous demande ce que vous voulez faire d'un achat particulier, vous pouvez répondre :

- **Es ist für meinen persönlichen Gebrauch.** (*ès ist fuur maï-nen per-zeueun-li-chen gue-braôgh*) (C'est pour mon usage personnel.)
- **Es ist ein Geschenk.** (*ès ist aïn gue-shènk*) (C'est un cadeau.)

Voyager en voiture

Muni de votre (**der**) **Führerschein** (*dèèr fuu-rer-shaïn*) (le permis de conduire), vous pouvez louer une voiture et l'utiliser sur les diverses voies de circulation : **die Straße** (*dii shtraa-se*) (la rue), **die Landstraße** (*dii lant-shtraa-se*) (la route), **die**

Nationalstraße (*dii na-tsiô-naal-shtraa-se*) (la route nationale), **die Bundesstraße** (*dii boun-des-shtraa-se*) (la route fédérale), et **die Autobahn** (*dii aô-tôô-baan*) (l'autoroute).

Location de voiture

L'agence de location de voitures s'appelle **die Autovermietung** (*dii aô-tô-fer-mii-toung*), et vous amorcez la discussion en disant :

Ich möchte ein Auto mieten. (*ich meuch-te aïn aô-tô mii-ten*) (Je voudrais louer une voiture.)

L'employé de l'agence vous demandera vraisemblablement

Was für ein Auto möchten Sie? (*vas fuur aïn aô-tô meuch-ten zii*) (Quel genre de voiture voulez-vous ?)

Et vous pourrez répondre :

- **ein zweitüriges/viertüriges Auto** (*aïn tsvaï-tuu-ri-gues/fiir-tuu-ri-gues aô-tô*) (une voiture à deux/quatre portes)
- **einen Kombi** (*aï-nen kom-bi*) (un break)
- **einen Automatikwagen** (*aï-nen aô-to-maa-tik-vaa-guen*) (une automatique)
- **einen Schaltwagen** (*aï-nen shaft-vaa-guen*) (une voiture à changement de vitesse manuel)
- **ein Kleinauto** (*aïn klaïn-aô-tô*) (une petite voiture)
- **einen Allradantrieb** (*aï-neun al-rat-an-trib*) (un 4x4)
- **ein Cabrio** (*aïn ka-brio*) (une décapotable)
- **ein Auto mit Gangschaltung** (*aïn ao-to mit gang-chal-tounk*) (une voiture manuelle)

On peut aussi vous demander :

- » **Für wie lange möchten Sie den Wagen mieten?** (*fuur vii lan-gue meuch-ten zii déén vaa-guen mii-ten*) (Pendant combien de temps voulez-vous louer la voiture ?)
- » **Ab wann möchten Sie den Wagen mieten?** (*ap van meuch-ten zii déén vaa-gueen mii-ten*) (À partir de quand voulez-vous louer la voiture ?)
- » **Bis wann möchten Sie den Wagen mieten?** (*bis van meuch-ten zii déén vaa-guen mii-ten*) (Jusqu'à quand voulez-vous louer la voiture ?)
- » **Wann/wo möchten Sie den Wagen zurückgeben?** (*van/vôô meuch-ten zii déén vaa-gueen tsou-ruk-guéé-ben*) (Quand/où voulez-vous rendre la voiture ?)

et vos réponses peuvent être :

- » **Ich brauche den Wagen für…** (*ich braô-ghe déén vaa-guen fuur…*) (J'ai besoin de la voiture pendant…)
- » **Ich möchte den Wagen ab dem… mieten.** (*ich meuch-te déén vaa-gue ap déém… mii-ten*) (Je voudrais louer la voiture à partir du…)
- » **Ich möchte den Wagen bis zum… mieten.** (*ich meuch-te déén vaa-guen bis tsoum… mii-ten*) (Je voudrais louer la voiture jusqu'au…)
- » **Ich möchte den Wagen am… zurückgeben.** (*ich meuch-te déén vaa-guen am… tsou-ruk-guéé-ben*) (Je voudrais rendre la voiture le…)
- » **Ich möchte den Wagen in… zurückgeben.** (*ich meuch-te déén vaa-guen in… tsou-ruk-guéé-ben*) (Je voudrais rendre la voiture à…)

Voici encore d'autres mots utilisées lors de la préparation du contrat de location :

- **die Vollkaskoversicherung** (*dii vol-kas-kô-fer-zi-che-roung*) (l'assurance tous risques)
- **inbegriffen** (*in-be-gri-fen*) (inclus)
- **der Führerschein** (*dèèr fuu-rer-shaïn*) (le permis de conduire)
- **ohne Kilometerbegrenzung** (*ôô-ne ki-lôô-méé-ter-be-grèn-tsoung*) (sans limitation du kilométrage)
- **mit Navi / Klimaanlage** (*mit navi / kli-ma-an-la-geu*) (avec GPS / climatisation)

Les cartes et les panneaux indicateurs

Pour ne pas vous perdre, vous avez besoin d'interpréter correctement les panneaux qui longent les voies de circulation et de comprendre les indications en allemand sur la carte.

Cartes

Les cartes présentent l'avantage de contenir surtout des indications graphiques, mais il en existe plusieurs sortes, dont vous devez connaître la désignation pour pouvoir vous les procurer :

- **die Landkarte** (*dii lant-kar-te*) (la carte)
- **die Straßenkarte** (*dii shtraa-sen-kar-te*) (la carte routière)
- **der Stadtplan** (*dèèr shtat-plan*) (le plan [d'une ville])

Sur une carte en allemand, vous trouverez les mots suivants :

- **die Autobahn** (*dii aô-tô-baan*) (l'autoroute)
- **die Ausfahrt** (*dii aôs-faart*) (la sortie d'autoroute)
- **die Auffahrt** (*dii aôf-faart*) (la rampe d'accès à l'autoroute)
- **das Autobahnkreuz** (*das aô-tô-baan-kroïts*) (le croisement d'autoroutes)
- **das Autobahndreieck** (*das aô-tô-baan-draï-èk*) (la jonction de trois autoroutes)
- **die Altstadt** (*dii alt-sthat*) (la vieille ville)
- **die Fußgängerzone** (*dii fouous-guèn-guer-tsôô-ne*) (la zone piétonnière)
- **das Theater** (*das téé-aa-ter*) (le théâtre)
- **die Kirche** (*dii kir-che*) (l'église)
- **der Parkplatz** (*dèèr park-plats*) (le parking)

Panneaux indicateurs

Pour votre sécurité, et pour vous éviter d'éventuels ennuis avec **die Polizei** (*dii po-li-tsaï*) (la police), il importe que vous compreniez les indications suivantes :

- **Anlieger frei** (*an-lii-guer fraï*) (Accès riverains seulement/Interdit sauf riverains)
- **Einbahnstraße** (*aïn-baan-straa-se*) (Rue à sens unique)
- **einordnen** (*aïn-ord-nen*) (fusionner)
- **Gesperrt** (*gue-shpèrt*) (barré/barrée)
- **Licht an/aus** (*licht an/aôs*) (allumez/éteignez vos feux)

- **Umleitung** (*oum-laï-toung*) (déviation)
- **Vorsicht Glatteis!** (*fôr-sicht gla-taïs*) (Attention verglas)
- **50 bei Nebel** (*funf-tsish baï néé-bel*) (50 par temps de brouillard)
- **Baustelle** (*baô-shtè-le*) (travaux)

Les trains

Le réseau ferroviaire allemand, la **Deutsche Bahn** (ou **DB**), est extraordinairement bien organisé .Les offres variées peuvent vous transporter de la métropole la plus dynamique aux villages les plus pittoresques. Avec une vitesse de 280 km/h, l'**ICE (Intercity Express)**, le train à grande vitesse emblématique du pays, vous aidera à rallier toutes les grandes villes de l'Allemagne.

Les trains de nuits **City Night Line** vous emmènent à destination détendu et reposé. Les trains **Deutsche Bahn Intercity** desservent tous les principaux centres urbains. Les trains **S-Bahn** à deux étages offrent des durées de voyage réduites et facilitent la transition entre voyage local et longue distance.

Tout bien pesé, les trains allemands sont un tour de force : rapides, élégants et modernes. De plus, aujourd'hui, le Thalys relie Paris à Cologne en un peu moins de quatre heures.

Les horaires

Voici le vocabulaire de base qui vous permettra de déchiffrer les horaires de trains en allemand :

- **der Fahrplan** (*dèèr faar-plan*) (l'horaire)
- **die Abfahrt** (*dii ap-faart*) (le départ)
- **die Ankunft** (*dii an-kounft*) (l'arrivée)
- **über** (*uu-ber*) (*via*)
- **werkstags** (*vèrks-taagks*) (jours ouvrables)
- **sonn- und feiertags** (*zon ount faï-er-tagks*) (dimanche et jours fériés)

Mots clés

der Bahnsteig	*dèèr baan-shtaïgk*	le quai
das Gleis	*das glaïs*	la voie
die Verspätung	*dii fer-shpèè-toung*	le retard
einsteigen	*aïn-shtaï-guen*	monter dans le train
aussteigen	*aôs-shtaï-guen*	descendre du train
umsteigen	*oum-shtaï-guen*	changer de train
abfahren	*ap-faa-ren*	partir
ankommen	*an-ko-men*	arriver
fahren	*faa-ren*	aller en [train/voiture...]

Les informations

L'emplacement d'une gare où vous pouvez vous renseigner s'appelle **die Auskunft** (*dii aôs-kounft*) (le renseignement). Voici quelques questions que vous pourriez poser :

- » **Von welchem Gleis fährt der Zug nach... ab?** (*fon vèl-chem glaïs fèèrt dèèr tsouougk nagh... ap*) (De quelle voie part le train pour...)
- » **Auf welchem Gleis kommt der Zug aus... an?** (*aôf vèl-chem glaïs komt dèèr tsougk aôs... an*) (Sur quelle voie arrive le train venant de... ?)
- » **Hat der Zug Verspätung?** (*h'at dèèr tsouougk fer-shpèè-toung*) (Le train a-t-il du retard ?)
- » **Gibt es einen direkten Zug von... nach...?** (*gipt ès aïn di-rèk-ten tsouougk fon... nagh...*) (Y a-t-il un train direct de... à... ?)

La réponse aux trois premières questions ne doit pas vous poser de problème, mais la dernière question peut entraîner une réponse plus complexe s'il n'y a pas de train direct :

Nein, Sie müssen in... umsteigen (*naïn, zii mu-sen in... oum-shtaï-guen*) (Non, vous devez changer de train à...)

Achat des billets

Les transports ferroviaires des trois principaux pays qui nous intéressent sont assurés par **die Deutsche Bahn** (*dii doït-she baan*) ou **DB**, **die Österreichische Bundesbahn** (*eus-ter-raï-chi-she boun-des-baan*) ou **ÖBB**, et **die Schweizerische Bundesbahn** (*shvaï-tse-ri-she boun-des-baan*) ou **SBB**. Une fois dans la gare, vous cherchez le guichet de vente des billets, **der Fahrkartenschalter** (*faar-kar-ten-shal-ter*).

Voici la manière la plus simple de demander un billet :

Eine Fahrkarte nach..., bitte. (*aï-ne faar-kar-te nagh..., bi-te*) (Un billet pour... s'il vous plaît)

Et le préposé vous posera aussitôt la question :

Einfach oder hin und zurück? (*aïn-fagh ôô-der h'in ount tsou-ruk*) (Un aller simple ou un aller-retour ?)

Le dialogue pourrait aussi s'amorcer de la manière suivante :

» **Was kostet eine Rückfahrkarte nach...?** (*vas kos-tet aï-ne ruk-faar-karte nagh*) (Combien coûte un aller-retour pour... ?)

» **Was kostet eine einfache Fahrt nach...?** (*vas kos-tet aï-ne aïn-fa-ghe faart nagh*) (Combien coûte un aller simple pour... ?)

» **Erste oder zweite Klasse?** (*éérs-te ôô-der tsvaï-te kla-se*) (En première ou en seconde classe ?)

Voici comment demander un billet avec réservation de la place :

Ich möchte gern eine Platzkarte für den... von... nach... (*ich meuch-te guèrn aï-ne plats-kar-te fuur déén... fon... nagh...*) (Je voudrais un billet avec réservation pour le... de... à...)

Si vous ne spécifiez pas de date, le guichetier peut vous demander :

» **Fahren Sie heute?** (*faa-ren zii h'oï-te*) (Partez-vous aujourd'hui ?)

» **Wann fahren Sie?** (*van faa-ren zii*) (Quand partez-vous ?)

Suppléments

Les voyages sur certains trains entraînent le paiement d'un supplément, **der Zuschlag** (*dèèr tsou-shlagk*) (le supplément de prix). C'est le cas pour les trains **ICE** (Intercity

Express), **IC** (Intercity), ou **EC** (Eurocity), qui sont des trains reliant à grande vitesse des villes importantes.

Le mot **Zuschlag** apparaît en général sur les tableaux d'affichage des départs, mais vous pouvez vous renseigner également au guichet, par exemple :

Muss ich für den Zug um 11.45 Uhr nach... einen Zuschlag bezahlen? (*mous ich fuur déén tsououogk oum èlf ouour funf-ount-fiir-tsish aï-nen tsou-shlagk be-tsaa-len*) (Dois-je payer un supplément pour le train de 11 h 45 vers... ?)

Et la réponse peut être :

Das ist ein Intercity. Sie brauchen einen IC-Zuschlag. (*das ist aïn in-ter-si-tii. zii braô-chen aï-nen ii-tséé-tsou-shlagk*) (C'est un Intercity. Vous avez besoin d'un supplément IC.)

Mots clés

die Fahrkarte	*dii faar-kar-te*	le billet de train
die erste Klasse	*dii éérs-te kla-se*	la première classe
die zweite Klasse	*dii tsvaï-te kla-se*	la seconde classe
der Zuschlag	*dèèr tsou-shlaagk*	le supplément
die Rückfahrkarte	*dii ruk-faar-kar-te*	l'aller-retour
die Platzkarte	*dii plats-kar-te*	la place réservée
hin und zurück	*h'in ount tsou-ruk*	aller-retour
einfach	*aïn-fagh*	(aller) simple

Circuler en ville

Les villes allemandes sont dotées de transports publics denses et efficaces. Ils sont assurés par une combinaison de bus [**der Bus** (*dèèr bus*) (le bus)], de métro [**die U-Bahn** (*dii ouou-baan*) (le métro)], de **Straßenbahn** (*shtraa-sen-baan*) (le tramway) et de liaisons rapides régionales [**die S-Bahn** (*dii ès-baan*) (le réseau rapide)]. **S-Bahn** est la forme abrégée de **die Schnellbahn** (*dii shnèl-baan*) (la voie rapide), et **U-Bahn** celle de **die Untergrundbahn** (*dii oun-ter-grount-baan*) (la voie souterraine).

Mots clés

der Bus	*dèèr bous*	le bus
die U-Bahn	*dii ouou-baan*	le métro
die S-Bahn	*dii ès-baan*	le réseau rapide régional
die Straßenbahn	*dii shtraa-sen-baan*	le tramway
die Buslinie/ die U-Bahnlinie	*dii bous-li-ni-e/ dii ouuo-baan-li-ni-e*	la ligne d'autobus/ la ligne de métro
die Haltestelle	*dii h'al-te-shè-le*	l'arrêt/ la station
halten	*h'al-ten*	s'arrêter
die U-Bahnstation	*dii ouou-baan-shta-tsi-ôôn*	la station de métro
das Taxi	*das ta-xi*	le taxi

Trouver le bus ou le tramway approprié

Voici les questions que vous pourriez poser au guichet d'une station de métro ou de tramway [**der Fahrkartenschalter** (*dèèr faar-kar-ten-shal-ter*) (le guichet de vente de billets)] ou à un conducteur d'autobus [**der Busfahrer** (*dèèr bous-faa-rer*) (le conducteur de bus)] :

- **Welche Buslinie fährt ins Stadtzentrum?** (*vèl-che bous-li-nii-e fèèrt ins shtat-tsèn-troum*) (Quelle ligne de bus va au centre-ville ?)
- **Ist das die richtige Straßenbahn zum Stadion?** (*ist das dii rich-ti-gue shtraa-sen-baan tsoum shtaa-dion*) (Est-ce le bon tramway pour le stade ?)
- **Muß ich umsteigen?** (*mus ich oum-shtaï-guen*) (Dois-je changer ?)
- **Hält diese U-Bahn am Hauptbahnhof?** (*hèlt dii-ze ouou-baan am h'aôpt-baan-h'ôôf*) (Ce métro s'arrête-t-il à la gare centrale ?)

Prendre un taxi

Ce chapitre serait incomplet sans un rappel sur les taxis, dont il est question au chapitre 12 « Demander son chemin ». Pour prendre un taxi, vous vous rendez à la plus proche station de taxis [**der Taxistand** (*dèèr ta-xi-shtant*) (la station de taxi)].

Voici la question à poser pour trouver un taxi :

Wo ist der nächste Taxistand? (*vôô ist dèèr nèèk-ste ta-xi-shtant*) (Où est la plus proche station de taxis ?)

Lorsque vous êtes monté dans le taxi, attendez-vous à ce que **der Taxifahrer** (*dèèr ta-xi-faa-rer*) (le chauffeur de taxi) vous demande :

Wohin möchten Sie? (*vôô-h'in meuch-ten zii*) (Où voulez-vous aller ?)

Autres expressions utiles dans un taxi :

- **Schalten Sie bitte den Taximeter ein.** (chal-teun sie bitte den tak-sa-meu-ter aïn) (Mettez le compteur, s'il vous plaît.)
- **Sie können hier anhalten, vielen Dank!** (zi keu-neun hir an-hal-teun) (Vous pouvez vous arrêtez ici, merci.)
- **Wie viel kostet eine Fahrt zum Flughafen?** (vi-fil kos-teut aî-ne fârt tsoum flouk-ha-feun) (Combien est-ce que ça coûte pour aller à l'aéroport?)

L'agence de voyages

Vous pouvez confier les parties les plus techniques de votre séjour à une agence de voyages, **das Reisebüro** (*das raï-ze-bu-rôô*) (l'agence de voyages), où vous engagez l'affaire par le début de phrase :

Ich möchte gern... (*ich meuch-te guèrn...*) (Je voudrais...)

que vous complétez au choix par :

- **einen Flug nach... buchen.** (*aï-nen flouougk nagh... bouou-ghen*) (réserver un vol pour...)
- **am... abfliegen.** (*am... ap-flii-guen*) (partir en avion le...)
- **am... zurückfliegen.** (*am... tsou-ruk-flii-guen*) (revenir par avion le...)

» **ein Hotelzimmer reservieren.** (*aïn h'ôô-tèl tsi-mer ré-zèr-vii-ren*) (réserver une chambre d'hôtel.)

» **ein Hotel buchen.** (*aïn h'ôô-tèl bouou-ghen*) (faire une réservation d'hôtel.)

Vous pouvez aussi vous renseigner sur le temps dans la région que vous allez visiter :

Wie ist das Wetter in... im Frühjahr/Herbst/Winter/ Sommer/zu dieser Jahreszeit? (*vii ist das vè-ter in... im fruu-iaar/hèrpst/vin-ter/zo-mer tsou dii-zer iaa-res-tsaït*) (Comment est le temps à... au printemps/à l'automne/ en hiver/en été/en cette saison ?)

Mots clés

die Reise	*dii raï-ze*	le voyage
reisen	*raï-zen*	voyager
buchen	*bouou-ghen*	réserver
das Reisebüro voyages	*das raï-ze-buu-rôô*	l'agence de
die Übernachtung	*dii uu-ber-nagh-toung*	le logement pour une nuit

Prévoir, planifier : utilisation du temps futur

Alors que le français forme le futur des verbe par l'adjonction d'une désinence à la racine du verbe (je voyage → je voyagerai), l'allemand compose le futur en utilisant l'auxiliaire **werden** auquel il ajoute l'infinitif du verbe principal : **ich reise** → **ich werde reisen** (*ich vèr-de raï-zen*) (je voyagerai).

Le verbe **werden** peut aussi utilisé seul, et il signifie « devenir ».

Le tableau 2.1 montre la conjugaison de ce verbe au présent de l'indicatif.

TABLEAU 2.1 Conjugaison du verbe werden au présent de l'indicatif

Conjugaison	Prononciation	Traduction
ich werde	*ich vèr-de*	je deviens
du wirst	*dou virst*	tu deviens
Sie werden	*zii vèr-den*	vous devenez
er, sie, es wird	*èr, zii, ès vèr-den*	il, elle, cela devient
wir werden	*viir vèr-den*	nous devenons
ihr werdet	*iir vèr-det*	vous devenez
Sie werden	*zii vèr-den*	vous devenez
sie werden	*zii vèr-den*	ils/elles deviennent

Voici quelques exemples de phrases au futur. Remarquez que l'infinitif se retrouve toujours à la fin de la phrase.

» **Ich werde anrufen.** (*ich vèr-de an-rouou-fen*) (J'appellerai.)

» **Wir werden morgen kommen.** (*viir vèr-den mor-guen ko-men*) (Nous viendrons demain.)

» **Wirst du nächstes Jahr nach Österreich fahren?** (*virst dou nèèk-stes iaar nagh eueus-ter-raïch faa-ren*) (Iras-tu [en train ou en voiture] l'année prochaine en Autriche ?)

- **Frau Meyer wird nächste Woche ins Reisebüro gehen.** (*fraô maï-er virt nèèk-ste vo-ghe ins raï-ze-buu-rôo guéé-en*) (Madame Meyer ira à l'agence de voyages la semaine prochaine.)
- **Morgen gehe ich wandern.** (*mor-guen guéé-e ich van-dern*) (Demain je ferai une randonnée.)
- **Fährst du nächstes Jahr wieder zu den Festspielen?** (*fèèrst dou nèèk-stes iaa vii-der tsou déén fèst-shpii-len*) (Partiras-tu encore l'année prochaine pour le festival ?)
- **Susanne geht übermorgen zum Konsulat.** (*zou-za-ne guéét ü-ber-mor-guen tsoum kon-zou-laat*) (Suzanne ira demain matin au consulat.)
- **Fährt ihr am nächsten Wochenende weg?** (*fèèrt iir am nèèk-sten vo-ghen-èn-de vèk*) (Partez-vous le week-end prochain ?)

Le calendrier et les dates

Pour faire des projets ou en discuter, il est souvent utile de préciser les dates. Vous devez non seulement connaître les mots correspondant aux diverses unités de temps (le jour, la semaine, le mois, l'année), mais aussi la manière particulière dont on donne la date. L'allemand présente à cet égard quelques différences par rapport au français.

Les unités du calendrier

Les phrases suivantes montrent la façon dont est structuré **der Kalender** (*dèèr ka-lèn-der*) (le calendrier) en allemand :

- **Ein Jahr hat 12 Monate.** (*aïn iaar h'at tsveulf môô-na-te*) (Une année a 12 mois.)
- **Ein Monat hat 30 oder 31 Tage.** (*aïn môô-nat h'at draï-sish ôô-der aïn-ount-draï-sish taa-gue*) (Un mois a 30 ou 31 jours.)
- **Der Februar hat 28 oder 29 Tage.** (*dèèr féé-brou-aar h'at aght-ount-draï-sish ôô-der noïn-ount-draï-sish taa-ge*) (Le mois de février a 28 ou 29 jours.)
- **Eine Woche hat 7 Tage.** (*aï-ne vo-ghe h'at zii-ben taa-gue*) (Une semaine a 7 jours.)

Les noms des mois

Voici la liste des noms de mois :

- **der Januar** (*dèèr ia-nou-aar*) (le mois de janvier)
- **der Februar** (*dèèr féé-brou-aar*) (le mois de février)
- **der März** (*dèèr mèrts*) (le mois de mars)
- **der April** (*dèèr aa-pril*) (le mois d'avril)
- **der Mai** (*dèèr maï*) (le mois de mai)
- **der Juni** (*dèèr iouou-nii*) (le mois de juin)
- **der Juli** (*dèèr iouou-lii*) (le mois de juillet)
- **der August** (*dèèr aô-goust*) (le mois d'août)
- **der September** (*dèèr zep-tèm-ber*) (le mois de septembre)
- **der Oktober** (*dèèr ôk-tôô-ber*) (le mois d'octobre)
- **der November** (*dèèr nô-vèm-ber*) (le mois de novembre)
- **der Dezember** (*dèèr déé-tsèm-ber*) (le mois de décembre)

Situer un événement dans un mois donné

Si quelque chose a lieu un certain mois, le nom du mois est précédé de **im** (*im*) (dans le), contraction de **in dem** (*in déém*), préposition **in** + datif de l'article **der** :

- » **Ich fliege im Januar ab.** (*ich flii-gue im ia-nou-aar ap*) (Je pars en avion en janvier.)
- » **Ich fliege im Februar zurück.** (*ich flii-gue im féé-brou-aar tsou-ruk*) (Je reviens par avion en février.)
- » **Im März werde ich zu Hause sein.** (*im mèrts vèr-de ich tsou h'aô-ze zaïn*) (En mars je serai à la maison.)

Indication d'une partie du mois

L'allemand et le français indiquent de la même façon qu'une action se produit dans une partie du mois : l'article disparaît.

- » **Anfang Januar** (*an-fang ia-nou-aar*) (début janvier)
- » **Mitte Februar** (*mi-te féé-brou-aar*) (mi-février)
- » **Ende März** (*èn-de mèrts*) (fin mars)
- » **Anfang April fliegen wir nach Berlin.** (*an-fang a-pril flii-guen viir nagh bèr-liin*) (Début avril nous allons en avion à Berlin.)
- » **Ich werde Ende Mai verreisen.** (*ich vèr-de èn-de maï fer-raï-zen*) (Je partirai en voyage fin mai.)
- » **Herr Behr wird Mitte Februar in Schiurlaub fahren.** (*h'èr béér virt mi-te féé-brou-aar in shii-our-laôp faa-ren*) (Monsieur Behr partira mi-février en vacances de ski.)

Dates seules

Les dates figurant dans un calendrier d'événements peuvent être plus ou moins compactes, comme en français.

N'OUBLIEZ PAS

L'indication du quantième du mois diffère de deux façons en allemand et en français :

- L'allemand utilise toujours un nombre ordinal, du premier jour du mois au dernier, alors que le français indique le 1er du mois par un nombre ordinal, et les autres jours par un nombre cardinal : **erster Januar** = premier janvier ; **zehnter Juni** = dix juin.
- L'abréviation signalant un nombre ordinal en allemand est simplement un point. **1. Januar** = 1er janvier.

Le tableau 2.2 donne des exemples de dates sous forme longue.

TABLEAU 2.2 Dates en allemand, format long

Date	Expression	Prononciation
1. Januar 2000	**erster Januar Zweitausend**	*éérs-ter ia-nou-aar tsvaï-taô-zent*
10. Juni 1999	**zehnter Juni Neunzehnhundertneu-nundneunzig**	*tséén-ter iouou-nii noïn-tséén-h'oun-dert-noïn-unt-noïn-tsish*
20. März 1888	**zwanzigster März Achtzehnhundertach-tundachtig**	*tsvan-tsigk-ster mèrts aght-tséén-h'oun-dert-aght-ount-agh-tsish*

Le tableau 2.3 donne des exemples de date en format court.

TABLEAU 2.3 Dates en allemand, format court

Date	Expression	Prononciation
1. 1. 2000	**erster erster Zweitausend**	*éér-ster éér-ster tsvaï-taô-zent*
2. 4. 1999	**zweiter vierter Neunzehnhundertneu-nundneunzig**	*tsvaï-ter fiir-ter noïn-tséén-h'oun-dert-noïn-ount-noïn-tzish*
3. 5. 1617	**dritter fünfter Sechzehnhundertsie-bzehn**	*dri-ter funf-ter zèch-tséén-h'oun-dert-ziip-tséén*

Date du jour

Voici comment demander la date du jour, et la réponse obtenue :

» **Den Wievielten haben wir heute?** (*déén vi-fiil-ten h'aa-ben vir h'oi-te*) (Le combien sommes-nous aujourd'hui ?)

» **Heute haben wir den 15. März.** (*h'oi-te h'aa-ben vir déén funf-tséén-ten mèrts*) (Aujourd'hui nous sommes le 15 mars.)

La même réponse peut être donnée sous la forme :

Heute ist der 15. März. (*h'oï-te ist der funf-tséén-te mèrts*) (Aujourd'hui c'est le 15 mars.)

Date d'un événement

Pour associer une date complète à un événement passé ou prévu, l'allemand utilise le mot **am**, contraction de la préposition **an** et de l'article **der** au datif :
am = an + dem.

- **Johann Wolfgang von Goethe ist am 28. August 1749 geboren.** (*iôô-h'an volf-gang fon gueueu-te ist am aght-ount-tsvan-tsish-sten aô-goust ziib-tséén-h'oun-dert-noïn-ount-fiir-tsigk gue-bôô-ren*) (Johann Wolfgang von Goethe est né le 28 août 1749.)
- **Meine Kinder werden mich am 25. Mai besuchen.** (*maï-ne kin-der vèr-den mich am funf-ount-tsvan-tsish-sten maï be-zouou-ghen*) (Mes enfants me rendront visite le 25 mai.)

Indication de l'année seule

Il y a deux façons d'indiquer seulement l'année d'un événement passé ou prévu :

- **im** (contraction de la préposition **in** et de l'article **das** au datif), suivi du mot **Jahr** : **im Jahr 2000** = **in dem Jahr 2000.**
- Mentionner seulement l'année : **2000**.

Voici deux exemples :

- **Im Jahr 2006 fährt Herr Diebold in die USA.** (*im iaar tsvaï-taô-zent-zèks fèèrt h'èr dii-bolt in dii ou-ès-aa*) (En 2006 Monsieur Diebold ira aux USA.)
- **Goethe ist 1832 gestorben.** (*gueueu-te ist aght-tséé-h'oun-dert-tsvaï-ount-draï-sigk gue-shtor-ben*) (Goethe est mort en 1832.)

Mots clés

das Jahr	*das iaar*	l'année
das Vierteljahr	*das fiir-tel-iaar*	le trimestre
der Monat	*dèèr môô-nat*	le mois
die Woche	*dii vo-ghe*	la semaine
der Tag	*dèèr taagk*	le jour
das Datum	*das daa-toum*	la date
der Kalender	*dèèr ka-lèn-der*	le calendrier

Chapitre 3

Payer

DANS CE CHAPITRE

- **Changer de l'argent**
- **Les automates bancaires**
- **Encore l'impératif**

La monnaire unique vous permet de vous déplacer en Allemagne et en Autriche sans vous soucier désormais des questions de change, ni devoir conserver précieusement dans une boîte les pièces qui vous restent, en vue du voyage suivant. Grâce aux euros, ce chapitre est l'un des plus courts du livre. Il vous apporte néanmoins un peu de vocabulaire pour utiliser les automates bancaires, et pour régler certaines questions d'argent en Suisse alémanique.

Changer de l'argent

Vous pouvez bien sûr vous procurer des francs suisses en insérant votre carte bancaire dans n'importe quel (**der**) **Geldautomat** (*guèlt-aô-tô-maat*) (distributeur) helvétique, mais vous pouvez aussi changer vos euros dans un (**die**) **Wechselstube** (*vèk-zel-shtouou-be*) (bureau de change) ou une (**die**) **Bank** (*bank*) (banque). Un tableau [**die Tabelle** (*dii ta-bè-le*)] vous indique **die Kurse** (*dii kouour-ze*) [les cours, pluriel de **der Kurs** (*dèèr kouours*) (le cours)]. Vous y trouverez le cours d'achat, celui qui vous intéresse, dans la colonne (**der**) **Ankauf** (*an-kaôf*) (achat).

Vous pourrez ensuite aller jusqu'au (**der**) **Schalter** (*shal-ter*) (guichet) pour vous délester de vos **Euros** (*oï-rôôs*) [euros, pluriel de **der Euro** (*dèèr oï-rôô*) (l'euro)], et empocher en échange des **schweizerische Franken** (*shvaï-tse-ri-she fran-ken*) [francs suisses, pluriel de **der schweizerische Frank** (*dèèr shvaï-tse-ri-she frank*) (le franc suisse)]. À moins que l'opération ne se déroule en deux temps, auquel cas vous devrez encore aller jusqu'à **die Kasse** (*dii ka-se*) (la caisse).

Quel que soit l'endroit où vous procédez à l'échange, vous aurez besoin des phrases suivantes :

» **Ich möchte Euros in Franken wechseln/tauschen.** (*ich meuch-te oï-rôôs in fran-ken vèk-zeln/taô-shen*) (Je voudrais changer des euros en francs.)

» **Wie ist der Wechselkurs?** (*vii ist dèèr vèk-zel-kouours*) (Quel est le taux de change ?)

» **Wie hoch sind die Gebühren?** (*vii h'ôôgh zint dii gue-buu-ren*) (Quel est le montant des frais ?)

» **Nehmen Sie Reiseschecks?** (*néé-men zii raï-ze-shèks*) (Prenez-vous les chèques de voyage ?)

N'OUBLIEZ PAS

Quand vous changez de l'argent, on peut vous demander de justifier de votre identité. Ce que vous ferez en montrant votre (**der**) **Reisepass** (*raï-ze-pas*) (passeport). Le guichetier vous demandera :

Können Sie sich ausweisen? (*keu-nen zii zich aôs-vaï-zen*) (Avez-vous une pièce d'identité ?)

Cette formalité accomplie, le guichetier peut vous demander sous quelle forme vous désirez l'argent :

Wie hätten Sie das Geld gern? (*vii h'è-ten zii das guèlt guèrn*) (Comment voudriez vous l'argent ?)

Et vous pourrez répondre :

In Zehnern/in Zwanzigern/in Fünfzigern/in Hundertern, bitte. (*in tséé-nern/in tsvan-tsi-guern/in funf-tsi-guern/in h'oun-der-tern, bi-te*) (En billets de dix/de vingt/de cinquante/de cent s'il vous plaît.)

Mots clés

Geldtauschen/ wechseln	*guèlt taô-shen/ vèk-zeln*	changer de l'argent
das Bargeld	*das bar-guèlt*	l'argent en espèces
in bar	*in bar*	en espèces
einen Reisescheck einlösen	*aï-nen raï-ze-shèk aïn-leueu-zen*	encaisser un chèque de voyage
eine Gebühr bezahlen	*aï-ne ge-buur be-tsaa-len*	payer une commission
der Wechselkurs	*dèèr vèk-zel-kouourz*	le taux de change
sich ausweisen	*zich aôs-vaï-zen*	prouver son identité
der Ankauf	*dèèr an-kaôf*	l'achat
der Verkauf	*dèèr ver-kaôf*	la vente

Automates bancaires

En Allemagne comme presque partout dans le monde, vous pouvez retirer de l'argent d'un appareil appelé **der Geldautomat** (*dèèr guèlt-aô-tô-maat*) (le distributeur).

Certains de ces appareils vous servent en plusieurs langues, mais pas tous. Le langage utilisé est toujours assez simple, surtout à base d'infinitifs qui vous indiquent ce qu'on attend de vous. Par exemple :

» **Karte einführen** (*kar-te aïn-fuu-ren*) (introduire carte)

» **Sprache wählen** (*shpra-ghe vèè-len*) (choisir langue)

» **Geheimzahl eingeben** (*gue-h'aïm-tsaal aïn-guéé-ben*) (entrer code secret)

» **Betrag eingeben** (*be-traagk aïn-guéé-ben*) (entrer montant)

» **Betrag bestätigen** (*be-traagk be-shtèè-ti-guen*) (confirmer montant)

» **Karte entnehmen** (*kar-te ènt-néé-men*) (retirer carte)

» **Geldbetrag entnehmen** (*guèlt-be-traagk ènt-néé-men*) (retirer l'argent)

Votre transaction est terminée. Mais tout ne se passe pas toujours ainsi. L'appareil peut ne pas fonctionner, auquel cas vous lirez le message :

Geldautomat außer Betrieb. (*guèlt-aô-tô-maat aô-ser be-triib*) (Distributeur hors service.)

Ou encore, il restituera votre carte sans vous donner d'argent, et vous pourriez alors recevoir le message :

Die Karte ist ungültig/Die Karte ist nicht zugelassen. (*dii kar-te is oun-guul-tish/dii kar-te ist nicht tsou-gue-la-sen*) (La carte n'est pas valable.La carte n'est pas acceptée.)

Lorsque l'appareil, après avoir avalé la carte, refuse de la restituer, il peut vous laisser ce message de consolation :

Die Karte wurde einbehalten. Bitte besuchen Sie uns am Schalter. (*dii kar-te vour-de aïn-be-h'al-ten. bi-te be-zouou-chen zii ouns am shal-ter*) (La carte a été retenue. Veuillez s'il vous plaît venir nous voir au guichet.)

L'impératif

GRAMMAIRE

Les distributeurs utilisent souvent des phrases directives, comme **Geheimzahl eingeben** (*ge-h'aïm tsaal aïn-guéé-ben*) (Entrer code secret). Ces phrases ne sont pas très courtoises, mais elles économisent de la place. Une formule plus gracieuse serait :

Bitte geben Sie Ihre Geheimzahl ein. (*bi-te guéé-ben zii ii-re gue-h'aïm-tsaal aïn*) (Veuillez entrer votre code secret.)

Cette forme n'est autre que l'impératif au pluriel.

On peut aussi considérer l'emploi de l'infinitif comme une forme d'impératif, une manière concise de donner des instructions.

En entrant dans un bâtiment, par exemple, vous pouvez parfois voir sur la porte le verbe **ziehen** (*tsii-en*) (tirer) au moment où vous entrez, et le mot **drücken** (*dru-ken*) (pousser) quand vous sortez. Vous rencontrerez aussi quelquefois une invitation à fermer les portes, dans un bâtiment ou un train : **Türen schließen** (*tuu-ren shlii-sen*) (fermer les portes).

Chapitre 4

Se déplacer

DANS CE CHAPITRE

- » **Savoir où aller**
- » **Prendre la bonne direction**
- » **Se déplacer en voiture**

Se faire comprendre quand on demande son chemin n'est jamais très difficile, dès lors que l'on sait où l'on veut aller. Mais comprendre les explications et les retenir demande la plus grande attention, même si elles sont données dans une langue que l'on connaît bien. Ce chapitre vous prépare à formuler vos demandes en allemand, et à comprendre les réponses que vous recevrez.

Où se trouve... ?

Le mot clé de la demande d'itinéraire en allemand est **wo** (*vôô*) (où). La question que vous posez commence par

Wo ist...? (*vôô ist...*) (Où est... ?)

Vous placez à la fin de la phrase le nom de ce que vous cherchez, et qui peut être :

- » **der Bahnhof** (*dèèr <u>baan</u>-h'ôôf*) (la gare)
- » **der Taxistand** (*dèèr <u>ta</u>-xi-shtant*) (la station de taxis)
- » **die U-Bahnhaltestelle** (*dii <u>ouou</u>-baan-<u>h'al</u>-te-shtè-le*) (la station de métro)

- **der Flughafen** (*dèèr flouougk-h'aa-fen*) (l'aéroport)
- **der Hafen** (*dèèr h'aa-fen*) (le port)
- **die Bank** (*dii bank*) (la banque)
- **das Hotel** (*das h'ôô-tèl*) (l'hôtel)
- **die Kirche** (*dii kir-che*) (l'église)
- **die Post** (*dii post*) (la poste)
- **der Markt** (*dèèr markt*) (le marché)
- **das Museum** (*das mou-zéé-oum*) (le musée)
- **der Park** (*dèèr park*) (le jardin public)
- **das Theater** (*das téé-aa-ter*) (le théâtre)

Le vocabulaire ci-dessus est évidemment très général, et si vous vous trouvez dans une ville un tant soit peu étendue, vous devrez être plus précis et inclure le nom de l'église, du musée, de l'hôtel, etc. Voici des exemples de questions plus spécifiques :

- **Wo ist die Bushaltestelle Karlsplatz?** (*vôô ist dii bous-h'al-te-shtè-le karls-plats*) (Où est la station d'autobus Karlsplatz ?)
- **Wo ist die Dresdner Bank?** (*vôô ist dii drééz-dner bank*) (Où est la Dresdner Bank ?)
- **Wo ist die Marienkirche?** (*vôô ist dii ma-rii-en-kir-che*) (Où est l'église Sainte-Marie ?)

Si vous ne connaissez pas le nom propre de l'endroit cherché, mais si vous savez qu'il n'est pas trop loin, vous pouvez tourner la difficulté en demandant où se trouve la plus proche destination dans la même catégorie, jardin public, station de bus, hôtel... Insérez simplement le mot **nächste** après l'article de la destination cherchée :

- » **Wo ist der nächste Park?** (*vôô ist dèèr nèèk-ste park*) (Où est le jardin public le plus proche ?)
- » **Wo ist die nächste Bushaltestelle?** (*vôô ist dii nèèk-ste bous-h'al-te-shtè-le*) (Où est la station d'autobus la plus proche ?)
- » **Wo ist das nächste Hotel?** (*vôô ist das nèèk-ste h'ôô-tèl*) (Où est l'hôtel le plus proche ?)

TRUC

Voici un verbe très utile pour faire comprendre que vous avez besoin d'aide pour trouver votre chemin : **sich auskennen** (*zich aôs-kè-nen*) (connaître les lieux). Essayez de mémoriser l'expression :

Ich kenne mich hier nicht aus. (*ich kè-ne mich h'iir nicht aôs*) (Je ne connais pas mon chemin par ici.)

Et pour rendre votre requête un peu plus courtoise, vous pouvez dire :

Entschuldigen Sie bitte, ich kenne mich hier nicht aus. (*ènt-shoul-di-guen zii bi-te ich kè-ne mich h'iir nicht aôs*) (Excusez-moi s'il vous plaît, je ne connais pas mon chemin par ici.)

Voici la conjugaison complète du verbe **sich auskennen**.

Conjugaison	*Prononciation*
ich kenne mich aus	*ich kè-ne mich aôs*
du kennst dich aus	*dou kènst dich aôs*
er, sie, es kennt sich aus	*èèr, zii, ès kènt zich aôs*
wir kennen uns aus	*viir kè-nen ouns aôs*
ihr kennt euch aus	*iir kènt oïch aôs*
Sie kennen sich aus	*zii kè-nen zich aôs*
sie kennen sich aus	*zi kè-nen zich aôs*

C'est à quelle distance ?

L'étape suivante consiste à choisir le moyen de vous rendre à l'endroit dont on vous a indiqué l'emplacement, ce qui dépend naturellement de la distance à parcourir. Les mots clés sont à cet égard **nah** (*naa*) (proche) et **weit** (*vaït*) (loin). Vous pouvez poser la question :

Ist... weit entfernt? (*ist... vaït ènt-fèrnt*) (... est-il/elle loin ?)

Vous insérez simplement le nom de l'endroit visé. S'il s'agit d'un musée :

Ist das Museum weit entfernt? (*ist das mou-zéé-oum vaït ènt-fèrnt*) (Le musée est-il loin ?)

Et si vous avez de la chance, la réponse sera :

Nein, das Museum ist nicht weit von hier. (*naïn, das mou-zéé-oum ist nicht vaït von h'iir*) (Non, le musée n'est pas loin d'ici.)

Vous pouvez aussi exprimer la même requête en utilisant le concept de proximité au lieu de celui d'éloignement. Le mot approprié est alors **die Nähe** (*dii nèè-e*) (la proximité). La question devient :

Ist... in der Nähe? (*ist... in dèèr nèè-e*) (... est-il/elle à proximité ?)

Aller ici et là

Les mots **hier** (*h'iir*) (ici) et **dort** (*dort*) (là-bas) sont très utiles pour fournir des itinéraires. Voici des exemples :

- **Das Museum ist nicht weit von hier.**
  (*das mou-zéé-oum ist nicht vaït fon h'iir*)
  (Le musée n'est pas loin d'ici.)

» **Der Park ist nicht weit von dort.** (*dèèr park ist nicht vaït fon dort*) (Le jardin public n'est pas loin de là.)

N'OUBLIEZ PAS

Une expression très courante que vous pouvez entendre en réponse :

Das ist gleich hier vorne/dort drüben. (*das ist glaïch h'iir for-ne/dort druu-ben*) (C'est juste ici/là-bas de l'autre côté.)

Bien que **drüben** veuille dire « de l'autre côté » vous entendrez aussi

Das ist gleich hier drüben. (*das ist glaïch h'iir druu-ben*) (C'est juste ici.)

Les expressions **dort drüben** et **hier drüben** sont pratiquement interchangeables.

Demander son chemin

Pour demander votre chemin, vous utilisez le verbe **kommen** (*ko-men*) (arriver à [dans ce contexte]/le sens général est « venir »), suivi d'une préposition pour faire la liaison avec le lieu de destination.

Voici la conjugaison de **kommen** au présent de l'indicatif :

Conjugaison	*Prononciation*
Ich komme	*ich ko-me*
du kommst	*dou komst*
er, sie, es kommt	*èèr, zii, ès komt*
wir kommen	*viir ko-men*
ihr kommt	*iir komt*

Sie kommen	*zii ko-men*
sie kommen	*zii ko-men*

Vous démarrez votre question de la manière suivante :

Wie komme ich...? (*vii ko-me ich...*) (Comment est-ce que j'arrive... ?)

Et pour terminer la phrase, vous devez choisir une préposition adaptée au type de destination, qui sera l'équivalent de la préposition française passe-partout « à » : « à la gare » « au musée »...

GRAMMAIRE

L'allemand est plus précis et plus exigeant que le français en ce qui concerne les prépositions de lieu. Les prépositions les plus utilisées sont :

- **in** (*in*) (dans)
- **nach** (*nagh*) (vers)
- **zu** (*tsou*) (à)

Utilisation de in

Vous utilisez la préposition **in** (*in*) (dans) pour indiquer une certaine portion d'une ville, comme le centre, la banlieue ou un jardin public. Par exemple :

Wie komme ich in die Innenstadt? (*vii ko-me ich in dii i-nen-shtat*) (Comment puis-je aller au centre-ville ?)

GRAMMAIRE

À la suite de la préposition **in** introduisant l'idée d'un déplacement, vous devez mettre ce qui la suit (l'article, l'éventuel adjectif et le nom) à l'accusatif. La forme de l'article peut alors ne pas être la même qu'au nominatif. Voici le rappel de la modification éventuellement appliquée à l'aticle défini :

- **der** devient **den** (*déén*)
- **die** reste **die** (*dii*)
- **das** reste **das** (*das*).

Par exemple, l'article d'un nom masculin comme **der Park** (*dèèr park*) (le jardin public) se modifie comme suit :

Wie komme ich in den Park? (*vii ko-me ich in déén park*) (Comment puis-aller au jardin public ?)

L'article d'un nom féminin, comme **die Stadt** (*dii shtat*) (la ville) ne change pas à l'accusatif :

Wie komme ich in die Stadt? (*vii ko-me ich in dii shtat*) (Comment puis-je aller en ville ?)

GRAMMAIRE

L'article d'un nom neutre comme **das Zentrum** (*das tsèn-troum*) (le centre) ne se modifie pas non plus, mais il se produit le plus souvent une contraction de la proposition et de l'article pour donner le mot **ins** : **in + das = ins**

Cette contraction est presque toujours utilisée, et produit des phrases telles que :

Wie komme ich ins Zentrum? (*vii ko-me ich ins tsèn-troum*) (Comment puis-je aller en centre-ville ?)

Utilisation de nach

La préposition **nach** n'intervient que dans un contexte spécifique. Pour aller dans un pays ou une ville, vous utilisez **nach** (*nagh*) :

Wie komme ich nach Köln? (*vii ko-me ich nagh keuln*) (Comment puis-je aller à Cologne ?)

Vous n'avez pas toujours à vous préoccuper de la déclinaison de l'article en pareil cas, puisque la plupart des noms de ville et de pays ne comportent pas d'article. Mais la préposition **nach** exige l'emploi du datif. Vous diriez par exemple :

Wie komme ich nach Köln? (*vii ko-me ich nagh dèèr shtat keuln*) (Comment puis-je aller jusqu'à la ville de Cologne ?)

Utilisation de zu

Dans tous les autres cas, vous pouvez pratiquement toujours utiliser la préposition **zu**, qui elle aussi exige le datif.

GRAMMAIRE

Comme **nach**, la préposition **zu** est toujours suivie d'un groupe article-adjectif-nom au datif. L'article défini, au singulier, se modifie de la façon suivante :

- **der** devient **dem** (*déém*)
- **die** devient **der** (*dèèr*)
- **das** devient **dem** (*déém*)

Lorsque la préposition **zu** est utilisée avec des noms masculins ou neutres, une contraction se produit entre la préposition et l'article pour produire le vocable **zum** :

Wie komme ich zum Bahnhof? (*vii ko-me ich tsoum baan-h'ôôf*) (Comment puis-je aller à la gare ?)

Dans l'exemple ci-dessus, l'article précédent le nom masculin **der Bahnhof** (*dèèr baan-h'ôôf*) (la gare) se combine avec la préposition **zu** pour donner **zum :**

zu + dem Bahnhof = zum Bahnhof (*tsoum baan-h'ôôf*) (à la gare)

Un nom neutre, tel que **das Museum** (*das mou-zéé-oum*) (le musée) se comporterait de façon analogue :

zu + dem Museum = zum Museum (*tsoum mou-zéé-oum*) (au musée)

Une contraction se produit également dans le cas d'un nom féminin comme **die Bushaltestelle** (*dii bous-h'al-te-shtè-le*) (la station d'autobus) :

zu + der Bushaltestelle = zur Bushaltestelle

Wie comme ich zur Bushaltestelle? (*vii ko-me ich tsour bous-h'al-te-shtè-le*) (Comment puis-je aller à la station d'autobus ?)

Description d'un emplacement

Après avoir demandé votre chemin, vous devez être prêt à comprendre les réponses éventuelles. Il arrive souvent de décrire la position d'un emplacement par rapport à un autre, supposé bien connu. D'assez nombreuses prépositions peuvent servir à décrire la position relative de deux emplacements. Mais toutes les prépositions servant à cet usage sont suivies du datif, ce qui vous évite de vous tromper de cas.

Le tableau 4.1 présente quelques-unes des prépositions utilisables pour indiquer la situation d'un lieu par rapport à un autre.

TABLEAU 4.1 **Prépositions indiquant des emplacements**

Préposition	Prononciation	Signification	Exemple
auf	*aôf*	sur	**auf der Museumstraße** (*aôf dèèr mou-zéé-oum-shtraa-se*) (rue du Musée)
bei	*baï*	près de	**beim Bahnhof** (*baïm baan-h'ôôf*) (près de la gare)
hinter	*h'in-ter*	derrière	**hinter der Kirche** (*h'in-ter dèèr kir-che*) (derrière l'église)
vor	*fôôr*	devant	**vor der Post** (*fôôr dèèr post*) (devant la poste)
neben	*néé-ben à*	côté de	**neben der Bank** (*néé-ben dèèr bank*) (à côté de la banque)
zwischen	*tzvi-shen*	entre	**zwischen dem Theater und der Bank** (*tzvi-shen déém téé-aa-ter ount dèèr bank*) (entre le théâtre et la banque)
gegenüber	*gué-guen-uu-ber*	en face de	**gegenüber dem Museum** (*gué-guen-uu-ber déém mou-zéé-oum*) (en face du musée)
an	*an*	au	**an der Ecke** (*an dèèr è-ke*) (au coin)

Mots clés

wo ist ...?	*vôô ist*	Où se trouve ... ?
nächste	*nèèk-ste*	suivant/plus proche
sich auskennen	*zich aôs-kè-nen*	connaître les lieux
weit	*vaït*	loin
nah	*naa*	proche
hinter	*h'in-ter*	derrière
vor	*fôôr*	devant
neben	*néé-ben*	à côté
an	*an*	à/au

Aller à droite, à gauche, au nord, au sud, à l'est et à l'ouest

Voici maintenant l'un des éléments les plus importants de la description d'un itinéraire : l'orientation.

La gauche et la droite

Ce sont les indications les plus simples pour indiquer le chemin à prendre à partir d'un point donné :

- **links** (*links*) (à gauche)
- **rechts** (*rèchts*) (à droite)

Pour indiquer que quelque chose se trouve à gauche ou à droite d'autre chose, vous utilisez la préposition **von** (*fon*) (de), de la manière suivante :

» **links von** (*links fon*) (à gauche de) : par exemple – **Das Museum ist links von der Kirche.** (*das mou-zéé-oum ist links fon dèèr kir-che*) (Le musée est à gauche de l'église.)

» **rechts von** (*rèchts fon*) (à droite de) : par exemple – **Die Kirche ist rechts vom Theater.** (*dii kir-che ist rèchts fom téé-aa-ter*) (L'église est à droite du théâtre.)

Vous entendrez aussi des indications faisant appel au mot **die Seite** (*dii zaï-te*) (le côté) :

» **Das Museum ist auf der linken Seite.** (*das mou-zéé-oum ist aôf dèèr lin-ken zaï-te*) (Le musée est sur le côté gauche.)

» **Die Kirche ist auf der rechten Seite.** (*dii kir-che ist aôf dèèr rèch-ten zaï-te*) (L'église est sur le côté droit.)

Les points cardinaux

Les points cardinaux peuvent aussi contribuer à situer la position d'un lieu par rapport à un autre et faciliter la compréhension d'un itinéraire. Les voici :

» **der Norden** (*dèèr nor-den*) (le nord)

» **der Süden** (*dèèr zuu-den*) (le sud)

» **der Osten** (*dèèr os-ten*) (l'est)

» **der Westen** (*dèèr vès-ten*) (l'ouest)

Pour décrire une position, vous combinez le nom du point cardinal avec le mot **im**, contraction de **in dem** :

Der Hafen liegt im Norden (*dèèr h'aa-fen liigt im nor-den*)/Süden (zuu-den)/Osten (os-ten)/Westen (vès-ten). (Le port est au nord/au sud/à l'est/à l'ouest.)

Indiquer l'itinéraire

Les indications qui vous sont fournies peuvent impliquer de prendre une rue spécifique – la deuxième à droite ou la première à gauche, par exemple. Les verbes utilisés fréquemment dans ce contexte sont **gehen** (*guéé-en*) (aller) et **nehmen** (*néé-men*) (prendre). Pour donner les indications, on se sert de l'impératif. (Consultez la section « L'impératif » au chapitre 11.) Le verbe se place au début de la phrase. Par exemple :

- **Nehmen Sie die zweite Straße links!** (*néé-men zii dii tsvaï-te shtraa-se links*) (Prenez la deuxième rue à gauche.)
- **Gehen Sie die erste Straße rechts!** (*guéé-en zii dii éér-ste shtraa-se rèchts*) (Prenez la première rue à droite.)

Pour fournir des instructions à une amie ou un ami, vous utiliserez le tutoiement, et les instructions précédentes deviennent :

- **Nimm die zweite Straße links!** (*nim dii tsvaï-te shtraa-se links*) (Prends la deuxième rue à gauche.)
- **Geh die erste Straße rechts!** (*guéé dii éér-ste shtraa-se rèchts*) (Prends la première rue à droite.)

Consultez la section suivante sur les nombres ordinaux pour faire plus ample connaissance avec les mots tels que **erste** et **zweite**.

Si vous recherchez un bâtiment spécifique, vous pouvez obtenir des indications du genre :

Es is das dritte Haus auf der linken Seite. (*ès ist das dri-te h'aôs aôf dèèr lin-ken zaï-te*) (C'est la troisième maison sur le côté gauche.)

Et s'il n'y a pas à tourner à gauche ou à droite, et s'il faut aller tout droit, on vous dira :

Gehen Sie geradeaus! (*guéé-en zii gue-raa-de-aôs*) (Allez tout droit.)

Nombres ordinaux

Les mots tels que premier, deuxième, etc. sont des nombres ordinaux [**die Ordinalzahl** (*dii or-di-naal-tsaal*) (le nombre ordinal)]. Vous pouvez avoir affaire à ces nombres après avoir posé une question comme « Quelle maison ? ». Un nombre ordinal est utilisé dans la réponse « La deuxième sur la gauche. »

GRAMMAIRE

En allemand, on forme les nombres ordinaux en ajoutant le suffixe **-te** aux nombres cardinaux de 1 à 19, avec deux exceptions, qui sont :

- **eins** (*aïns*) (un) / **erste** (*éérs-te*) (premier/première)
- **drei** (*draï*) (trois) / **dritte** (*dri-te*) (troisième)

Le tableau 4.2 montre la façon de former les nombres ordinaux de 1 à 10, et donne un exemple de la façon de former les nombres ordinaux de 13 à 19 (qui se terminent par **-zehn**).

TABLEAU 4.2 Formation des nombres ordinaux

Nombre cardinal	Nombre ordinal
eins (*aïns*) (un)	der/die/das **erste** (*éérs-te*) (premier/première)
zwei (*tsvaï*) (deux)	**zweite** (*tsvaï-te*) (deuxième)
drei (*draï*) (trois)	**dritte** (*dri-te*) (troisième)
vier (*fiir*) (quatre)	**vierte** (*fiir-te*) (quatrième)

Nombre cardinal	Nombre ordinal
fünf (*funf*) (cinq)	**fünfte** (*funf-te*) (cinquième)
sechs (*zèks*) (six)	**sechste** (*sèk-ste*) (sixième)
sieben (*zii-ben*) (sept)	**siebte** (*ziib-te*) (septième)
acht (*aght*) (huit)	**achte** (*agh-te*) (huitième)
neun (*noïn*) (neuf)	**neunte** (*noïn-te*) (neuvième)
zehn (*tséén*) (dix)	**zehnte** (*tséén-te*) (dixième)
siebzehn (*ziib-tséén*) (dix-sept)	**siebzehnte** (*ziib-tséén-te*) (dix-septième)

Pour former les nombres ordinaux au-delà de 19, vous ajoutez le suffixe **-ste** aux nombres cardinaux. Par exemple :

» **zwanzig** (*tsvan-tsish*) (vingt) / **zwanzigste** (*tsvan-tsish-ste*) (vingtième)

» **dreissig** (*draï-sish*) (trente) / **dreissigste** (*draï-sish-ste*) (trentième)

» **vierzig** (*fiir-tsish*) (quarante) / **vierzigste** (*fiir-tzish-ste*) (quarantième)

GRAMMAIRE

Les nombres ordinaux sont des adjectifs. Pour cette raison, ils prennent le genre et le cas du nom auquel il se réfèrent. Le tableau 4.3 vous montre l'adjectif **erste** et l'article qui le précède, au nominatif, au génitif, au datif et à l'accusatif.

TABLEAU 4.3 Déclinaison d'un nombre ordinal : erste (éér-ste) (premier)

Genre du nom	Nominatif	Génitif	Datif	Accusatif
Masculin (**der**)	der erste	des ersten	dem ersten	den ersten
Féminin (**die**)	die erste	der ersten	der ersten	die erste

Genre du nom	Nominatif	Génitif	Datif	Accusatif
Neutre (**das**)	das erste	des ersten	dem ersten	das erste
Pluriel (**die**)	die ersten	der ersten	den ersten	die ersten

Mots clés

links	*links*	à gauche
rechts	*rèchts*	à droite
wo ist ...?	*vôô ist ...*	où se trouve ... ?
Nehmen Sie ...!	*<u>néé</u>-men zii ...*	prenez ... !
Gehen Sie ...!	*<u>guéé</u>-en zii...*	prenez/continuez dans ... !
die U-Bahn	*dii <u>ouou</u>-baan*	le métro
die Haltestelle	*dii <u>h'al</u>-te-shtè-le*	la station (bus, métro, etc.)

Se déplacer en voiture

Le mot français « aller » convient pour toutes sortes de déplacement. On le complète par un autre mot indiquant la façon de se déplacer (à pied, à cheval, à ski, en train...). L'allemand s'est longtemps contenté de spécifier le mode de déplacement par le choix du verbe : **gehen** (*<u>guéé</u>-en*) (aller à pied en marchant), **laufen** (*<u>laô</u>-fen*) (aller en courant ou en marchant), **reiten** (*<u>raï</u>-ten*) (aller à cheval), **fahren** (*<u>faa</u>-ren*) (aller en voiture ou en traineau), **segeln** (*<u>zéé</u>-geln*) (aller en bateau à voile), **rudern** (*<u>rouou</u>-dern*) (aller en ramant), **fliegen** (*<u>flii</u>-guen*) (aller en volant).

La multiplication des modes de transport n'a pas provoqué l'apparition de nouveaux verbes de déplacement, et il faut désormais spécifier dans de nombreux cas la façon dont on se déplace, comme en français. Curieusement, on entend assez souvent l'expression **zu Fuß gehen** (*tsou fouous guéé-en*) (aller à pied), une sorte de pléonasme, puisqu'il faut utiliser un autre verbe dès lors qu'on se déplace autrement qu'à pied.

Dans le cas d'un déplacement en voiture, le verbe à utiliser est **fahren**, mais comme ce verbe convient à d'autres types de véhicule que l'automobile, il faut préciser avec quoi vous **fahren**, en utilisant la préposition **mit** (*mit*) (avec), qui entraîne toujours l'emploi du datif :

Ich fahre mit dem Auto. (*ich faa-re mit déém aô-tô*) (Je fais le trajet en voiture.)

N'OUBLIEZ PAS

Le verbe **fahren** n'est pas réservé aux automobilistes, il convient aussi aux cyclistes [**der Radfahrer** (*dèèr rat-faa-rer*) (le cycliste)], et d'une manière générale à tous les possesseurs d'un véhicule comportant des roues ou des roulettes, comme **der Pferdewagen** (*dèèr pfèr-de-vaa-guen*) (la voiture à cheval), **der Tretroller** (*dèèr tréét-ro-ler*) (la trottinette) [qui s'est modernisée et s'appelle désormais **der Scooter** (*dèèr skouou-ter*)] ou encore **das Rollbrett** (*das rol-brèt*) (la planche à roulettes).

Si donc vous évoluez sur l'un de ces véhicules à roues, la direction vous sera indiquée au moyen du verbe **fahren** :

Fahren Sie links/rechts! (*faa-ren zii links/rèchts*) (Prenez à gauche/droite.)

On peut aussi utiliser le verbe **abbiegen** (*ap-bii-guen*) (tourner) pour indiquer qu'il faut tourner à gauche ou à droite :

Biegen Sie links/rechts ab! (*bii-guen zii links/rèchts ap*) (Tournez à gauche/droite.)

TRUC

Si vous vous perdez en voiture, voici la phrase à utiliser pour expliquer votre situation :

Ich habe mich verfahren. Ich suche... (*ich h'aa-be mich fer-faa-ren. ich zouou-ghe...)* (Je me suis perdu. Je cherche...)

Chapitre 5
L'hébergement

DANS CE CHAPITRE

» **Choisir son hôtel**

» **Réserver**

» **Formalités d'arrivée à l'hôtel**

» **Quitter l'hôtel**

Ce chapitre vous fournit ce qui contribue le plus au confort d'un voyage : les mots dont vous avez besoin pour trouver l'hôtel correspondant à vos besoins et y passer un séjour agréable.

Trouver un hôtel

Le choix de l'hôtel peut avoir été fait d'avance par une agence de voyage [**das Reisebüro** (*das raï-ze-bu-rôô*)], mais vous pouvez aussi consulter un guide hôtelier [**der Hotelführer** (*dèèr h'ôô-tèl-fuu-rer*)] acheté dans une librairie [**die Buchhandlung** (*dii bough-han-dloung*)] ou encore vous renseigner auprès de l'office du tourisme de la ville, appelé **das Fremdenverkehrsbüro** (*das frèm-den-fer-kéérs-buu-rôô*).

Une autre solution consiste à demander un conseil à des gens que vous connaissez, en posant la question :

Können Sie ein Hotel in... empfehlen? (*keu-nen zii aïn h'ôô-tèl in... èmp-féé-len*) (Pouvez-vous recommander un hôtel à... ?)

Le terme générique pour désigner l'hôtel dans les pays de langue allemande est **das Hotel** (*das h'ôô-tel*), mais il existe de nombreux autres termes, qui désignent de manière plus précise le type d'établissement :

- **das Hotel garni** (*das h'ôô-tèl gar-nii*) (un hôtel offrant seulement des chambres et le petit déjeuner)
- **das Rasthof** (*das rast-h'ôôf*) (Une sorte de motel à proximité d'une autoroute)
- **das Gasthaus/der Gasthof** (*das gast-h'aôs/dèèr gast-h'ôôf*) (Une auberge offrant des repas et des boissons et souvent en outre des chambres)
- **die Pension** (*dii pen-zi-ôôn*) (Établissement fournissant à ses clients le logement et tous les repas – ou seulement la demi-pension. Les repas ne sont généralement servis qu'aux clients de la pension.)
- **die Jugendherberge** (*dii iouou-guent-h'èr-bèr-gue*) (l'auberge de jeunesse)
- **die Ferienwohnung** (*dii féé-ri-en-vôô-noung*) (l'appartement de vacances)

Réserver des chambres

Après avoir identifié un hôtel susceptible de vous convenir, vous devez réserver votre chambre, à moins que **das Fremdenverkehrsbüro** (*das frèm-den-fer-kéérs-buu-rôô*) (l'office du tourisme) ne se soit chargé de faire l'opération pour vous.

La réservation d'une chambre d'hôtel est une opération qui se traite le plus souvent par téléphone ou par

Internet. Dès que l'hôtel décroche et dit son nom, vous pouvez amorcer la discussion en précisant le but de votre appel :

Ich möchte gern ein Zimmer reservieren. (*ich meuch-te guèrn aïn tsi-mer ré-zèr-vii-ren*) (Je voudrais réserver une chambre.)

Pour réserver plusieurs chambres, vous insérez le nombre qui convient : **zwei Zimmer** (*tsvaï tsi-mer*) (deux chambres), **drei Zimmer** (*draï tsi-mer*) (trois chambres)...

Cette requête se poursuit par un dialogue avec la même personne ou une autre chargée des réservations, et dont le but est de préciser vos besoins.

Dates et durée du séjour

Cet aspect de la réservation peut faire l'objet de la question :

Von wann bis wann möchten Sie ein Zimmer reservieren? (*fon van bis van meuch-ten zii aïn tsi-mer ré-zèr-vii-ren*) (De quand à quand voulez-vous réserver une chambre ?)

Voici deux phrases appropriées, précisant l'une la durée, l'autre la plage de temps concernée :

- **Ich möchte gern ein Zimmer für... Nächte reservieren.** (*ich meuch-te guèrn aïn tsi-mer fuur... nèèch-te ré-zèr-vii-ren*) (Je voudrais réserver une chambre pour... nuits.)
- **Ich möchte gern ein Zimmer vom 11. 3. bis zum 15. 3. reservieren.** (*ich meuch-te guèrn aïn tsi-mer fom èlf-ten dri-ten bis tsoum funf-tséén-ten dri-ten ré-zèr-vii-ren*) (Je voudrais réserver une chambre du 11/3 au 15/3.)

Le type de chambre que vous désirez

La personne qui prend votre réservation vous demande alors quelles sont vos préférences en matière de confort :

Was für ein Zimmer möchten Sie gern? (*vas fuur aïn tsi-mer meuch-ten zii guèrn*) (Quelle sorte de chambre voudriez-vous ?)

Vous pouvez alors amorcer votre réponse par

Ich hätte gern... (*ich h'è-te guèrn...*) (Je voudrais...)

et vous la terminez par l'une des précisions suivantes ou par une combinaison :

- **ein Einzelzimmer** (*aïn aïn-tsel-tsi-mer*) (une chambre pour une personne.)
- **ein Doppelzimmer** (*aïn do-pel-tsi-mer*) (une chambre double.)
- **ein Zimmer mit...** (*aïn tsi-mer mit...*) (une chambre avec...)
  - **Dusche** (*douou-she*) (douche)
  - **Bad** (*baat*) (salle de bain)
  - **zwei Einzelbetten** (*tsvaï aïn-tsel-bè-ten*) (deux lits jumeaux)
  - **einem Doppelbett** (*aï-nem do-pel-bèt*) (un lit double)

Le prix

Voici maintenant diverses façons de vous renseigner sur le prix de la chambre et sur les éléments qu'il inclut ou non :

- **Was kostet das Zimmer pro Nacht?** (*vas kos-tet das tsi-mer prôô naght*) (Que coûte la chambre par nuit ?)
- **Was kostet eine Übernachtung mit Frühstück?** (*vas kos-tet aï-ne uu-ber-nagh-toung mit fruu-shtuk*) (Que coûte une nuit avec petit déjeuner ?)
- **Was kostet ein Zimmer mit Vollpension?** (*vas kos-tet aïn tsi-mer mit fol-pèn-zi-ôôn*) (Que coûte une chambre en pension complète ?)
- **Was kostet ein Zimmer mit Halbpension?** (*vas kos-t et aïn tsi-mer mit h'alp-pèn-zi-ôôn*) (Que coûte une chambre en demi-pension ?)

Mots clés

das Fremdenverkehrsbüro	*das frèm-den-fer-kéérs-buu-rôô*	l'office du tourisme
das Einzelzimmer	*das aïn-tsel-tsi-mer*	la chambre d'une personne
das Doppelzimmer	*das do-pel-tsi-mer*	la chambre double
das Bad	*das baat*	la salle de bains
die Dusche	*dii dou-she*	la douche
Geht in Ordnung!	*guéét in ord-noung*	C'est entendu !

Si la chambre est disponible et si le prix vous convient, vous pouvez clore l'opération en disant

Können Sie das Zimmer bitte reservieren? (*keu-nen zii das tsi-mer bi-te ré-zèr-vii-ren*) (Pouvez-vous s'il vous plaît réserver la chambre ?)

L'arrivée à l'hôtel : nom, adresse, numéro de chambre

En arrivant à l'hôtel, vous vous adressez à **die Rezeption** (*dii ré-tsèp-tsi-ôôn*) (la réception). Voici comment faire savoir que vous avez fait une réservation :

Ich habe ein Zimmer reserviert. (*ich h'aa-be aïn tsi-mer ré-zèr-viirt*) (J'ai réservé une chambre.)

Et vous indiquez votre nom :

Mein Name ist... (maïn naa-me ist...) (Mon nom est...)

Durée du séjour

Si vous n'avez pas encore réservé ou si la personne qui vous accueille veut vérifier la durée de votre séjour, la question suivante peut vous être posée :

Wie lange bleiben Sie? (*vii lan-gue blaï-ben zii*) (Combien de temps restez-vous ?)

Et vous pouvez répondre :

Ich bleibe/wir bleiben... (*ich blaï-be/viir blaï-ben...*) (Je reste/nous restons...)

en terminant la phrase par la durée appropriée :

- **...nur eine Nacht.** (... *nouour aï-ne naght*) (...seulement une nuit.)
- **...drei Tage.** (...*draï taa-gue*) (...trois jours.)
- **...eine Woche.** (*aï-ne vo-ghe*) (...une semaine.)

Formulaire d'enregistrement

Certains hôtels vous demanderont de remplir un formulaire, **das Meldeformular** (*das mel-deu-for-mou-laar*), qui vous est remis par la réceptionniste avec les mots :

Bitte füllen Sie dieses Formular aus. (*bi-te fu-len zii dii-zes for-mou-laar aôs*) (Veuillez s'il vous plaît remplir ce formulaire.)

Voici les indications les plus couramment demandées :

- **Name/Vorname** (*naa-me/fôôr-naa-me*) (Nom/Prénom)
- **Straße/Nummer (Nr.)** (*shtaa-se/nou-mer*) (Rue/numéro)
- **Postleitzahl/Wohnort** (*post-laït-tsaal/vôôn-ort*) (Code postal/ville du domicile)
- **Geburtsdatum/Geburtsort** (*gue-bourts-daa-toum/gue-bourts-ort*) (Date de naissance/lieu de naissance)
- **Nationalität** (*na-tsi-ôô-na-li-tèèt*) (Nationalité)
- **Beruf** (*be-rououf*) (Profession)
- **Passnummer** (*pas-nou-mer*) (Numéro de passeport)
- **Kraftfahrzeugkennzeichen** (*kraft-faar-tsoïgk-kèn-tsaï-chen*) (Numéro d'immatriculation du véhicule)
- **Ort/Datum** (*ort/daa-toum*) (Lieu/date)
- **Unterschrift** (*oun-ter-shrift*) (Signature)

La clé et le numéro de chambre

Les formalités d'arrivée étant terminées, le ou la réceptionniste vous indique le numéro de la chambre :

Sie haben Zimmer Nummer 203. (*zii h'aa-ben tsi-mer nou-mer tsvaï-h'oun-dert-draï*) (Vous avez la chambre 203.)

Le numéro de chambre – **die Zimmernummer** (*dii tsi-mer-nou-mer*) – est pratiquement toujours inscrit sur la clé qu'il vous remet : **der Schlüssel** (*dèèr shlu-sel*) (la clé).

CULTURE

Dans certains hôtels, on peut vous demander de laisser votre clé à la réception au lieu de l'emporter avec vous quand vous sortez. Vous devez alors demander votre clé à votre retour, par l'une des phrases suivantes :

- **Können Sie mir bitte den Schlüssel für Zimmer... geben?** (*keu-nen zii mir bi-te déén shlu-sel fuur tsi-mer... guéé-ben*) (Pouvez-vous s'il vous plaît me donner la clé de la chambre... ?)
- **Den Schlussel für Zimmer... bitte.** (*déén shlu-sel fuur tsi-mer... bi-te*) (La clé de la chambre... s'il vous plaît.)

Le confort et les divers services

La chambre peut être équipée de différents appareils comme la télévision et le téléphone ainsi que d'un minibar, et l'hôtel peut offrir différents services supplémentaires, par exemple prendre soin de votre linge personnel. Voici quelques questions pertinentes à poser.

La chambre

Débutez vos questions par les mots :

Hat das Zimmer...? (*h'at das tsi-mer...*) (La chambre a-t-elle... ?)

et complétez-les par la mention des éléments qui vous intéressent :

- **...Kabelfernsehen?** (*...kaa-bel-fèrn-zéé-en*) (la télévision par câble ?)
- **...Satellitenfernsehen?** (*...za-tè-lii-ten-fèrn-zéé-en*) (la télévision par satellite ?)
- **...ein Telefon?** (*aïn té-lé-fôôn*) (un téléphone ?)
- **...eine Minibar?** (*aï-ne mi-ni-baar*) (un minibar ?)

TRUC

Si vous voulez simplement vous reposer sans être dérangé(e), recherchez dans la chambre un écriteau comportant le message suivant :

Bitte nicht stören! (*bi-te nicht shteueu-ren*) (Merci de ne pas me déranger !)

L'hôtel

Tout hôtel met différents services à la disposition de ses clients. Le service = **der Dienst** (*dèèr diinst*). Vous en trouverez peut-être la liste sur une brochure de l'hôtel sous le titre :

Folgende Dienste stehen zu Ihrer Verfügung. (*fol-gen-de diin-ste shtéé-en tsou ii-rer fer-fuu-goung*) (Les services suivants sont à votre disposition.)

Vous pouvez aussi appeler **die Rezeption** (*dii ré-tsèp-tsi-ôôn*) (la réception) et dire :

Hat das Hotel...? (*h'at das h'ôô-tèl...*) (L'hôtel a-t-il... ?)

Puis ajouter, selon le cas :

- **...eine Sauna?** (*aï-ne zaô-na*) (...un sauna ?)
- **...ein Schwimmbad?** (*aïn shvim-baat*) (...une piscine ?)
- **...eine WLAN-Verbindung?** (*aï-ne vè-lan ver-bin-doung*) (...une connexion Wifi ?)

- **...einen Wäschedienst?** (*ai-nen vè-she-diinst*) (...une lingerie ?)
- **...eine Klimaanlage?** (*aï-ne kli-ma-an-laa-ge*) (...une climatisation ?)
- **...eine Hotelgarage?** (*aï-ne h'ôô-tèl-ga-ra-je*) (...un garage dans l'hôtel ?)
- **...einen Parkplatz?** (*aï-nen park-plats*) (...un parking ?)

Et voici comment vous renseigner sur le petit déjeuner et le service dans la chambre :

- **Wann wird das Frühstück serviert?** (*van ist das fruu-shtuk zèr-viirt*) (Quand le petit déjeuner est-il servi ?)
- **Kann ich das Frühstück im Zimmer nehmen?** (*kan ich das fruch-tuk im tsi-meur nè-meun*) (Est-ce que je pourrais prendre le petit déjeuner dans ma chambre?)
- **Gibt es Zimmerservice?** (*gipt ès tsi-mer-ser-vis*) (Y a-t-il un service dans la chambre ?)
- **Können Sie mich anrufen, um mich zu wecken?** (*keun-eun zi mish an-rou-feun oum mish aof-sou-vé-keun*) (Est-ce que vous pouvez m'appeler pour me réveiller?)

Enfin, vous pouvez demander si quelqu'un vous a laissé un message :

Hat jemand eine Nachricht für mich hinterlassen? (*h'at iéé-mant aï-ne nagh-richt fuur mich h'in-ter-la-sen*) (Quelqu'un a-t-il laissé un message pour moi ?)

Mots clés

bleiben	*blaï-ben*	rester
das Formular	*das for-mou-laar*	le formulaire
ausfüllen	*aôs-fu-len*	remplir
der Schlüssel	*dèèr shlu-sel*	la clé
Bitte nicht stören	*bi-te nicht shteueu-ren*	ne pas déranger svp
der Zimmerservice	*dèèr tsi-mer-ser-vis* dans la chambre	le service
der Parkplatz	*dèèr park-plats*	le parking

Autres expressions utiles en cas de problèmes:

» **Ich möchte das Zimmer wechseln, meines ist zu laut.** (*ich meush-te guern das tsi-meur vek-seuln, maï-neuss ist tsou laot*) (Je souhaiterais changer de chambre, la mienne est trop bruyante.)

» **Die Klimaanlage funktioniert nicht.** (*dii kli-ma-an-la-geu founk-tsio-nîrt nisht*) (La climatisation ne marche pas.)

» **Es ist kein Stöpsel in der Badewanne.** (*ess ist kaïn chteup-seul in dér ba-deu-va-neu*) (Il n'y a pas de bonde pour la baignoire.)

» **Kann ich eine zusätzliche Decke haben?** (*kan ish aï-ne tsou-zet-lisheu dek-keu ha-beun*) (Est-ce que je peux avoir une couverture supplémentaire ?)

» **Es gibt kein Klopapier mehr.** (*ess guipt kaïn klo-pa-pir mér*) (Il n'y a plus de papier toilette.)

» **Wir haben keine Handtücher.** (*vir ha-beun kaï-ne hant-tu-sher*) (Nous n'avons pas de serviettes de toilette.)

Formalités de départ et règlement

Avant de partir, vous libérez la chambre et vous vous présentez à la réception pour payer. Vous devez naturellement libérer la chambre avant l'heure prévue. Pour connaître celle-ci, vous pouvez poser la question :

Bis wann müssen wir das Zimmer räumen? (*bis van mu-sen viir das tsi-mer roï-men*) (À quelle heure devons-nous libérer la chambre ?)

Demander la note

L'expression habituelle pour dire que vous partez est le verbe **abreisen** (*ap-raï-zen*) (partir). Vous vous présentez donc à la réception et vous dites :

Ich reise ab.Wir reisen ab. (*ich raï-ze ap/viir raï-zen ap*) (Je pars. Nous partons.)

Cette déclaration suffit en général à provoquer la préparation de votre note. Mais pour faire bien comprendre que vous voulez avoir cette note, vous pouvez dire :

Kann ich bitte die Rechnung haben? (*kan ich bi-te dii rèch-noung h'aa-ben*) (Puis-je avoir la note s'il vous plaît ?)

Les suppléments divers

Voici comment demander à combien se monte votre note de téléphone ou prévenir la réceptionniste de votre utilisation du minibar :

» **Können Sie mir sagen, wir hoch meine Telefonrechnung war?** (*keu-nen zii mir zaa-gen, vii h'ôôgh maï-ne té-lé-fôôn-rèch-noung var*) (Pouvez-vous me dire à combien se monte ma note de téléphone ?)

» **Ich habe... aus der Minibar genommen.**
(*ich h'aa-be... aôs dèèr mi-ni-bar gue-no-men*)
(J'ai pris... dans le minibar.)

Le départ

Si vous libérez la chambre avant de poursuivre votre voyage, vous pouvez le plus souvent laisser vos bagages à l'hôtel pendant quelques heures. Voici comment demander ce service :

Können wir unser/kann ich mein Gepäck bis...Uhr hier lassen? (*keu-nen viir oun-zer/kan ich maïn gue-pèk bis... ouour h'iir la-sen*) (Pouvons-nous laisser nos/puis-je laisser mes bagages jusqu'à... heures ?)

En revenant, la question suivante vous permet de récupérer vos bagages :

Können wir bitte unser/kann ich bitte mein Gepäck haben? (*keu-nen viir bi-te oun-zer/kan ich bi-te maïn gue-pèk h'aa-ben*) (Pouvons-nous avoir nos/puis-je avoir mes bagages s'il vous plaît ?)

Et pour finir, vous avez peut-être besoin d'un taxi jusqu'à la gare ou l'aéroport. Vous pouvez demander à la réceptionniste de vous appeler un taxi :

Können Sie mir bitte ein Taxi bestellen? (*keu-nen zii mir bi-te aïn ta-xi be-shtè-len*) (Pouvez-vous s'il vous plaît me commander un taxi ?)

Avant d'appeler le taxi, la personne vous demandera où vous voulez aller :

Wo möchten Sie hin? (*vôô meueuch-ten zii h'in*) (Où voulez-vous aller ?)

Mots clés

abreisen	*ap-raï-zen*	partir/s'en aller
das Gepäck	*das gue-pèk*	les bagages
Gute Reise!	*gouou-te raï-ze*	Bon voyage !

Chapitre 6
Se présenter

DANS CE CHAPITRE

- » **Dire bonjour et se présenter**
- » **S'informer sur les villes, les pays et les nationalités**
- » **Dire au revoir**
- » **Dire quelque chose sur soi-même**
- » **Parler de sa famille**
- » **Parler de la pluie et du beau temps**

Les salutations et les présentations sont les premiers pas vers l'établissement d'un contact avec les autres, et ont d'autant plus d'importance que la première impression est souvent déterminante pour la suite du contact. Si vous ratez ces premiers pas, vous risquez de vous attirer un regard d'incompréhension et au pire, d'offenser sans le vouloir votre interlocuteur. Mais ne vous inquiétez surtout pas : de telles réactions sont rarissimes. Les germanophones font montre d'une extrême indulgence envers les personnes qui commencent seulement à parler leur langue.

Salutations courantes

La première partie de la rencontre utilise un salut classique. La façon de saluer dépend du moment de la journée. Voici quelques formules courantes de salutation :

- **Guten Morgen!** (*gou-ten Mor-guen*) (Bonjour !) C'est le bonjour utilisé le matin (jusqu'à environ midi).
- **Guten Tag!** (*gou-ten taagk*) (Bonjour !) C'est la salutation la plus fréquemment utilisée, sauf tôt le matin et en fin de journée.
- **Grüß Gott!** (*gruss got*) (Bonjour !) C'est la salutation utilisée en Allemagne du Sud et en Autriche.
- **Guten Abend!** (*gou-ten aa-bent*) (Bonsoir !) C'est le salut qui convient dans la soirée.
- **Gute Nacht!** (*gou-te naght*) (Bonne nuit !) C'est la salutation utilisée pour dire au revoir tard dans la soirée.
- **Auf Wiedersehen!** (*aôf vii-der-zé-en*) (Au revoir !) Convient à tout moment et dans toutes les circonstances, sauf au téléphone.
- **Auf Wiederhören!** (*aof vi-der-heu-ren*) (Au revoir !) Se dit au téléphone.
- **Tschüss!** (*tsch-uss*) (Salut !) C'est la salutation familière pour se dire au revoir entre amis.
- **Hallo!** (*h'a-lô*) (Salut !) Salutation d'emploi général, plutôt familière.
- **Bis gleich!** (*biss glaïsh*) (À tout à l'heure !).
- **Bis bald!** (*biss balt*) (À bientôt !).
- **Bis morgen!** (*biss mor-guen*) (À demain !)

Dire « Comment allez-vous ? »

La question « Comment allez-vous ? » est un élément important des salutations lors d'une rencontre. Cette question est généralement posée aussitôt après le bonjour initial. Vous l'utilisez dans la forme appropriée (tutoiement ou vouvoiement), selon la personne à qui vous vous adressez.

GRAMMAIRE

Avant d'aller plus loin dans la découverte des salutations et des présentations, il importe de savoir que les mots **ich** (*ich*) (je), **du** (*dou*) (tu), et **Sie** (*zii*) (vous, vouvoiement) peuvent changer de forme selon la façon dont ils sont employés dans une phrase. En allemand, demander « Comment va ? » et dire « Je vais bien. » demandent une autre forme des pronoms **ich**, **du** et **Sie** – la forme du datif.

Le tableau 6.1 vous montre comment marche le datif de ces pronoms.

TABLEAU 6.1 Pronoms personnels, le datif

Pronom	Nominatif	Datif
je	ich	**mir**
tu	du	**dir**
vous	Sie	**Ihnen**

La version formelle de « comment allez vous ? » est

Wie geht es Ihnen? (*vii guéét ès ii-nen*) (Comment allez-vous ?)

La traduction littérale de l'expression allemande est en fait proche de l'expression familière « Comment ça va ? », à laquelle on ajoute **Ihnen**, de sorte qu'elle se traduirait par « Comment ça va à vous ? »

Si vous employez le tutoiement, vous dites

Wie geht es dir? (*vii guéét ès diir*) (Comment vas-tu ?)

Ce qui veut dire la même chose mais en utilisant **dir.**

Et si vous connaissez quelqu'un vraiment bien, vous pouvez vous en tenir à la version la plus informelle de la question : **Wie geht's?** (*vii guééts*) (Comment va ?)

Répondre à « Comment allez-vous ? »

En allemand, la question « comment allez-vous ? » n'est pas seulement une façon de dire bonjour, elle doit comporter une réponse, comme d'ailleurs en français (alors qu'en anglais la réponse est généralement considérée comme superflue). Voici quelques réponses appropriées :

- **Danke, gut.** (*dang-ke, gouout*) (Merci, je vais bien.) / **Gut, danke.** (Bien, merci.)
- **Sehr gut.** (*zéér gouout*) (Très bien.)
- **Ganz gut.** (*gants gouout*) (Assez bien.)
- **Es geht.** (*ès guéét*) (À peu près.) L'expression allemande veut dire « Ça va », impliquant que cela pourrait aller mieux.
- **Nicht so gut.** (*nicht zôô gouout*) (Pas très bien.)

Comme en français, la réponse serait habituellement accompagnée de la question « Et (comment allez-) vous ? Voici d'abord la version formelle :

Und Ihnen? (*ount ii-nen*) (Et vous ?)

Et voici maintenant la question dans le cas du tutoiement : **Und dir?** (*ount diir*) (Et toi ?)

CULTURE

SALUTATIONS, EMBRASSADES ET POIGNÉES DE MAIN

Les salutations et les présentations s'accompagnent souvent d'une forme ou d'une autre de contact physique. Mais autres pays, autres mœurs. En Allemagne, en Autriche et en Suisse, la poignée de main - **der Händedruck** (*dèèr hèèn-de-drouk*) est la forme la plus courante de contact utilisée pour se saluer ou se présenter.

Les amis se font la bise, mais uniquement entre femmes, car la bise est considérée comme un geste relevant de l'érotisme. En revanche une personne qui vous connaît bien vous prendra dans ses bras - **sich umarmen** (*oum ar men*) comme un hug américain.

Se présenter ou présenter ses amis

Les rencontres et les salutations impliquent souvent des présentations. Vous pouvez être accompagné d'amis quand vous rencontrez quelqu'un, ou bien vous pouvez avoir à présenter votre femme ou votre mari à votre patron à l'occasion d'une invitation à dîner formelle. Dans certaines occasions, il n'y a personne pour vous présenter, et vous devez le faire vous-même.

Présenter ses amis

Les présentations banales, de tous les jours, sont faciles à faire. Vous avez seulement besoin des mots

Das ist... (*das ist*) (Voici...)

Puis vous ajoutez simplement le nom de la personne. Pour préciser qu'il s'agit d'un de vos amis ou de l'une de vos amies, vous dites :

Das ist meine Freundin (f)/**mein Freund** (m)**...** (*das ist maï-ne froïn-din/maïn froïnt*) (Voici mon ami[e]...)

Si vous êtes présenté(e) à quelqu'un, vous pouvez vouloir dire quelque chose comme « enchanté ». En allemand, il n'y a pas de façon vraiment simple de le dire, et si les présentations ont été informelles, la meilleure solution est de répondre par « **Hallo!** » ou « **Guten Tag!** ».

Si les présentations ont été légèrement plus formelles, vous pouvez dire

Freut mich. (*froït mich*) (Très heureux.)

La personne à qui vous avez été présenté(e) peut répondre alors

Mich auch. (*mich aôgh*) (Moi de même.)

Présentation dans des occasions très spéciales

Vous pourriez vous trouver dans une situation qui requiert un niveau élevé de formalité. Voici des expressions que vous pourriez alors utiliser :

- **Darf ich Ihnen... vorstellen?** (*darf ich ii-nen... fôôr-shtè-len*) (Puis-je vous présenter... ?)
- **Freut mich, Sie kennenzulernen.** (*froït mich zii kè-nen-tsou-lèr-nen*) (Je suis heureux de faire votre connaissance.)
- **Meinerseits.** (*maï-ner-zaïts*)/**ganz meinerseits.** (*gantz maï-ner-zaïts*) -(Moi de même.)

« Moi de même » n'est pas la traduction littérale de **meinerseits**, qui veut dire « de mon côté », et sous-entend « tout le plaisir est pour moi. »

Mots clés

auch	*aôgh*	aussi
ganz	*gants*	tout à fait
gut	*gouout*	bon/bien
sehr	*zéér*	très
freuen	*<u>froï</u>-en*	réjouir
gehen	*<u>gué</u>-en*	aller
kennenlernen	*<u>kè</u>-nen-<u>lèr</u>-nen*	faire la connaissance de
vorstellen	*<u>fôôr</u>-shtè-len*	présenter
der Freund	*dèr froïnt*	l'ami
die Freundin	*dii <u>froïn</u>-din*	l'amie

Se présenter soi-même

Il peut y avoir des situations où vous ne pouvez compter sur personne pour vous présenter et où vous devez vous présenter vous-même. C'est très facile, puisque les gens se présentent souvent en indiquant simplement leur nom, même dans un contexte formel.

En allemand, il y a deux façon de dire son nom à d'autres personnes. L'une d'elle est

Mein Name ist... (*maïn <u>naa</u>-me ist*) (Mon nom est...)

Il existe aussi un verbe exprimant la même idée, **heißen** (*<u>h'aï</u>-sen*) (s'appeler) :

Ich heiße... (*ich <u>h'aï</u>-se*) (Je m'appelle...)

Les villes, les pays et les nationalités

Se présenter est un bon début, mais ne constitue pas encore une conversation, qui est le seul moyen pour faire vraiment connaissance. Comme beaucoup d'autres pays d'Europe, les pays germanophones accueillent de nombreuses personnes venant d'un peu partout. Dans cette section, vous apprenez à dire aux gens de quelle ville ou de quel pays vous êtes et à leur demander d'où ils viennent et quelles langues ils parlent.

Dire aux gens d'où vous êtes

Il est facile de dire d'où vous êtes en allemand – les mots magiques sont :

Ich komme aus... (*ich ko-me aôs*) (Je viens de...)

Ich bin aus... (*ich bin aôs*) (Je suis de...)

Ces quelques mots vous feront beaucoup d'usage. Ils conviennent pour des pays, des États, des régions ou des villes.

- **Ich komme aus Frankreich.** (*ich ko-me aôs frank-raïch*) (Je viens de France.)
- **Ich bin aus der Bretagne.** (*ich bin aôs dèr bre-ta-gne*) (Je viens de Bretagne.)
- **Ich komme aus Zürich.** (*ich ko-me aôs tsuu-rich*) (Je viens de Zurich.)
- **Ich bin aus Wien.** (*ich bin aôs viin*) (Je suis de Vienne.)

Sein : le verbe être

L'un des verbes fondamentaux de toute langue est le verbe « être », en allemand, **sein** (*zaïn*). Vous utilisez ce verbe dans les expressions **das ist** (*das ist*) (c'est/voici) et **ich bin** (*ich bin*) (je suis). **Sein** est l'un des verbes les plus courants en allemand. Comme le verbe être en français, il sert à décrire d'innombrables états (être malade, triste, heureux, etc.), des caractéristiques physiques (être grand, chevelu, etc.) et naturellement, c'est un verbe irrégulier, dont il convient de mémoriser les différentes formes.

Conjugaison	*Prononciation*
ich bin	*ich bin*
du bist	*dou bist*
Sie sind (vouvoiement au singulier)	*zii zint*
er, sie, es ist	*èr, zii, es ist*
wir sind	*vir zint*
ihr seid (tutoiement au pluriel)	*iir zaït*
Sie sind (vouvoiement au pluriel)	*zii zint*
sie sind	*zii zint*

Demander aux gens d'où ils viennent

Pour demander à quelqu'un d'où il vient, il suffit de décider si vous le vouvoyez (**Sie**) ou si vous le tutoyez (**du**) – et s'il y a plusieurs personnes que vous tutoyez, vous emploierez **ihr**. Vous choisissez ensuite entre les trois questions suivantes :

- **Wo kommen Sie her?** (*vôô ko-men zii h'èr*)
- **Wo kommst du her?** (*vôô komst dou h'èr*)
- **Wo kommt ihr her?** (*vôô komt iir h'èr*)

Kommen : venir

Le verbe **kommen** (*ko-men*) (venir) est un verbe que vous entendrez souvent en allemand. C'est un verbe fort, c'est-à-dire irrégulier, mais comme certains autres verbes forts, il se conjugue au présent de l'indicatif de la même manière que les verbes faibles.

Conjugaison	***Prononciation***
ich komme	*ich ko-me*
du kommst	*dou komst*
Sie kommen (vouvoiement au singulier)	*zii ko-men*
er, sie, es kommt	*èèr, zii, es ko-mt*
wir kommen	*viir ko-men*
ihr kommt (tutoiement au pluriel)	*iir komt*
Sie kommen (vouvoiement au pluriel)	*zii ko-men*
sie kommen	*zii ko-men*

Les nationalités

Contrairement au français, qui indique la nationalité par l'adjectif correspondant au pays (elle est française, je suis belge), l'allemand indique la nationalité par un nom, dont la forme diffère selon le sexe de la personne concernée. Une personne de nationalité américaine est **Amerikaner** (*a-méé-ri-kaa-ner*) ([un] Américain) si elle est de sexe masculin, **Amerikanerin** (*a-méé-ri-kaa-ne-rin*) ([une] Américaine) si elle est de sexe féminin.

Le tableau 3.2 liste les noms de quelques pays en indiquant la désignation de leurs ressortissants et les adjectifs correspondants.

TABLEAU 6.2 Noms de pays, noms et adjectifs de nationalité

Français	Allemand	Nom	Adjectif
Allemagne	**Deutschland** (*doïtsh-land*)	**Deutsche(r)** (*doït-she[r]*)	**deutsch** (*doïtsh*)
Angleterre	**England** (*èng-land*)	**Engländer(in)** (*èng-lèèn-der[in]*)	**englisch** (*eng-lish*)
Autriche	**Österreich** (*eueu-ster-raïch*)	**Österreicher (in)** (*eueu-ster-raï-cher[in]*)	**österreichisch** (*eueu-ster-raï-chish*)
Belgique	**Belgien** (*bèl-guien*)	**Belgier(in)** (*bèl-gui-er[in]*)	**belgisch** (*bèl-guish*)
Espagne	**Spanien** (*spaa-nien*)	**Spanier(in)** (*spa-ni-er[in]*))	**spanisch** (*spa-nish*)
États-Unis	**die USA** (*dii ou-ès-aa*)	**Amerikaner (in)** (*a-méé-ri-kaa-ner[in]*)	**amerikanisch** (*a-méé-ri-kaa-nish*)
France	**Frankreich** (*frank-raïch*)	**Franzose/ Französin** (*fran-tsô-ze/fran-tseueu-zin*)	**französisch** (*fran-tseueu-zish*)
Grèce	**Griechen-land** (*grii-chen-land*)	**Grieche(in)** (*grii-che[in]*)	**griechisch** (*grii-chish*)
Italie	**Italien** (*i-taa-li-en*)	**Italiener(in)** (*i-taa-liéé-ner[in]*)	**italienisch** (*i-taa-liéé-nish*)
Portugal	**Portugal** (*por-tou-gaal*)	**Portugiese(in)** (*por-tou-gui-ze[in]*)	**portugiesisch** (*por-tou-gui-zish*)
Russie	**Rußland** (*rouss-land*)	**Russe(in)** (*rousse[in]*)	**russisch** (*rouss-ish*)
Suède	**Schwede** (*schvèède*)	**Schwede(in)** (*schvèède[in]*)	**schwedisch** (*schvèè-dish*)
Suisse	**die Schweiz** (*dii shvaïts*)	**Schweizer(in)** (*shvaï-tser[in]*)	**schweizerisch** (*shvaï-tse-rish*)

Voici quelques exemples de l'utilisation de ces termes :

- **Frau Myers ist Amerikanerin.** (*fraô maïez ist a-méé-ri-kaa-ne-rin*) (Mme Myers est américaine.)
- **Michelle ist Französin.** (*mii-shèèl ist fran-tseueu-zin*) (Michelle est française.)
- **Ich bin Schweizerin.** (*ich bin shvaï-tse-rin*) (Je suis suisse.)
- **Ich bin Österreicher.** (*ich bin eueu-ste-raï-cher*) (Je suis autrichien.)

Quelles langues parlez-vous ?

Pour indiquer aux gens la langue que vous parlez, vous utilisez le verbe **sprechen** (*shprè-chen*) (parler) et vous le combinez avec un nom de langue. Mais attention : l'adjectif et la langue sont identiques pour un pays ou une nationalité, mais l'adjectif commence par une majuscule quand il est utilisé seul pour indiquer la langue, et donc vous diriez :

Ich spreche Deutsch. (*ich shprè-che doïtsh*) (Je parle allemand.)

Pour demander à quelqu'un s'il parle français, vous lui dites :

Sprichst du Französisch? (*shprichst dou fran-tseueu-zish*) (Parles-tu français ?) – si vous le tutoyez.

Sprechen Sie Französisch? (*shprè-chen zii fran-tseueu-zish*) (Parlez-vous français ?) – si vous le vouvoyez.

Voici la conjugaison du verbe **sprechen** :

Conjugaison	*Prononciation*
ich spreche	*ich shprè-che*
du sprichst	*dou shprichst*

Sie sprechen (vouvoiement)	*zii shprè-chen*
er, sie, es spricht	*èèr, zii, ès shpricht*
wir sprechen	*viir shprè-chen*
ihr sprecht (tutoiement au pluriel)	*iir shprècht*
Sie sprechen (vouvoiement au pluriel)	*zii shprè-chen*
sie sprechen	*zii shprè-chen*

Si vous voulez vraiment faire la connaissance de quelqu'un, vous devez entamer une conversation. Une conversation informelle sur des sujets qui sont communs à tout le monde est une bonne façon d'améliorer votre allemand, de connaître un peu mieux vos interlocuteurs et de vous préparer à aborder des conversations plus complexes. La maîtrise de ce genre de conversation n'exige aucun don particulier ni une très bonne connaissance de la langue.

Qu'il s'agisse d'une personne rencontrée à une soirée, ou que vous ayez envie de parler à la personne assise à côté de vous dans le train, l'avion ou le bus, il y a trois sujets qui marchent toujours pour commencer : vous-même, votre famille et bien sûr, le temps.

Parler de soi

Quel genre de travail faites-vous ? Êtes-vous étudiant ? Où habitez-vous ? Quelle est votre adresse ? Quel est votre numéro de téléphone et votre adresse e-mail ? Voici les questions qui se posent et auxquelles vous pouvez répondre quand vous parlez de vous-même.

Décrire son travail

Quelques expressions simples suffisent pour décrire votre job et ceux qui vous entourent.

Dans la plupart des cas, vous pouvez décrire le type de travail que vous faites en raccordant **Ich bin** (*ich bin*) (Je suis) au nom de votre profession, sans aucun article. Les noms de la plupart des professions et des métiers existent en une version masculine et une version féminine. La version masculine se termine en **-er**, et la version féminine en **-in**. Par exemple :

- **Ich bin Buchhalter** (m)/**Buchhalterin** (f). (*ich bin bouough-h'al-ter/bouough-h'al-te-rin*) (Je suis comptable.)
- **Ich bin Student** (m)/**Studentin** (f). (*ich bin shtou-dènt/shtou-dèn-tin*) (Je suis étudiant/étudiante.)

Si vous êtes étudiant(e), vous pouvez spécifier votre domaine d'étude sans l'article en l'ajoutant à la fin de l'expression **Ich studiere** (*ich shtou-dii-re*) (J'étudie.) :

Ich studiere Architektur. (*ich shtou-dii-re ar-chi-tèk-touour*)

Voici quelques domaines d'étude :

- (**die**) **Architektur** (*dii ar-chi-tèk-touour*) (l'architecture)
- (**die**) **Betriebswirtschaft** (*dii be-triibs-virt-shaft*) (l'économie d'entreprise)
- **Jura** [nom neutre au pluriel = les droits] (*iouou-ra*) (le droit)
- (**die**) **Kunst** (*kounst*) (l'art)
- (**die**) **Literaturwissenschaft** (*li-té-ra-touour-vi-sen-shaft*) (la littérature)
- (**die**) **Medizin** (*mè-di-tsiin*) (la médecine)

Dans d'autres cas, vous décrivez votre travail par les mots **ich bin** (*ich bin*) (je suis), suivi de l'adjectif approprié. Par exemple :

- **Ich bin pensioniert.** (*ich bin pèn-zio-niert*) (Je suis retraité.)
- **Ich bin angestellt.** (*ich bin an-gue-shtèlt*) (Je suis employé.)
- **Ich bin geschäftlich unterwegs.** (*ich bin gue-shèft-lich oun-ter-véégs*) (Je voyage pour affaires.)
- **Ich bin selbständig.** (*ich bin zèlp-shtèn-dish*) (Je travaille en indépendant.)

L'endroit où vous travaillez a presque autant d'importance que le travail que vous faites. Les mots **Ich arbeite bei** (*ich ar-baï-te baï*) (Je travaille chez) disent en substance où vous passez le plus clair de votre temps. Dans certains cas, il convient de substituer une autre préposition à **bei**. Par exemple :

- **Ich arbeite bei der Firma...** (*ich ar-baï-te bei dèr fir-ma*) (Je travaille dans la société...) Après le mot **Firma**, vous insérez simplement le nom de la société pour laquelle vous travaillez.
- **Ich arbeite im Büro Steiner.** (*ich ar-baï-te im buu-rôô shtaï-ner*) (Je travaille au Bureau Steiner.)

Le mot **Büro** est utilisé en relation avec le nom de la société pour laquelle vous travaillez et est réservé aux sociétés plus petites. Si vous ne vous attendez pas à ce que les gens sachent quelles sont les activités de votre société, vous utilisez un nom composé (avec l'article indéfini) pour décrire le genre de bureau dont il s'agit, par exemple :

Ich arbeite in einem Ingenieurbüro/Architekturbüro. (*ich ar-baï-te in aï-nem in-jéé-nieueur-buu-rôô/ar-chi-tèk-touour-buu-rôô*) (Je travaille dans un bureau d'ingénieurs/d'architecture.)

Avant que vous n'ayez lancé la conversation sur ce sujet, quelqu'un peut vous demandez ce que vous faites dans la vie. On peut vous poser l'une des questions suivantes :

- **Bei welcher Firma arbeiten Sie?** (*baï vèl-cher fir-ma ar-baï-ten zii*) (Dans quelle société travaillez-vous ?)
- **Was machen Sie beruflich?** (*vas ma-ghen zii be-rououf-lich*) (Que faites-vous professionnellement ?)
- **Sind Sie berufstätig?** (*zint zii be-rououfs-téé-tish*) (Exercez-vous une profession ?)

En revanche, si vous êtes actuellement au chômage, utilisez l'expression **Ich bin arbeitslos.** (*ich bin ar-baits-loos*). Si vous recherchez du travail, dites **Ich bin auf Arbeitssuche.** (*ich bin oaf ar-baits-sou-che*).

Donner à quelqu'un ses coordonnées

Dire à des gens où vous habitez et leur dire comment vous contacter peut être le moyen de prolonger des contacts occasionnels.

Dire où vous habitez

Si quelqu'un vous demande **Wo wohnen Sie?** (*vôô vôô-nen zii*) (Où habitez-vous ?) vous pouvez répondre par l'une de ces formules :

- **Ich wohne in Berlin.** (*ich vôô-ne in ber-liin*) (J'habite à Berlin.)
- **Ich wohne in der Stadt/auf dem Land.** (*ich vôô-ne in dèr shtat/aôf déém land*) (J'habite en ville/à la campagne.)
- **Ich habe ein Haus/eine Wohnung.** (*ich h'aa-be aïn h'aôs/aï-ne vôô-noung*) (J'ai une maison/un appartement.)

Dans certaines circonstances, quelqu'un peut vous demander **Wie ist Ihre Adresse?** (*vii ist ii-re a-drè-se*) (Quelle est votre adresse ?). À ce stade, vous avez besoin de connaître les mots suivants :

- » **die Adresse** (*dii a-drè-se*) (l'adresse)
- » **die Straße** (*dii shtraa-se*) (la rue)
- » **die Hausnummer** (*dii h'aôs-nou-mer*) (le numéro de la maison)
- » **die Postleitzahl** (*dii post-laït-tsaal*) (le code postal)

Le moment venu, vous pouvez substituer le mot approprié dans la phrase suivante : **Die Adresse/die Straße/die Hausnummer/die Postleitzahl ist...** (*dii a-drè-se/shtraa-se/h'aôs-nou-mer/post-laït-tsaal*) (L'adresse/la rue/le numéro de la maison/le code postal est...).

Donner votre numéro de téléphone

Que vous parliez de choses et d'autres avec une nouvelle connaissance ou que vous traitiez une affaire, vous aurez tôt ou tard à indiquer votre numéro de téléphone.

Connaître les mots suivants vous aidera à fournir cette indication :

- » **die Telefonnummer** (*dii té-lé-fôôn-nou-mer*) (le numéro de téléphone)
- » **die Vorwahl** (*dii vôôr-vaal*) (le préfixe)

Voici la phrase très simple à utiliser **Die Telefonnummer/die Vorwahl ist...** (*dii té-lé-fôôn-nu-mer/dii vôôr-vaal ist...*) (Le numéro de téléphone/préfixe est...).

Donner votre adresse mail

Aujourd'hui, on communique beaucoup par courriel – dans le domaine professionnel et dans les échanges personnels. Il est donc utile de connaître ces mots :

- **die E-Mail/die Mail** (*dii i-maïl*) (le courriel)
- **die E-Mail-Adresse** (*dii i-maïl adrè-se*) (l'adresse mail)
- **eine E-Mail senden** (*aï-ne i-maïl sen-den*) (envoyer un courriel)
- **eine E-Mail schreiben** (*aï-ne i-maïl chrai-ben*) (écrire un courriel)
- **der Anhang** (*der an-hang*) (la pièce jointe)
- **das At-Symbol** (*das at siim-bôl*) (l'arrobase)

Remettre votre carte de visite

Parfois une carte de visite vaut mieux qu'un long discours. Si vous avez la chance d'avoir votre carte de visite sur vous, vous pouvez vous épargner bien des complications en la présentant avec les mots : **Hier ist meine Karte.** (*h'iir ist maï-ne kar-te*) (Voici ma carte.)

CULTURE

COMMENT ÉPELER LES NOMBRES

Les Allemands « épèlent » souvent leurs numéros de téléphone en paires de chiffres. Si votre numéro est par exemple 23 86 57, vous dites **dreiundzwanzig sechsundachtzig siebenundfünfzig** (*<u>draï</u>-ount-tsvan-tsish <u>zèks</u>-ount-aght-tsish <u>zii</u>-ben-ount-fuunf-tsish*). Si les chiffres sont lus un par un, vous pouvez entendre le chiffre 2 ou **zwei** (*tsvaï*) prononcé **zwo** (*tsvôô*), de sorte que 23 86 57 se dit **zwo drei acht sechs fünf sieben** (*tsvôo draï aght sèks funf <u>zii</u>-ben*). Cette convention, permet d'éviter toute confusion entre le chiffre **zwei** et le chiffre **drei**.

Les noms et leurs articles

CULTURE

En allemand, tout nom possède un genre, et ce genre peut être l'un des trois suivants :

- Masculin : **der** (*dèèr*)
- Féminin : **die** (*dii*)
- Neutre : **das** (*das*)

Au pluriel, les noms conservent leur genre, mais l'article défini n'a plus qu'une seule forme indépendamment du genre : **die** (*dii*).

En allemand comme en français, le sens d'un nom ne permet guère de prévoir son genre. Pis encore, vous avez deux chances sur trois de vous tromper en choisissant un genre au hasard, puisqu'il y en a trois (au lieu de deux en français). Et n'allez pas imaginer que les noms de même sens dans les deux langues ont aussi le même genre. Certains ont le même genre (l'arbre se dit **der**

Baum (*dèèr baôm*), d'autres un genre différent (le soleil se dit **die Sonne** (*dii zo-ne*). Il vaut donc mieux mémoriser le genre de chacun des noms allemands que vous apprenez. Les seules règles de bon sens qui peuvent vous guider sont :

- Les noms relatifs à des personnes de sexe masculin sont habituellement masculins : **der Bäcker** (*dèèr bè-ker*) (le boulanger). Il en existe presque toujours une version féminine, différent de la version masculine par la terminaison **-in** : **die Bäckerin** (*dii bè-ke-rin*) (la boulangère).
- Les noms relatifs à des personnes de sexe féminin sont habituellement féminins : **die Hebamme** (*dii h'ééb-a-me*) (la sage-femme).

L'article indéfini comporte lui aussi trois genres, mais son utilisation est moins problématique que celle de l'article défini, car sa forme – à tous les cas sauf l'accusatif – est la même pour le masculin et le neutre :

- **Pour les noms masculins :** utilisez simplement **ein** (*aïn*). Par exemple, **ein Name** (*aïn naa-me*) (un nom), **ein Beruf** (*aïn be-rououf*) (une profession) et **ein Architekt** (*aïn ar-chii-tèkt*) (un architecte).
- **Pour les noms neutres :** vous utilisez également **ein**. Par exemple, **ein Büro** (suivre la même construction de phrase comme dans le paragraphe précédent sur les noms masculins **ein Büro** (*aïn buu-rôô*) (un bureau), **ein Haus** (*aïn h'aôs*) (une maison), **ein Geschäft** (*aïn gue-shèft*) (un magasin).
- **Pour les noms féminins :** vous ajoutez un **e** à **ein**, qui devient **eine** (*aï-ne*). Par exemple, **eine Firma** (*aï-ne fir-ma*) (une société), **eine Adresse** (*aï-ne aa-drè-se*) (une adresse), **eine Architektin** (*aï-ne ar-chi-tèk-tin*) (une architecte).

Les indications ci-dessus se limitent aux articles accompagnant des noms qui jouent le rôle de sujet d'une phrase, et sont donc au nominatif. Le genre et le nombre ne sont pas les seuls à influer sur la forme des articles : leur terminaison peut être différente selon que le nom auquel ils sont attachés est au *nominatif*, au *génitif*, au *datif* ou à l'*accusatif*.

Pronoms possessifs

GRAMMAIRE

Examinons la version allemande de « mon/ ma » et « votre » – **mein** (*maïn*) et **Ihr** (*iir*). Ces pronoms possessifs sont utilisés pour montrer qu'un nom appartient à quelqu'un ou à quelque chose. Leur terminaison dépend du genre, du cas et du nombre de la chose possédée. Par exemple « Voici ma carte. » se dirait :

Das ist meine Karte. (*das ist maï-ne kar-te*)

Karte (*kar-te*) est féminin, et le pronom possessif féminin à la première personne du singulier est **meine**.

Les formes de base des pronoms possessifs (identiques pour le masculin et le neutre) au nominatif sont :

- **mein** (*maïn*) (mon)
- **dein** (*dain*) (ton)
- **Ihr** (*iir*) (votre ; vouvoiement)
- **sein**, **ihr**, **sein** (*zaïn, iir, zaïn*) (son, son, son [voir point de grammaire suivant])
- **unser** (*oun-zer*) (notre)
- **euer** (*oï-er*) (votre ; tutoiement au pluriel)
- **Ihr** (*iir*) (votre ; vouvoiement au pluriel)
- **ihr** (*iir*) (leur)

N'OUBLIEZ PAS

Alors qu'en français le pronom possessif, à la troisième personne du singulier, s'accorde uniquement avec l'entité possédée (son fils et sa fille), ce pronom, en allemand, est de forme différente selon que le possesseur est soit masculin ou neutre (**sein**) soit féminin (**ihr**). Dans le cas d'un possesseur masculin, « son fils et sa fille » se dit en allemand **sein Sohn und seine Tochter** (*zaïn zôôn ount zaï-ne togh-ter*), mais dans le cas d'un possesseur féminin, l'expression devient : **ihr Sohn und ihre Tochter**. Le français se limite à l'accord avec l'entité possédée, l'anglais se limite à l'accord avec l'entité possédante (*his*, *her*, *its*), et l'allemand va jusqu'au bout de la logique et accorde ce pronom à la fois à l'entité possédante et à l'entité possédée.

Le tableau 6.3 montre toutes les formes de **mein** (*maïn*) pour les trois genres et les différents cas de la déclinaison (les autres pronoms possessifs prennent les mêmes terminaisons).

TABLEAU 6.3 Déclinaison du possessif « mein »

Genre	Nominatif	Génitif	Datif	Accusatif
Masculin	mein	mein**es**	mein**em**	mein**en**
Féminin	mein**e**	mein**er**	mein**er**	mein**e**
Neutre	mein	mein**es**	mein**em**	mein
Pluriel	mein**e**	mein**er**	mein**en**	mein**e**

Discussions sur la famille

Parler de sa famille est un excellent moyen de faire la connaissance de quelqu'un, et peut fournir une foule de sujets de conversation.

Vous trouverez tous les membres de votre généalogie dans la liste suivante. Même si vous n'avez pas d'enfant ou de belle-sœur, il est bon que vous puissiez reconnaître les termes correspondants lors de discussions sur la famille de quelqu'un d'autre :

- **der Mann** (*dèèr man*) (l'homme/le mari)
- **die Frau** (*dii fraô*) (la femme/l'épouse)
- **der Lebenspartner** (*dèr lè-beuns-part-neur*) (le compagnon)
- **die Lebenspartnerin** (*dii lè-beuns-part-neur-in*) (la compagne)
- **der Junge** (*dèèr ioun-gue*) (le garçon)
- **das Mädchen** (*das mèd-chen*) (la fille [par opposition au garçon])
- **die Eltern** (*dii èl-tern*) (les parents)
- **der Vater** (*dèèr faa-ter*) (le père)
- **die Mutter** (*dii mou-ter*) (la mère)
- **das Kind** (*das kint*) (l'enfant)
- **die Kinder** (*dii kin-der*) (les enfants)
- **der Sohn** (*dèèr zôôn*) (le fils)
- **die Tochter** (*dii togh-ter*) (la fille [par opposition au fils])
- **die Geschwister** (*dii gue-shvis-ter*) (les frères et sœurs)
- **die Schwester** (*dii shvès-ter*) (la sœur)
- **der Bruder** (*dèèr brouou-der*) (le frère)
- **der Großvater** (*dèèr grôôs-vaa-ter*) (le grand-père)
- **der Opa** (*dèèr ôôpa)* (le papy [familier])

- **die Großmutter** (*dii grôôs-mou-ter*) (la grand-mère)
- **die Oma** (*dèèr ôômâa)* (la mamie [familier])
- **der Onkel** (*dèèr ong-kel*) (l'oncle)
- **die Tante** (*dii tan-te*) (la tante)
- **der Enkel** (*dèèr ên-keel*) (le petit-fils)
- **die Enkelin** (*dii ên-kee-lin*) (la petite fille)
- **der Cousin** (*dèèr kouou-zing*) (le cousin)
- **die Cousine** (*dii kouou-zii-ne*) (la cousine)
- **die Schwiegereltern** (*dii shvii-guer-èl-tern*) (les beaux-parents)
- **der Schwiegervater** (*dèèr shvii-guer-vaa-ter*) (le beau-père)
- **die Schwiegermutter** (*dii shvii-guer-mou-ter*) (la belle-mère)
- **der Schwiegersohn** (*dèèr shvii-guer-sôôn*) (le gendre)
- **die Schwiergertochter** (*dii shvii-guer-togh-ter*) (la belle-fille)
- **der Schwager** (*dèèr shvaa-guer*) (le beau-frère)
- **die Schwägerin** (*dii shvèè-gue-rin*) (la belle-sœur)
- **der Neffe** (*dèèr neffeu*) (le neveu)
- **die Nichte** (*dii nishte*) (la nièce)

Pour dire que vous avez un certain type de parent, vous placez le terme approprié dans le modèle de phrase ci-après.

Ich habe einen/eine/ein... (*ich h'aa-be aï-nen/aï-ne/aïn*) (J'ai...)

GRAMMAIRE

Dans cette phrase, vous utilisez l'accusatif (complément d'objet direct). Vous devez donc choisir l'article indéfini correspondant au genre de la personne et le mettre à l'accusatif. Notez que le genre de cette personne peut aussi être le neutre : **das Mädchen** (*das mèd-chen*) (la jeune fille). Les articles indéfinis féminin et neutre sont les mêmes au nominatif et à l'accusatif, tandis que l'article indéfini masculin prend une forme différente à l'accusatif : **einen** (*aï-nen*).

- **Noms masculins :** pour les noms comme **der Mann**, **der Bruder** et **der Schwager**, utilisez la forme **einen**.
- **Noms féminins :** pour les noms comme **die Frau**, **die Tochter** et **die Schwägerin**, utilisez **eine**.
- **Noms neutres :** pour les noms comme **das Mädchen** et **das Kind**, utilisez **ein**.

GRAMMAIRE

Et comment faire pour dire en allemand que vous n'avez pas de frère ni de sœur, de fils ou de fille ? Le français fait porter la négation sur le verbe : « Je n'ai pas de... ». L'allemand utilise la forme négative de l'article indéfini **ein/eine/ein** (*aïn/aï-ne/aïn*), qui est **kein/keine/kein** (*kaïn/kaï-ne/kaïn*).

- **Noms masculins**, comme **der Sohn: Ich habe keinen Sohn.** (*ich h'aa-be kaï-nen zôôn*) (Je n'ai pas de fils.)
- **Noms féminins**, comme **die Tochter: Ich habe keine Tochter.** (*ich h'aa-be kaï-ne togh-ter*) (Je n'ai pas de fille.)
- **Noms neutres**, comme **das Kind: Ich habe kein Kind.** (*ich h'aa-be kaïn kint*) (Je n'ai pas d'enfant.)

Dans ce contexte, les expressions suivantes peuvent également être utiles :

- **Ich bin verheiratet.** (*ich bin fer-haïra-tet*) (Je suis marié.)
- **Ich bin Single.** (*ich bin zin-guel*) (Je suis célibataire.)
- **Ich lebe getrennt.** (*ich lê-bee gue-trènt*) (Je suis séparé.)
- **Ich habe Familie in Deutschland.** (*ich habe fa-mi-lie in doïtch-lant*) (J'ai de la famille en Allemagne.)

Parler du temps qu'il fait

Dans tous les pays du monde, les gens adorent évoquer **das Wetter** (*das vè-ter*) (le temps). Il est vrai qu'il affecte tous les aspects de la vie – votre trajet pour aller travailler, vos activités de plein air, et parfois même votre humeur. Et il vous donne souvent un motif pour vous plaindre !

Quel temps fait-il là-bas ?

Si vous voulez savoir quel temps, il faut dire **Wie ist das Wetter?** (*wii ist das wêê-ter*). Et pour répondre, appuyez-vous sur votre amie fidèle, l'expression **Es ist** (*ès ist*) (il fait/c'est), qui vous aide à décrire le temps. Ajoutez simplement l'adjectif à la fin de cette expression selon les prévisions du jour. Vous trouverez ci-dessous quelques exemples :

- **Es ist kalt.** (*ès ist kalt*) (Il fait froid.)
- **Es ist heiß.** (*ès ist h'aïs*) (Il fait très chaud.)
- **Es ist schön.** (*ès ist sheueun*) (Il fait beau.)

Les mots suivants devraient vous permettre de décrire presque n'importe quel temps :

- **bewölkt** (*be-veueulkt*) (nuageux)
- **neblig** (*néé-blish*) (brumeux)
- **regnerisch** (*réég-ne-rish*) (pluvieux)
- **feucht** (*foïcht*) (humide)
- **windig** (*vin-dish*) (venté)
- **kühl** (*kuul*) (frais)
- **frostig** (*fros-tig*) (gelé)
- **warm** (*varm*) (chaud)
- **sonnig** (*zo-nish*) (ensoleillé)

Voici encore d'autres expressions pour faire votre propre description du temps :

- **Wie ist die Wettervorhersage?** (*vii ist die vè-ter-vôr-hèr-za-geu*) (Quelles sont les prévisions météo ?)
- **Sie haben schönes Wetter angesagt.** (*sii ha-ben shö-nees vè-ter anghe-zagt*) (Ils ont prévu du beau temps.)
- **Die Sonne scheint.** (*dii zo-ne shaïnt*) (Le soleil brille.)
- **Es regnet.** (*ès réég-net*) (Il pleut.)
- **Es blitzt/donnert.** (*ès blitst/do-nert*) (Il y a des éclairs/du tonnerre.)
- **Es wird hell/dunkel.** (*ès virt h'èl/doung-kel*) (Le ciel s'éclaircit/s'assombrit.)
- **Es ist schwül.** (*èss ist chvul*) (Le temps est très lourd.)

GRAMMAIRE

En allemand, on utilise deux verbes spéciaux pour dire qu'il commence ou qu'il cesse de pleuvoir : **anfangen** (*an-fan-guen*) (commencer) et **aufhören** (*aôf-h'eueu-ren*) (cesser). Ce sont des verbes à *particule séparable*, ce qui implique que lorsqu'on les utilise, la particule se détache et change de place. Voici comment marchent ces verbes :

- **Es fängt an zu regnen.** (*ès fèngkt an tsousou réég-nen*) (Il commence à pleuvoir.)
- **Es hört auf zu regnen.** (*ès h'eueurt aôf tsouou réég-nen*) (Il cesse de pleuvoir.)

La température

Lorsqu'il est question de la température, vous entendrez à coup sûr l'une ou l'autre des expressions suivantes :

- **Zehn Grad.** (*tséén graat*) (Dix degrés.). Vous pouvez bien sûr substituer le nombre approprié devant le mot (**der**) **Grad**.
- **Es ist minus zehn Grad.** (*ès ist mii-nous tséén graat*) (Il fait moins dix degrés.) Ici encore, placez le nombre approprié devant **Grad**.
- **Es ist zehn Grad unter Null.** (*es ist tséén graat ounter noul*) (Il fait dix degrés au-dessous de zéro.)
- **Die Temperatur fällt/steigt.** (*dii tèm-pé-ra-tour fèlt/shtaïgkt*) (La température descend/monte.)
- **Wir hatten mehr als dreißig Grad.** (*vir ha-teun mér als draï-ssish grat*) (Il a fait plus de 30 degrés)

Donner son avis sur le temps qu'il fait

Les expressions suivantes vous aideront à entretenir la conversation sur le temps :

- **Was für ein herrliches Wetter!** (*vas fuur aïn h'èr-li-ches vè-ter*) (Quel temps magnifique !)
- **Was für ein schreckliches Wetter!** (*vas fuur aïn shrèk-li-ches vè-ter*) (Quel temps épouvantable !)
- **Was für ein schöner Tag!** (*vas fuur aïn sheueu-ner taagk*) (Quelle belle journée !)
- **Ich hoffe, das Wetter ändert sich.** (*ich hofe, das vè-ter än-dert zish*) (J'espère que le temps va changer.)
- **Ich hoffe, das Wetter bleibt so.** (*ich hofe, das vè-ter blaïpt zo*) (J'espère que le temps restera comme ça.)
- **Was für ein furchtbares Wetter!** (*vass fur aïn foursht-baress vè-ter*) (Quel temps épouvantable !)
- **Was für ein scheußliches Wetter!** (*vass fur aïn 'choïss-lish-eus vè-ter*) (Quel sale temps !)

Quelques expressions familières en lien avec la météo :

- **ein Sauwetter** (*aîn sao-vè-ter*) (un temps pourri)
- **Was für ein Hundewetter!** (*vas fuur aïn 'hooun-de-vè-ter*) (Quel temps pourri !)
- **Es ist bitterkalt.** (*ez ist pi-tter-kalt*) (Il fait un froid de canard.)
- **ein Kaiserwetter** (*aîn kaï-ser-vè-ter*) (un temps magnifique)
- **eine Affenhitze** (*aïne affen-'hitze*) (la canicule)

Chapitre 7
Se restaurer

DANS CE CHAPITRE

» **Commander des plats**

» **Payer l'addition**

» **Faire ses courses au marché**

» **Les mesures et les poids**

S'enquérir de la nourriture et des habitudes alimentaires d'un autre pays est l'une des manières les plus agréables d'apprendre des choses sur sa culture, et c'est en tout cas un sujet de curiosité majeur pour la plupart de nos compatriotes. Qu'il s'agisse d'un repas d'affaires, d'un dîner sans façon, d'un repas au restaurant ou de faire soi-même la cuisine, il est important de connaître les noms des aliments et de pouvoir parler de la nourriture et des habitudes alimentaires.

Si vous allez au restaurant en Allemagne, vous remarquerez que la variété des plats n'est pas très différente de ce dont vous avez l'habitude en France. La cuisine « familiale » allemande (qui est surtout à base de viande, de pommes de terre et d'autres légumes) n'est pas particulièrement réputée et tendait autrefois à être un peu grasse, mais les choses ont évolué, par souci de santé et par crainte du cholestérol. La cuisine régionale offre des plats intéressants et variés, et vous trouverez partout une variété encore plus grande de cuisines de différents pays.

Nous vous souhaitons un **Guten Appetit** (*gou-ten a-pé-tit*) (Bon appétit), comme disent les Allemands avant de commencer à manger.

Est-ce déjà l'heure de manger ?

Les expression suivantes vous seront utiles si vous avez faim ou soif :

» **Ich habe Hunger/Durst.** (*ich h'aa-be h'oun-guer/dourst*) (J'ai faim/soif.)

» **Ich bin hungrig/durstig.** (*ich bin h'oung-rish/dour-tish*) (J'ai faim/soif.)

Pour satisfaire votre faim ou votre soif, vous devez manger – **essen** (*è-sen*), et boire – **trinken** (*trin-ken*).

Essen est un verbe irrégulier :

Conjugaison	***Prononciation***
ich esse	*ich è-se*
du isst	*dou ist*
Sie essen	*zii è-sen*
er, sie, es isst	*èèr, zii, ès ist*
wir essen	*viir è-sen*
ihr esst	*iir èst*
Sie essen	*zii è-sen*
sie essen	*zii è-sen*

Trinken est lui aussi un verbe irrégulier, mais il se conjugue au présent de l'indicatif comme les verbes réguliers :

Conjugaison	*Prononciation*
ich trinke	*ich trin-ke*
du trinkst	*dou trinkst*
Sie trinken	*zii trin-ken*
er, sie, es trinkt	*èèr, zii, ès trinkt*
wir trinken	*viir trin-ken*
ihr trinkt	*iir trinkt*
Sie trinken	*zii trin-ken*
sie trinken	*zii trin-ken*

Tout sur les repas

Les heures et la composition des repas diffèrent un peu des habitudes françaises. Comme en France, le petit déjeuner est servi dans les hôtels entre 7 h et 10 h, mais il est nettement plus substantiel qu'un petit déjeuner français typique.

Composé en général d'aliments sucrés et salés (charcuterie, fromage, beurre, confiture, céréales avec thé, café ou chocolat chaud) et de **Brötchen** (*breut-shen*) (petits pains), le petit déjeuner est souvent un moment privilégié qui offre à la famille l'occasion de se réunir avant de commencer la journée.

Le déjeuner est habituellement servi entre 11 h 30 et 14 h. Le déjeuner a été longtemps le repas principal de la journée, mais ce n'est plus nécessairement le cas.

Le repas du soir traditionnel d'une famille allemande se composait de pain accompagné de viandes froides, de fromages et peut-être de salades et de plats froids. Mais pour de plus en plus de gens, le dîner est devenu le repas principal, de nombreuses personnes travaillant durant la journée selon un horaire qui ne laisse pas assez de temps pour prendre un repas copieux. Dans les restaurants, un menu complet est généralement disponible entre 18 h 30 et 21 h, et dans les villes et les restaurants plus importants, le service peut continuer jusqu'à 22 h ou 23 h.

Les trois principaux **Mahlzeiten** (*maal-tsaï-ten*) (repas) de la journée sont :

- **das Frühstück** (*das fruu-shtuk*) (le petit déjeuner)
- **das Mittagessen** (*das mi-taagk-è-sen*) (le déjeuner)
- **das Abendessen** (*das aa-bent-è-sen*) (le dîner)

Mettre la table

Voici les articles dont vous avez besoin pour **den Tisch decken** (*dèn tish dè-ken*) (mettre la table) en allemand :

- **das Glas** (*das glas*) (le verre)
- **die Tasse** (*dii ta-se*) (la tasse)
- **der Teller** (*dèèr tè-ler*) (l'assiette)
- **der Suppenteller** (*dèèr zou-pen-tè-ler*) (l'assiette à soupe)
- **die Serviette** (*dii zèrv-ièt-te*) (la serviette)
- **das Messer** (*das mè-ser*) (le couteau)
- **die Gabel** (*dii gaa-bel*) (la fourchette)
- **der Löffel** (*dèèr leu-fel*) (la cuiller)
- **das Besteck** (*das be-shtèk*) (les couverts : couteau, fourchette et cuiller)
- **die Schüssel** (*dii shus-sel*) (le bol)
- **die Flasche** (*dii fla-she*) (la bouteille)

Si vous êtes dans un restaurant et si vous avez besoin d'un article qui manque sur la table (par exemple une cuiller, une fourchette ou un couteau), appelez le serveur en disant

Entschuldigen Sie bitte! (*ènt-shoul-di-guen zii bi-te*) (Excusez-moi s'il vous plaît.)

et demandez

Kann ich bitte einen Löffel/eine Gabel/ein Messer haben? (*kan ich bi-te aï-nen leuu-fel/aï-ne gaa-bel/ aïn mè-ser h'aa-ben*) (Puis-je s'il vous plaît avoir une cuiller/une fourchette/un couteau ?)

Aller au restaurant

On se rend au restaurant aussi souvent en Allemagne qu'en France, et l'accueil est à peu près le même, si ce n'est qu'il est plus courant qu'en France de s'installer directement à une table, surtout dans les établissements les plus simples.

Différentes sortes de restaurants

La plupart des restaurants affichent un menu, lequel vous donne des indications sur ce qui vous attend à l'intérieur. C'est pratique si vous vous errez à la recherche d'un endroit pour manger, mais si vous voulez demander à quelqu'un de vous en indiquer un, il vaut mieux savoir quelles sont les différentes possibilités :

- **das Restaurant** (*das rès-tôô-rann't*) (le restaurant) : comme en France, ces établissements vont du plus simple au plus sophistiqué.
- **die Gaststätte** (*dii gast-shtè-te*) (le restaurant local) : restaurant plus simple dont le menu n'est

pas d'une grande variété mais où vous pourriez trouver des spécialités locales.

- **das Gasthaus** (*das gast-h'aôs*)/**der Gasthof** (*dèèr gast-h'ôôf*) (l'auberge) : vous rencontrerez habituellement cet établissement à la campagne. Vous y mangerez une cuisine familiale, dans une atmosphère assez chaleureuse.
- **die Raststätte** (*dii rast-shtè-te*)/**der Rasthof** (*dèèr rast-hôôf*) (le restaurant d'autoroute) : établissement situé le long d'une autoroute avec une station-service et parfois des chambres.
- **der Ratskeller** (*dèèr raats-kè-ler*) : un restaurant dans la cave d'un **Rathaus** (*raat-haôs*) (hôtel de ville). Souvent situé dans des bâtiments historiques.
- **die Bierhalle** (*dii biir-h'a-le*)/**die Bierstube** (*dii biir-shtouou-be*)/**der Biergarten** (*dèèr biir-gar-ten*)/ **das Bierzelt** (*das biir-tsèlt*) : autant de lieux où l'on sert de la bière (halle, bar, jardin, tente). En dehors de la bière tirée d'immenses tonneaux, vous pouvez aussi commander des plats chauds (habituellement parmi quelques plats du jour), des salades et des bretzels. Les **Bierhallen** les plus nombreuses et les plus connues se trouvent à Munich, en Bavière, où se tient la célèbre **[das] Oktoberfest**, dans la deuxième moitié de septembre et début octobre.
- **die Weinstube** (*dii vaïn-shtouou-be*) (le bar à vin) : un petit restaurant, généralement dans des régions viticoles, où vous pouvez goûter des vins et manger des plats simples de bistrot.
- **die Kneipe** (*dii knaï-pe*) (le bistrot) : comme en France, vous pouvez y prendre un verre au comptoir ou vous asseoir à une table pour commander des plats simples.

- **das Café** (*das ka-féé*) ou **die Konditorei** (*dii kon-di-to-rai*) (le café) : peut aller d'un simple café à des établissements très distingués. Vienne est célèbre pour sa tradition de cafés fréquentés par des écrivains et des artistes.
- **die Bäckerei** (*dii beu-keu-rai*) (la boulangerie) : si on a une petite faim, on y trouve des pâtisseries à emporter ou parfois déguster sur place. Vienne est célèbre pour sa tradition des cafés-pâtisseries fréquentés par des écrivains et des artistes.

  On peut y déguster des gâteaux typiques du pays, comme la *Sachertorte* ou la *Schwarzwälder Kirschtorte*.
- **der Imbiss/Schnellimbiss** (*dèer im-bis/shnèl-im-bis*) (le snack-bar) : un local où l'on peut manger sur place (le plus souvent debout) où acheter des plats simples ou des sandwiches à emporter.

Réserver une table

Tout comme en France, quand vous appelez un restaurant, la personne qui répond est prête à prendre votre réservation. Il n'est pas toujours nécessaire de réserver. En semaine vous avez de bonnes chances de trouver une table sans réserver, à moins qu'il ne s'agisse d'un établissement très recherché ou très petit. (Les week-ends il est recommandé de réserver.) On ne fait généralement pas de réservations pour une **Kneipe** ou une **Gaststätte** – les tables sont simplement attribuées au fur et à mesure des arrivées.

Voici les expressions à utiliser pour réserver votre table :

- **Ich möchte gern einen Tisch reservieren/bestellen.** (*ich meuch-te guern aï-nen tish réé-zèr-vii-ren/be-shtè-len*) (Je voudrais réserver/commander une table.)
- **Haben Sie um... Uhr einen Tisch frei?** (*h'aa-ben zii oum... ouour aï-nen tish fraï*) (Avez-vous une table libre pour... heures ?)
- **Ich möchte gern einen Tisch für... Personen um... Uhr.** (*ich meuch-te guern aï-nen tish fuur... pèr-zôô-nen oum... ouour*) (Je voudrais une table pour... personnes pour... heures.)
- **Einen Tisch für vier Personen bitte.** (*aï-nen tich fur fir per-zô-neun bi-teu*) (Une table pour quatre personnes, s'il vous plaît.)
- **Ich habe einen Tisch auf den Namen... reserviert.** (*ich ha-beu aï-neun tich aof den nâ-meun... ré-zer-viert*) (J'ai réservé une table au nom de...)

Vous pouvez aussi préciser le jour de la semaine ou le moment de la journée :

- **heute Abend** (*h'oï-te aa-bent*) (ce soir)
- **morgen Abend** (*mor-guen aa-bent*) (demain soir)
- **heute Mittag** (*h'oï-te mi-tagk*) (aujourd'hui midi)
- **morgen Mittag** (*mor-guen mi-tagk*) (demain midi)

Et votre réservation devient :

- **Ich möchte gern für heute Abend einen Tisch reservieren.** (*ich meuch-te guèrn fuur h'oï-te aa-bent aï-nen tish réé-zèr-vii-ren*) (Je voudrais réserver une table pour ce soir.)

- **Haben Sie morgen Mittag um... Uhr einen Tisch frei?** (*h'aa-ben zii mor-guen mi-tagk oum... ouour aï-nen tish fraï*) (Avez-vous une table de libre pour déjeuner demain à... heures ?)

Autres expressions utiles au restaurant:

- **Wie lange dauert es ungefähr, bis ein Tisch frei wird?** (*vi lan-gue doa-ert' èss ou-ng-gue-fèr, biss aïn tich fraï virt*) (Il faut attendre combien de temps pour avoir une table ?)
- **Haben Sie einen Hochstuhl für unsere Tochter? / unseren Sohn?** (*ha-ben zi aï-nen hoch-chtoul fur oun-zere toch-ter/oun-zeren Zôon*) (Auriez-vous une chaise haute pour ma fille/mon fils ?)
- **Gibt es eine Kleidervorschrift?** (*guipt ess aïne klaîderfôrchrift*) (Est-ce qu'il y a un code vestimentaire à respecter ?)
- **Können wir uns nach draußen / drinnen setzten?** (*keu-nen vir ouns nach drao-ssen' / dri-nen zèt-sen*) (Pouvons-nous manger à l'extérieur / à l'intérieur ?)

Vous pouvez entendre la réponse suivante en faisant une réservation :

Es tut mir leid, aber wir sind voll. (*ès touout mir laït, âber viir zint foll*) (Je suis désolé, mais nous sommes complet.)

Si vous arrivez au restaurant sans avoir réservé, attendez-vous à entendre l'une des phrases suivantes :

- **In... Minuten wird ein Tisch frei.** (*in... mi-nouou-ten virt aïn tish fraï*) (Dans... minutes il y aura une table de libre.)

- **Können Sie in... Minuten wiederkommen?** (*keu-nen zii in... mi-nouou-ten vii-der-ko-men*) (Pouvez-vous revenir dans... minutes ?)
- **Wollen Sie sich an die Bar setzen, bis ein Tisch frei wird?** (*vollen zii zich an dii Bar zet-zen biz aïn tish fraï vird*) (Voulez-vous vous s'asseoir au bar jusqu'à ce qu'une table se libère ?)

Arriver et prendre place

Une fois arrivé au restaurant, vous voulez vous asseoir à votre table, **Platz nehmen** (*plats néé-men*) et obtenir votre **Speisekarte** (*shpaï-ze-kar-te*) (menu). Un serveur, **der Kellner** (*dèèr kèl-ner*), vous indique votre table.

Décryptage du menu

Nous arrivons au plus amusant – décider ce que vous allez manger. Bien sûr, ce qu'il y a sur le menu dépend entièrement du type d'établissement où vous êtes installé.

Les sections suivantes vous informent sur les types de plats que vous pouvez trouver dans les restaurants allemands des différentes régions. Il y a par exemple des plats que vous trouverez couramment en Bavière mais jamais en Allemagne du Nord.

Petit déjeuner

Les mets suivants peuvent vous être proposés au **Frühstuck** (*fruu-shtuk*) (petit déjeuner) :

- **das Brot** (*das brôôt*) (le pain)
- **das Brötchen** (*das breueut-chen*) (le petit pain)
- **der Toast** (*dèèr tôôst*) (le toast)

- **der Aufschnitt** (*dèèr <u>aôf</u>-shnit*) (viande froide, charcuterie et fromage)
- **die Butter** (*dii <u>bou</u>-ter*) (le beurre)
- **das Müsli** (*das <u>muus</u>-li*) (le musli)
- **die Milch** (*dii milch*) (le lait)
- **der Saft** (*dèèr zaft*) (le jus de fruit)
- **die Wurst** (*dii vourst*) (le saucisson/la saucisse)
- **das Ei** (*das aï*) (l'œuf)
- **das Spiegelei** (*das <u>shpii</u>-guel-aï*) (l'œuf sur le plat)
- **die Rühreier** (*dii <u>ruur</u>-aï-er*) (les œufs brouillés)
- **der Honig** (*dèèr hô-nig*) (le miel)
- **die Marmellade** (*dii mar-me-laâ-de*) (la confiture)
- **der Kaffee** (*dèèr ka-fè*) (le café)
- **der Tee** (*dèèr té*) (le thé)
- **eine heiße Schokolade** (*aï-ne haï-sse cho-ko-lâ-deu*) (un chocolat chaud)
- **der Orangensaft / der O-Saft** (*dèèr ô-ran-gen-saft*) (le jus d'orange)

CULTURE

En Allemagne, les **Brötchen** sont souvent servis au petit déjeuner ; mais vous pouvez aussi avoir toutes sortes de pains ou de croissants. Il est également très courant de manger de la viande froide et de la charcuterie au petit déjeuner, et si vous commandez un œuf sans spécifier que vous voulez un œuf brouillé ou sur le plat, on vous apportera un œuf à la coque.

Hors-d'œuvre

Comme **Vorspeisen** (*vôôr-shpaï-zen*) (hors-d'œuvre), vous pouvez rencontrer :

- **Gemischter Salat** (*gue-mish-ter za-laat*) (la salade mélangée)
- **Grüner Salat** (*gruu-ner za-laat*) (la salade verte)
- **Melone mit Schinken** (*mè-lôô-ne mit shin-ken*) (melon et jambon)
- **Meerfrüchtesalat mit Toastecken** (*méér-fruuch-te-za-laat mit tôôst-è-ken*) (salade de fruits de mer avec demi-toasts)
- **Zwiebelkuchen mit Speck** (*zwii-bel-kuchen mit spèk*) (tartes aux oignons et aux lardons)

Soupes

Vous pouvez voir les types suivants de **Suppen** (*zou-pen*) (les potages) sur un menu allemand :

- **die Tomatensuppe** (*dii to-maa-ten-zou-pe*) (le potage à la tomate)
- **die Bohnensuppe** (*dii bôô-nen-zou-pe*) (le potage aux haricots)
- **die Ochsenschwanzsuppe** (*dii ok-sen-shvants-zou-pe*) (le potage à la queue de bœuf)
- **die französische Zwiebelsuppe** (*fran-tseueu-zi-she tsvii-bel-zou-pe*) (la soupe à l'oignon)
- **der Eintopf** (*dèr aïn-topf*) (bœuf en pot-au-feu)
- **die Kürbiscremesuppe** (*dii kur-bis-creme-zou-pe*) (la soupe au potiron)

- **die Kartoffelsuppe** (*dii kar-to-fel-zou-pe*) (la soupe de pommes de terre)
- **die Griessuppe** (*dii griis-zou-pe*) (la soupe de semoule)
- **die Biersuppe** (*dii biir-zou-pe*) (la soupe à la bière)
- **die Knoblauchsuppe** (*dii kno-plaorr-zou-pe*) (la soupe à l'ail)
- **die Gulaschsuppe** (*dii gou-lash-zou-pe*) (le goulasch)
- **der Gemüseeintopf** (*dèr gue-muze-aïn-topf*) (pot-au-feu aux légumes)
- **die Linsensuppe** (*dii lin-zen-zou-pe*) (la soupe de lentilles)

Plats principaux

Les **Hauptspeisen** (*h'aôpt-shpaï-zen*) (plats principaux) sont aussi variés que dans n'importe quelle culture ; voici quelques plats typiques d'un menu allemand :

- (**die**) **Kalbsleber mit Kartoffelpüree** (*kalbs-léé-ber mit kar-to-fel-puu-réé*) (foie de veau, purée de pommes de terre)
- **Frischer Spargel mit Kalbschnitzel oder Räucherschinken/Kochschinken** (*fri-sher shpar-guel mit kalb-shni-tsel ôô-der roï-cher-shin-ken/kogh-shin-ken*) (asperges fraîches, escalope de veau ou jambon fumé/jambon blanc)
- (**das**) **Rindersteak mit Pommes Frites und gemischtem Gemüse** (*rin-der-stèèk mit pom frit ount gue-mish-tem gue-muu-ze*) (steak de bœuf avec pommes frites et légumes variés)

- **(das) Lammkotelett nach Art des Hauses** (*lam-ko-te-lèt nagh art dès h'aô-zes*) (côtelette d'agneau maison)
- **(das) Hühnerfrikassee mit Butterreis** (*h'uu-ner-fri-ka-séé mit bou-ter-raïs*) (fricassée de poulet, riz sauté au beurre)
- **(der) Lachs an Safransoße mit Spinat und Salzkartoffeln** (*lax an zaf-raan-zôô-se mit shpi-naat ount zalts-kar-to-feln*) (saumon, sauce au safran, épinards et pommes vapeur)
- **Fisch des Tages** (*fish dès taa-gues*) (poisson du jour)

Une panoplie de saucisses

- **die Bierwurst** (*dii biir-vourst*) (la saucisse du brasseur)
- **die Bockwurst** (*dii bok-vourst*) (la saucisse de Francfort)
- **die Bratwurst** (*dii brât-vourst*) (la saucisse grillée traditionnelle)
- **die Currywurst** (*dii cu-ri-vourst*) (la saucisse au curry)
- **der Käsekrainer** (*dèr kèze-kraï-ner*) (la saucisse grillée fourrée au fromage)
- **die Leberwurst** (*dii le-ber-vourst*) (le pâté au foie)
- **die Schinkenwurst** (*dii shin-ken-vourst*) (le saucisson au jambon)
- **die Weißwurst** (*dii waïss-vourst*) (le boudin blanc)
- **die Jagdwurst** (*dii iakt-vourst*) (la saucisse du chasseur)
- **die Blutwurst** (*dii blout-vourst*) (le boudin noir)

Accompagnements

Vous pouvez parfois commander des **Beilagen** (*baï-laa-guen*) (accompagnements) indépendamment de votre plat principal :

- **Butterbohnen** (*bou-ter-bôô-nen*) (les haricots beurre)
- **Gurkensalat** (*gour-ken-za-laat*) (la salade de concombre)
- **Bratkartoffeln** (*braat-kar-to-feln*) (les pommes de terre sautées)
- **Grüne Bohnen** (*gru-ne bôone*) (haricots verts)
- **Reis** (*raïz*) (riz)
- **Gemischter Salat** (*gue-mish-ter za-lat*) (salade mixte)
- **Grüner Salat** (*grun-er za-lat*) (salade verte)

Desserts

Les restaurants allemands proposent souvent des mets appétissants **zum Nachtisch** (*tsououm nagh-tish*) (pour le dessert), comme par exemple :

- **Frischer Obstsalat** (*fri-sher opst-za-laat*) (la salade de fruits frais)
- **Gemischtes Eis mit Sahne** (*gue-mish-tes aïs mit zaa-ne*) (des glaces variées avec de la crème)
- **Rote Grütze mit Vanillesoße** (*rôô-te gruut-se mit va-nii-le-zôô-se*) (la compote de fruits rouges, sauce vanille)

Boissons

Si vous commandez **Wasser** (*va-ser*) (de l'eau), vous avez le choix entre de l'eau gazeuse et de l'eau plate, c'est-à-dire **Wasser mit Kohlensäure** (*aïn va-ser mit kôô-len-zoï-re*) (de l'eau gazeuse) ou **Wasser ohne Kohlensäure** (*va-ser ôô-ne kôô-len-zoï-re*) (de l'eau non gazeuse). Si vous demandez au serveur ou à la serveuse **ein Mineralwasser** (*aïn mi-né-raal-va-ser*) (de l'eau minérale), on vous apporte en général de l'eau gazeuse.

Le vin est généralement servi en bouteille – **die Flasche** (*dii fla-she*) (la bouteille) ou au verre – **das Glas** (*das glaas*) (le verre). Vous pouvez parfois trouver du vin en carafe, **die Karaffe** (*dii ka-ra-fe*).

Dans la liste ci-dessous, vous trouverez les boissons les plus couramment mentionnées sur un menu :

- **das Bier** (*das biir*) (la bière)
- **das Export** (*das ex-port*)/ **das Kölsch** (*das keueulsh*) (bière de Cologne, à haute fermentation)
- **das Bier vom Fass** (*das biir fom fas*) (la bière pression)
- **das Pils/Pilsener** (*das pils/pil-ze-ner*) (la bière de Pilsen)
- **das Bockbier** (*dàs bok-bir*) (bière en forte teneur d'alcool, blonde ou brune)
- **der Radler** (*dèèr rad-leur*) (bière avec de la limonade)
- **das Weizenbier** (*dàs vaït-seun-bir*) (bière blanche légère)
- **das Kristallweizen** (*dàs cris-tal vaït-zen*) (bière à basse fermentation, de couleur blond pâle)

- » **das Altbier** (*das alt-biir*) (altbier – bière à haute fermentation, de couleur cuivrée)
- » **der Wein** (*dèèr vaïn*) (vin)
- » **der Weißwein** (*dèèr vaïs-vaïn*) (le vin blanc)
- » **der Rotwein** (*dèèr rôôt-vaïn*) (le vin rouge)
- » **der Tafelwein** (*dèèr taa-fel-vaïn*) (le vin de table)
- » **der Kaffee** (*dèèr ka-féé*) (le café)
- » **der Tee** (*dèèr téé*) (le thé)
- » **der Sekt** (*dèèr sèkt*) (le champagne)
- » **der Schnaps** (*dèèr shnapz*) (l'eau de vie)

Le Schnaps peut être proposé comme digestif. Chaque région propose sa spécialité : eau de vie de cerise, de pomme, de poire, de framboise, de quetsche, etc.

On trouve aussi du **Kartoffelschnaps** (*kar-tof-fèl-sh-naps*) (eau de vie de pommes de terre), du **Weinbrand** (*vaïn-brand*) (cognac), du **Kümmelschnaps** (*ku-mel-sh-naps*), etc.

Mit Vorsicht zu genießen! (*mit vor-zicht zou gue-niii-sen*) (À consommer, bien sûr, avec modération!)

Pain

Avec près de 200 sortes de pains différents, tous absolument exquis, l'Allemagne a de quoi faire en la matière. Au petit déjeuner, pour faire des sandwichs, pour accompagner un plat..., le pain est omniprésent : il est blanc (**Weißbrot**), noir (**Schwarzbrot**), complet (**Vollkornbrot**), noir (**Pumpernikel**) et **das Knäckebrot** (Wasa)... Au petit déjeuner, on sert les **Brötchen** (petits pains).

Commander

Comme en français, il existe en allemand différentes expressions pour commander un repas. Elles ne sont pas bien compliquées, et vous pouvez les utiliser aussi bien au restaurant que dans un magasin d'alimentation :

- **Ich hätte gern...** (*ich h'è-te guern*) (je voudrais...)
- **Für mich bitte...** (*fuur mich bi-te*) (pour moi s'il vous plaît...)
- **Ich möchte gern...** (*ich meuch-te guèrn*) (je voudrais...)
- **Ich würde gern... essen/haben** (*ich vuur-de guèrn... è-sen/h'aa-ben*) (Je mangerais/j'aurais volontiers...)

Vous pouvez décider d'être audacieux, et dire au serveur ou à la serveuse :

Können Sie etwas empfehlen? (*keu-nen zii èt-vas èmp-féé-len*) (Pouvez-vous recommander quelque chose ?)

TRUC

Attendez-vous à ce qu'il ou elle vous réponde à toute vitesse, citant des plats dont vous n'aurez jamais entendu parler auparavant. Pour éviter d'être complètement désorienté, essayez de lui présenter le menu pour l'inciter à pointer sur les plats tout en répondant.

Utilisation du subjonctif

Regardez de plus près les formes verbales **hätte**, **möchte** et **würde** qui apparaissent dans la section précédente, ainsi que la forme **könnten** (**Könnten wir... den Tisch... haben**). D'où viennent-elles et quelles sont leurs fonctions ?

GRAMMAIRE

Alors que le français possède deux modes distincts pour exprimer d'une part une possibilité (le conditionnel : je *pourrais*), d'autre part le discours indirect (le subjonctif : il aimerait que je *puisse*), l'allemand ne connaît qu'un seul mode, qui est **der Konjunktiv** (*dèèr kôôn-ioung-tiif*) (conditionnel/subjonctif) :

» **Ich hätte** (*ich h'è-te*) (j'aurais) vient du verbe **haben** (*h'aa-ben*) (avoir).

» **Ich hätte gern** (*ich hè-te guèrn*) (j'aurais volontiers) est la forme utilisée en allemand pour dire poliment « je voudrais avoir ».

Il y a aussi **ich würde**, qui vient de **werden**, l'auxiliaire du futur (pour voir comment se forme le futur en allemand, reportez-vous au chapitre 1) :

Ich würde… essen. (*ich vuur-de è-sen*) (Je mangerais…)

résulte de la mise au conditionnel de la phrase au futur : **Ich werde essen** (*ich vèr-de è-sen*) (Je mangerai). Comme dans le cas du futur, l'auxiliaire **werden** est complété du verbe principal, ici **haben** ou **essen**. Et par politesse, on ajoute l'adverbe **gern** (*guèrn*) (volontiers) :

Ich würde gern… haben. (*ich vuur-de guèrn… h'aa-ben*) (J'aurais volontiers…)

De même l'expression **Ich könnte** (*ich keun-te*) (Je pourrais) est la forme conditionnelle du verbe **können** (*keu-nen*) (pouvoir), et l'expression **ich möchte** (*ich meuch-te*) (j'aimerais) est la forme conditionnelle du verbe **mögen** (*meueu-guen*) (aimer/souhaiter/vouloir).

Des formes atténuées de « pouvoir » et « vouloir »

GRAMMAIRE

Les verbes **dürfen** et **mögen** sont très utilisés dans les échanges courtois.

dürfen :

- **Ich darf Bier trinken.** (*ich darf biir trin-ken*) (J'ai le droit de boire de la bière.)
- **Darf ich Wein trinken?** (*darf ich vaïn trin-ken*) (Puis-je boire du vin ?)
- **Dürfen wir rauchen?** (*duur-fen viir raô-ghen*) (Sommes-nous autorisés à fumer ?)

mögen :

- **Ich möchte Wein trinken.** (*ich meuch-te vaïn trin-ken*) (Je voudrais boire du vin.)
- **Möchten Sie Wein trinken?** (*meuch-ten zii vaïn trin-ken*) (Aimeriez-vous boire du vin ?)

Employé à l'indicatif, le verbe **mögen** sert simplement à indiquer que l'on aime quelque chose :

- **Ich mag Wein.** (*ich maagk vaïn*) (J'aime le vin.)
- **Wir mögen Wein.** (*viir meueu-guen vaïn*) (Nous aimons le vin.)

Régimes spéciaux

Vous pourriez avoir besoin des expressions suivantes si vous suivez un régime spécial ou si vous avez des goûts particuliers :

» **Ich bin Vegetarier/in.** (*ich bin vé-gué-ta-rieur/in*) (Je suis végétarien(ne).)

» **Ich bin Diabetiker/in.** (*ich bin dia-bé-ti-kèr/in*) (Je suis diabétique.)

» **Ich mache eine Diät fast ohne Salz / Fett / Cholesterin.** (*ich marreu aï-ne dièt fast ôneu salts/ fèt/ko-les-té-rin*) (Je suis un régime alimentaire faible en sel/gras/cholestérol.)

» **Ich muss salzarm essen, können Sie mir etwas zubereiten?** (*ich mouss zalt-sarm èssen' keu-nen zi mir èt-vass tsou-be-raï-ten*) (Je suis un régime sans sel, pouvez-vous me préparer quelque chose ?)

» **Ich esse kein/keine...** (*ich èsseu kaïn/kaïneu...*) (Je ne mange pas...)

» **Ich trinke keinen Alkohol.** (*ich trin-keu kaï-neun al-ko-hôl*) (Je ne bois pas d'alcool.)

» **Ich bin allergisch gegen Erdnüsse / Laktose / Meeresfrüchte.** (*ich bin aleur-guish gue-gen èrd-nusse / lak-tô-ze / mè-reus-frurr-te*) (Je suis allergique aux arachides / au lactose / aux fruits de mer.)

» **Ich vertrage keine Milchprodukte.** (*ich fer-tra-gueu kaï-ne milsh-pro-duk-te*) (Je ne digère pas les produits laitiers.)

» **Ich vertrage kein Gluten.** (*ich fer-tra-gueu kaïn glou-tèn*) (J'ai une intolérance au gluten.)

» **Ist das Koscher / Halal?** (*ist das ko-cheur / hâ-lal*) (Est-ce que c'est kasher / halal ?)

» **Ich esse nur Bio-Produkte.** (*ich esseu nour bio-pro-douk-teu*) (Je ne mange que des produits bio.)

- **Haben Sie Sojamilch/Mandelmilch?** (*ha-beun zi zoia-milsh / man-deul-milsh*) (Avez-vous du lait de soja / du lait d'amande?)
- **Ich bin im... Monat schwanger.** (*ich bin im... mo-nat chvan-guer*) (Je suis enceinte de... mois.)
- **Haben Sie Kinderportionen?** (*ha-beun zii kind-der-port-siôô-nen*) (Avez-vous des portions pour enfants ?)

CULTURE

LA CUISSON

Si vous commandez de la viande – un steak, par exemple – le serveur vous demandera probablement **Wie hätten Sie das Steak gern?** (*vii hè-ten zii das stèk guèrn)* (Comment aimeriez-vous votre steak ?). Vous pouvez fournir l'une de ces trois réponses :

- **blutig** (*blouou-tish*) (bleu/saignant)
- **medium** (*méé-diii-oum*) (rosé/médium)
- **durchgebraten** (*dourch-gue-braa-ten*) (bien cuit).
- **auf den Punkt gebraten** (*aof dèn pounkt gue-bra-teun*) (à point)
- **geschmort** (*guesh-môôeurt*) (braisé, à l'étuvée)
- **gegrillt** (*gue-grillt*) (grillé)
- **gebraten** (*gue-brâ-teun*) (sauté à la poêle)

Autres expressions pour la cuisson :

- **frittiert** (*fri-tiirt*) (frit)
- **gekocht** (*gue-kocht*) (cuit à l'eau, bouilli)
- **geräuchert** (*gue-reu-chert*) (fumé)
- **knusprig** (*knou-sprish*) (croustillant)
- **scharf** (*sharf*) (épicé)

Répondre à la question finale

Après un repas, il est de tradition que le serveur ou la serveuse vous demande si vous l'avez apprécié :

Hat es Ihnen geschmeckt? (*h'at ès ii-nen gue-shmèkt*) (Est-ce que cela vous a plu ?)

Espérons que vous êtes satisfait et que vous vous sentez obligé de fournir l'une des réponses :

- **danke, gut** (*dang-ke, gouout*) (merci, c'était bon.)
- **sehr gut** (*zéér gouout*) (très bon)
- **ausgezeichnet** (*aôs-gue-tsaïch-net*) (excellent)

L'addition

Vers la fin du repas, votre serveur peut vous poser la question suivante, dans le but de savoir s'il peut vous apporter l'addition :

Sonst noch etwas? (*zonst nogh èt-vas*) ([Désirez-vous] encore quelque chose ?)

Si vous n'envisagez pas de commander autre chose, il est temps de régler **die Rechnung** (*dii rèch-noung*) (la note). Vous pouvez la demander de la façon suivante :

- **Ich möchte zahlen.** (*ich meuch-te tsaa-len*) (Je voudrais payer.)
- **Die Rechnung, bitte.** (*dii rèch-noung, bi-te*) (L'addition, s'il vous plaît.)

Vous pouvez payer tout ensemble – **Alles zusammen, bitte.** (*a-les tsou-za-men, bi-te*) (tout ensemble, s'il vous plaît), ou séparément – **Wir möchten getrennt zahlen.** (*viir meuch-ten gue-trènt tsaa-len*) (Nous aimerions payer séparément.).

Vous pouvez aussi entendre :

Ja, die Bedienung ist inbegriffen. (*ja, dii be-dii-nung ist in-be-gri-fèn*).(Oui, le service est compris.)

CULTURE

LE POURBOIRE

En Allemagne, comme d'ailleurs en France, le serveur ou la serveuse ne vous apportera pas spontanément l'addition (selon l'usage de certains pays comme par exemple les USA). Vous devez la demander pour pouvoir payer. Si l'on vous apporte l'addition et si vous la réglez à votre table, vous pouvez laisser un pourboire (**Trinkgeld**) (*trink-guèlt*) en arrondissant le montant, ce qui peut représenter une majoration de 8 à 10 %. L'expression **Stimmt so.** (shtimt zôô) (C'est bon.) est une façon de dire à la serveuse que le montant supplémentaire est son pourboire.

TRUC

De plus en plus de restaurants allemands vous permettent de payer avec une carte bancaire – **die Kreditkarte** (*dii kré-dit-kar-te*) (carte de crédit). Ces établissements comportent des signes sur la fenêtre ou sur la porte, mentionnant les types de cartes qu'ils acceptent. Recherchez ces indications avant d'entrer s'il est important pour vous de payer de cette façon.

Si vous avez besoin d'une **Quittung** (*kvi-toung*) (reçu/facture), demandez simplement au serveur ou à la serveuse, après avoir réclamé l'addition :

Und eine Quittung, bitte. (*ount aï-ne kvi-toung, bi-te*) (Et un reçu, s'il vous plaît.)

Mots clés

zahlen	*<u>tsaa</u>-len*	payer
die Kreditkarte	*dii kré-<u>dit</u>-kar-te*	la carte de crédit
die Quittung	*dii <u>kvi</u>-toung*	le reçu
in bar zahlen	*in bar <u>tsaa</u>-len*	payer en espèces
die Rechnung	*dii <u>rèch</u>-noung*	l'addition/la facture
Stimmt so!	*shtimt zôô*	C'est bon !
Bitte, bitte	*<u>bi</u>-te, <u>bi</u>-te*	Je vous en prie.

Les courses pour manger

Vous n'avez pas toujours envie de manger au restaurant ou peut-être aimez-vous faire la cuisine vous-même. Il vous faut alors savoir à quel endroit vous rendre et ce que vous pouvez y acheter.

Voici une liste de magasins où vous pouvez acheter vos provisions, et les catérogies d'articles que vous y trouverez :

- **das Lebensmittelgeschäft** (*das <u>léé</u>-bens-mi-tel-ge-<u>shèft</u>*) (le magasin d'alimentation)
- **der Supermarkt** (*dèèr <u>zouou</u>-per-markt*) (le supermarché)
- **der Markt** (*dèèr markt*) (le marché)
- **der Feinkostladen** (*dèèr faïn-kost-la-den*) (le traiteur)
- **der Teeladen** (*dèèr tèè-la-den*) (le magasin de thé)

- **die Metzgerei** (*dii <u>mèts</u>-gue-raï*) (la boucherie)
- **die Bäckerei** (*dii <u>bè</u>-ke-raï*) (la boulangerie)
- **die Weinhandlung** (*dii <u>vaïn</u>-h'and-loung*) (le marchand de vin)
- **die Backwaren** (*dii <u>bak</u>-vaa-ren*) (les pains et pâtisseries)
- **das Gebäck** (*das gue-<u>bèk</u>*) (la pâtisserie [que l'on mange])
- **das Gemüse** (*das gue-<u>muu</u>-ze*) (le légume)
- **der Fisch** (*dèèr fish*) (le poisson)
- **das Fleisch** (*das flaïsh*) (la viande)
- **das Obst** (*das obst*) (les/des fruits [**Obst** n'a pas de pluriel])
- **die Spirituosen** (*dii shpi-ri-touou-<u>ôô</u>-zen*) (les spiritueux)

Ce que vous pouvez acheter

Vous trouverez dans ces magasins les articles suivants :

- **das Brot** (*das brôôt*) (le pain)
- **das Brötchen** (*das <u>breueut</u>-chen*) (le petit pain)
- **das Schwarzbrot** (*das <u>shvartz</u>-brôôt*) (le pain bis, le pain noir)
- **das Weißbrot** (*das <u>vaïs</u>-brôôt*) (le pain blanc)
- **der Kuchen** (*der <u>kouou</u>-ghen*) (le gâteau)
- **die Torte** (*dii <u>tor</u>-te*) (la tarte)
- **die Butter** (*dii <u>bou</u>-ter*) (le beurre)
- **der Käse** (*dèèr <u>kèè</u>-ze*) (le fromage)

- **die Milch** (*dii milch*) (le lait)
- **die Sahne** (*dii zaa-ne*) (la crème)
- **die Flunder** (*dii floun-der*) (la plie)
- **der Kabeljau** (*dèèr kaa-bel-iaô*) (le cabillaud)
- **die Krabben** (*dii kra-ben*) (les crevettes)
- **der Krebs** (*dèèr kréébs*) (le crabe)
- **die Muschel** (*dii mou-shel*) (la moule)
- **der Tunfisch** (*dèèr toun-fish*) (le thon)
- **der Apfel** (*dèèr ap-fel*) (la pomme)
- **die Banane** (*dii ba-naa-ne*) (la banane)
- **die Birne** (*dii bir-ne*) (la poire)
- **die Erdbeere** (*dii èrd-béé-re*) (la fraise)
- **die Orange** (*dii ôô-ragn-je*) (l'orange)
- **die Bratwurst** (*dii braat-vourst*) (la saucisse à griller/grillée)
- **das Rindfleisch** (*das rind-flaïsh*) (la viande de bœuf)
- **der Schinken** (*dèèr shin-ken*) (le jambon)
- **das Schweinefleisch** (*dèèr shvaï-ne-flaïsh*) (la viande de porc)
- **der Speck** (*dèèr shpèk*) (le lard/le bacon)
- **die Wurst** (*dii vourst*) (le saucisson/la saucisse)
- **das Hähnchen** (*das h'èèn-chen*) (le poulet)
- **die Bohne** (*dii bôô-ne*) (le haricot)
- **der Brokkoli** (*dèèr brôô-ko-lii*) (le brocoli)
- **die Erbse** (*dii èrp-ze*) (le pois)

- **die Gurke** (*dii gour-ke*) (le cornichon/ le concombre)
- **die Kartoffel** (*dii kar-to-fel*) (la pomme de terre)
- **der Kohl** (*dèèr kôôl*) (le chou)
- **der Kopfsalat** (*dèèr kopf-za-laat*) (la laitue)
- **die Möhre** (*dii meueu-re*) (la carotte)
- **der Paprika** (*dèèr pa-prii-ka*) (le poivron)
- **der Pilz** (*dèèr pilts*) (le champignon)
- **der Reis** (*dèèr raïs*) (le riz)
- **der Salat** (*dèèr za-laat*) (la salade)
- **das Sauerkraut** (*das zaôer-kraôt*) (la choucroute)
- **der Spinat** (*dèèr shpi-naat*) (l'épinard)
- **die Tomate** (*dii to-maa-te*) (la tomate)
- **die Zucchini** (*dii tsou-kii-ni*) (la courgette)
- **die Zwiebel** (*dii tsvii-bel*) (l'oignon)
- **der Knoblauch** (*dèèr knop-laorr*) (l'ail)
- **die Nudeln** (*dii nou-deln*) (les pâtes)
- **das Mehl** (*das méll*) (la farine)

Poids et mesures

Demander quelque chose au marché ou au supermarché met en jeu les mêmes phrases qu'au restaurant. Vous dites simplement

Ich hätter gern... (*ich h'è-te guèrn...*) (Je voudrais...)

Vous continuez la phrase en précisant s'il y a lieu la quantité désirée au moyen des unités suivantes :

- **ein/zwei Kilo** (*aïn/tsvaï kii-lôô*) (un/deux kilo[s])
- **ein/zwei Pfund** (*aïn/tsvaï pfount*) (une/deux livre[s])
- **ein/einhundert Gramm** (*aïn/aïn-houn-dert gram*) (un/cent gramme[s])
- **ein/zwei Stück** (*aïn/tsvaï shtuk*) (un/deux morceau[x])e
- **eine Scheibe/zwei Scheiben** (*aï-ne shai-be/tsvaï shaï-ben*) (une tranche/deux tranches)

Et vous terminez la phrase en spécifiant ce que vous voulez. Par exemple, si vous voulez un kilo de pommes, vous dites :

Ich hätte gern ein Kilo Äpfel. (*ich h'è-te guèrn aïn kii-lôô èp-fel*) (Je voudrais un kilo de pommes.)

GRAMMAIRE

La quantité demandée ou fournie précède directement le nom sans mot de liaison. Nous disons « une livre de pommes et une tranche de jambon », les Allemands disent **ein Pfund Äpfel und eine Scheibe Schinken**.

GRAMMAIRE

L'unité de mesure (**Liter/Pfund/Kilo/Gramm**) ainsi que le mot **Stück** sont invariables (**drei Liter Wein**, **zwei Stück Brot**), mais le mot **Scheibe** se met au pluriel s'il y a plusieurs tranches.

Chapitre 8

Faire des achats

DANS CE CHAPITRE

» Où faire ses emplettes
» Demander de l'aide
» Essayer et acheter des vêtements
» Choisir la taille, la couleur et le tissu

Faire des achats dans un autre pays peut être une excellente occasion d'en découvrir la culture et de rencontrer ses habitants. Entrez dans des magasins spécialisés ou, si vous avez moins de temps, rendez vous dans l'un des grands magasins que l'on trouve dans toutes les villes d'une certaine importance.

Les centres-ville tendent à être assez denses, vous invitant à flâner, et sont des endroits propices au lèche-vitrine – (**der**) **Schaufensterbummel** (*shaô-fèns-ter-bou-mel*) (littéralement : balade [le long des] vitrines).

Où faire des achats en ville

Voici les principaux emplacements où vous pouvez faire vos achats :

» **das Kaufhaus** (*das kaôf-h'aôs*) (le grand magasin)
» **das Fachgeschäft** (*das fagh-gue-shèft*) (le magasin spécialisé)

- **die Boutique** (*dii bouou-tiik*) (un petit magasin, souvent élégant, vendant des vêtements ou des cadeaux)
- **der Bioladen** (*dèèr bio-la-den*) (magasin qui propose des produits bio)
- **der Weltladen** (*dèèr vèlt-la-den*) (boutique de commerce équitable)
- **die Drogerie** (*dii dro-gue-ri*) (magasin typique des pays germanophones où l'on peut acheter des produits d'entretien, d'hygiène, pour les cheveux et pour le corps).
- **die Buchhandlung** (*dii bouough-h'and-loung*) (la librairie)
- **die Fußgängerzone** (*dii fouous-guèn-guer-tsôô-ne*) (la zone piétonnière)
- **der Kiosk** (*dèèr kii-osk*) (le kiosque)
- **der Flohmarkt** (*dèèr flôô-markt*) (le marché aux puces)

Les heures d'ouverture

CULTURE

De manière générale, les magasins sont ouverts de 9 h à 20 h. Les magasins alimentaires peuvent ouvrir dès 7 h. Traditionnellement, les magasins sont fermés le dimanche et les jours fériés. Berlin, en tant que capitale, est la ville la plus libérale en termes d'ouverture dominicale.

Il est donc prudent de se renseigner, ce que vous pouvez faire en téléphonant ou en allant au magasin, pour poser l'une des questions ci-après :

- » **Wann öffnen Sie?** (*van euf-nen zii*) (Quand ouvrez-vous ?)
- » **Wann schließen Sie?** (*van shlii-sen zii*) (Quand fermez-vous ?)
- » **Haben Sie mittags geöffnet?** (*h'aa-ben zii mi-taagks gue-euf-net* (tes-vous ouvert à l'heure du déjeuner ?)
- » **Um wieviel Uhr schließen Sie am Samstag?** (*oum vii-fiil ouour shlii-sen zii am zams-tagk*) (À quelle heure fermez-vous le samedi ?)

Dans un grand magasin

Si vous avez besoin d'aide pour trouver un article dans un grand magasin, vous pouvez vous adresser au comptoir d'information – **die Auskunft** (*dii aôs-kounft*) ou **die Information** (*dii in-for-ma-tsiôôn*).

Vous pouvez demander l'article en indiquant son nom au moyen de l'une des deux expressions suivantes, en la complétant du pluriel de l'objet cherché :

- » **Wo bekomme ich… ?** (*vôô be-ko-me ich*) (Où est-ce que je me procure… ?)
- » **Wo finde ich… ?** (*vôô fin-de ich*) (Où est-ce que je trouve… ?)

On vous répondra… **führen wir nicht** (*… fuu-ren viir nicht*) (Nous ne vendons pas…) ou vous serez dirigé vers le rayon approprié du magasin, grâce à l'une des expressions suivantes :

- » **Im Erdgeschoss.** (*im èrd-gue-shos*) (Au rez-de-chaussée. [**das Erdgeschoss**])

- **Im Untergeschoss.** (*im oun-ter-gue-shos*) (Au sous-sol.)
- **In der... Etage.** (*in dèèr... é-taa-je*) (Au... étage. [**die Etage** en allemand])
- **Im... Stock.** (*im... shtok*) (Au... étage.)
- **Eine Etage höher.** (*aï-ne é-taa-je h'eu-er*) (Un étage plus haut.)
- **Eine Etage tiefer.** (*aï-ne é-taa-je tii-fer*) (Un étage plus bas.)

Si vous voulez vous promener dans un rayon particulier ou savoir comment passer d'un étage à l'autre du magasin, vous pouvez vous servir de l'expression **Wo finde ich... ?** (*vôô fin-de ich*) (Où puis-je trouver... ?), suivie du nom du rayon ou de l'endroit que vous désirez utiliser, en mettant l'article et le nom à l'accusatif :

- **Haushaltsgeräte** (*h'aôs-h'alts-ge-rèè-te*) (des appareils ménagers [**das Haushaltsgerät]**)
- **die Herrenabteilung** (*dii hè-ren-ab-taï-loung*) (le rayon messieurs)
- **die Damenabteilung** (*dii daa-men-ab-taï-loung*) (le rayon dames)
- **die Kinderabteilung** (*dii kin-der-ab-taï-loung*) (le rayon enfants)
- **die Schuhabteilung** (*dii shouou-ab-taï-loung*) (le rayon des chaussures)
- **der Aufzug/der Fahrstuhl** (*déér aôf-tsougk/déér faar-shtououl*) (l'ascenseur)
- **die Rolltreppe** (*dii rol-trè-pe*) (l'escalier roulant)

Demander poliment

Dire « s'il vous plaît » et « excusez-moi » peut vous être d'un grand secours dans n'importe quelle situation. Si vous faites des courses, ces mots magiques peuvent faire la différence entre une réponse calme, claire et prononcée lentement, et un service laissant à désirer.

Dire s'il vous plaît

TRUC

Si vous demandez à quelqu'un de vous aider (ou d'ailleurs n'importe quoi d'autre), cela vaut la peine d'ajouter **bitte** (*bi-te*) (s'il vous plaît) à votre demande. Vous pouvez ajouter **bitte** à pratiquement n'importe quelle question, y compris les expressions listées dans le paragraphe précédent. On peut placer ce mot à différents endroits, mais il est plus facile, et généralement moins risqué du point de vue grammatical de le placer à la fin de votre demande. Par exemple :

- **Wo finde ich Schuhe, bitte?** (*vôô fin-de ich shouou-e, bi-te*) (Où puis-je trouver des chaussures, s'il vous plaît ?)
- **Wo ist der Aufzug, bitte?** (*vôô ist dèèr aôf-tsougk, bi-te*) (Où est l'ascenseur, s'il vous plaît?)

Dire excusez-moi

Quand vous demandez de l'aide, vous pouvez être particulièrement aimable et insérer **Entschuldigen Sie, bitte...** (*ènt-shoul-di-guen zii, bi-te*) (Excusez [-moi], s'il vous plaît) au début de votre demande. Cela prend un peu de temps parce que ce n'est pas bien facile à prononcer ? Ne vous inquiétez pas, les gens comprendront tout de suite ce que vous dites. En outre, ce début de phrase donne à la personne à qui vous vous adressez le temps de se focaliser et de vous écouter, et quand vous dites effectivement ce que vous voulez, elle est en phase avec vous.

Voici des exemples de l'utilisation de cette expression au début d'une question :

- **Entschuldigen Sie, bitte, wo sind die Toiletten?** (*ènt-shoul-di-guen zii, bi-te, vôô zint dii to-aa-lè-ten*) (Excusez-moi, s'il vous plaît, où sont les toilettes ?)
- **Entschuldigen Sie, bitte, wo finde ich Wintermäntel?** (*ènt-shoul-di-guen zii, bi-te, vôô fin-de ich vin-ter-mèn-tel*) (Excusez-moi, s'il vous plaît, où puis-je trouver des manteaux d'hiver?)

Si c'est trop long pour vous, placez le mot **Entschuldigung** (*ènt-shoul-di-goung*) (Pardon) devant ce que vous allez demander :

Entschuldigung. Wo ist der Ausgang, bitte? (*ènt-shoul-di-goung, vôô ist dèèr aôs-gang, bi-te*) (Pardon. Où est la sortie, s'il vous plaît ?)

Regarder seulement

Parfois vous voulez seulement regarder vous-même les articles sans l'assistance de personne. Cependant, le personnel du magasin peut vous offrir son aide en disant par exemple :

- **Suchen Sie etwas Bestimmtes?** (*zouou-ghen zii èt-vas be-shtim-tes*) (Cherchez-vous quelque chose en particulier ?)
- **Kann ich Ihnen behilflich sein?** (*kan ich ii-nen be-h'ilf-lich zaïn*) (Puis-je vous aider ?)

Si votre intention est simplement de regarder, l'expression suivante vous permet de refuser poliment l'assistance proposée :

Ich möchte mich nur umsehen. (*ich meuch-te mich nouour oum-zéé-en*) (Je voudrais seulement regarder.)

Le vendeur ou la vendeuse vous fera sans doute savoir que vous êtes libre de regarder à votre guise par l'une des phrases suivantes :

» **Aber natürlich. Sagen Sie Bescheid, wenn Sie eine Frage haben.** (*aa-ber na-tuur-lich. zaa-guen zii be-shaït, vèn zii aï-ne fraa-gue h'aa-ben*) (Mais naturellement. Prévenez-moi, si vous avez une question.)

» **Rufen Sie mich, wenn Sie eine Frage haben.** (*rouou-fen zii mich, vèn zii aï-ne fraa-gue h'aa-ben*) (Appelez-moi, si vous avez une question.)

Obtenir de l'assistance

Dans certaines situations, vous pouvez souhaiter une assistance ou en avoir vraiment besoin. Voici quelques phrases appropriées :

» **Würden Sie mir bitte helfen? Ich suche…** (*vuur-den zii mir bi-te h'èl-fen? ich zouou-ghe…*) (Pourriez-vous m'aider s'il vous plaît ? Je cherche…)

» **Aber gern, hier entlang bitte.** (*aa-ber guèrn, h'iir ènt-lang bi-te*) (Mais avec plaisir, par ici s'il vous plaît.)

» **Welche Größe suchen Sie?** (*vèl-che greueu-se zouou-ghen zii*) (Quelle taille cherchez-vous ?)

- **Welche Farbe soll es sein?** (*vèl-che far-be sol ès zaïn*) (De quelle couleur voulez-vous que ce soit ?)
- **Wie gefällt Ihnen diese Farbe?** (*vii ge-fèlt ii-nen dii-ze far-be*) (Comment trouvez-vous cette couleur ?)
- **Ich möchte das da vom Schaufenster anprobieren.** (*ich meush-teu dass da vom chao-fèn-ster an'prô-bî-ren*) (Je voudrais essayer celui qui est en vitrine.)
- **Ich habe Schuhgröße...** (*ich ha-beu chou-greu-sseu*) (Je chausse du...)
- **Haben Sie es nicht in einer anderen Farbe?** (*ha-beun zi ess nisht in aï-neur an-de-reun far-beu*) (Est-ce que vous l'avez aussi dans une autre couleur ?)
- **Haben Sie es in blau?** (*ha-beun zii ès in blaou*) (Est-ce que vous l'avez en bleu?)
- **Haben Sie es in einer kleineren / größeren Größe?** (*Ha-beun' zi ess in 'aï-neur klaï-ne-reun / greu-sse-reun greu-sseu*) (Est-ce que vous l'avez dans une plus petite / plus grande taille ?)
- **Ich möchte das zurückgeben, es paßt nicht.** (*ich meush-teu das tsou-ruk-gué-beun, das passt nisht*) (Je voudrais rendre ceci, ça ne va pas.)
- **Kann ich es umtauschen?** (*kànn ish èss oum-tao-shen*) (Est-ce que je peux le changer ?)
- **Haben Sie ein passendes Oberteil?** (*ha-ben zi aïn passen-dess ober-taïl*) (Est-ce que vous avez un haut assorti ?)

» **Können Sie bitte meine Maße nehmen?** (*keu-nen zi bite maïne masse né-men*) (Pouvez-vous prendre mes mesures ?)

» **Kann man es in der Maschine waschen?** (*kan man èss in dèèr ma-chine va-chen*) (Est-ce lavable en machine ?)

Mots clés

die Abteilung	*dii ab-taï-loung*	le rayon
hier entlang	*h'iir ent-lang*	par ici
gefallen	*ge-fa-len*	plaire
die Größe	*dii greueu-se*	la taille
die Farbe	*dii far-be*	la couleur

Achat de vêtements

Comme dans d'autres langues dont le français, certains noms d'objets vestimentaires sont unisexes en allemand, d'autres désignent uniquement des objets destinés à l'un des deux sexes.

Voici d'abord quelques articles pour femmes :

» **die Bluse** (*dii blouou-ze*) (le corsage)

» **das Kleid** (*das klaïd*) (le costume/la robe)

» **das Kostüm** (*das kos-tuum*) (l'ensemble)

» **der Hosenanzug** (*dèèr h'ôô-zen-an-tsougk*) (le costume avec pantalon)

» **der Rock** (*dèèr rok*) (la jupe)

Les mots suivants s'appliquent surtout aux vêtements pour hommes :

- **das Oberhemd** (*das <u>ôô</u>-ber-h'èmt*) (la chemise)
- **der Anzug** (*dèèr <u>an</u>-tsougk*) (le costume)

Les articles suivants peuvent être portés aussi bien par des hommes que par des femmes :

- **der Pullover** (*dèèr pou-<u>lôô</u>-ver*) (le pullover)
- **die Jacke** (*dii <u>ia</u>-ke*) (le cardigan/la veste)
- **der Blazer** (*dèèr <u>blèè</u>-zer*) (le blazer)
- **die Krawatte** (*dii kra-<u>va</u>-te*) (la cravate)
- **der Mantel** (*dèèr <u>man</u>-tel*) (le manteau)
- **die Hose** (*dii <u>h'ôô</u>-ze*) (le pantalon)
- **das Hemd** (*das h'èmd*) (la chemise)
- **das T-Shirt** (*das <u>ti</u>-sheurt*) (le T-shirt)
- **die Handschuhe** (*dii han-tchoueu*) (les gants)
- **der Schal** (*dèèr châl*) (l'écharpe)
- **die Jeans** (*dii djins*) (le jean)
- **der Gürtel** (*dèèr gur-teul*) (la ceinture)
- **der Hut** (*dèèr hout*) (le chapeau)
- **die Socken** (*dii zo-keun*) (les chaussettes)

Tous ces articles peuvent avoir différents styles et utiliser différents matériaux, par exemple :

- **die Seide** (*dii <u>zaï</u>-de*) (la soie)
- **die Wolle** (*dii <u>vo</u>-le*) (la laine)
- **die Baumwolle** (*dii <u>baôm</u>-vo-le*) (le coton)

- » **das Leinen** (*das laï-nen*) (le lin)
- » **das Leder** (*das léé-der*) (le cuir)
- » **die Kunstfaser** (*dii kounst-fa-zer*) (le synthétique)
- » **gestreift** (*gue-shtraïft*) (rayé)
- » **kariert** (*ka-riirt*) (à carreaux)
- » **geblümt** (*gue-bluumt*) (à fleurs)
- » **gepunktet** (*gue-pounk-tet*) (avec des points)
- » **einfarbig** (*aïn-far-bigk*) (uni)
- » **sportlich** (*shport-lish*) (de sport)
- » **elegant** (*é-lé-gann't*) (élégant)

Les couleurs

Et ils peuvent être de différentes couleurs :

- » **schwarz** (*shvarts*) (noir)
- » **weiß** (*vaïs*) (blanc)
- » **rot** (*rôôt*) (rouge)
- » **grün** (*gruun*) (vert)
- » **gelb** (*guèlp*) (jaune)
- » **blau** (*blaô*) (bleu)
- » **beige** (*bèch*) (beige)
- » **bunt** (*bount*) (multicolore)
- » **braun** (*braon*) (marron)
- » **grau** (*grao*) (gris)
- » **silber** (*zil-beur*) (argenté)
- » **golden** (*gôl-deun*) (doré)

- **rosa** (*rôza*) (rose)
- **weinrot** (*vaïn-rot*) (bordeaux)

Les tailles

Si vous connaissez la taille appropriée en France, vous n'aurez aucune difficulté à trouver les vêtements correspondants en Allemagne, qu'il s'agisse de vêtements féminins ou masculins : il vous suffit de choisir la taille immédiatement inférieure. Un 40 français correspond à un 38 allemand.

L'essayage

Ayant trouvé quelque chose qui vous paraît intéressant, vous voulez probablement l'essayer. Vous pouvez poser la question suivante à la vendeuse, en y insérant le nom de l'article concerné :

Kann ich... anprobieren? (*kan ich... an-pro-bii-ren*) (Puis-je essayer...)

La vendeuse peut aussi vous proposer de l'essayer et vous dire :

Möchten Sie... anprobieren? (*meuch-ten zii... an-pro-bii-ren*) (Voulez-vous essayer... ?)

Dans les deux cas, le but est d'accéder à une cabine d'essayage, au sujet de laquelle vous pouvez vous renseigner en disant :

Wo sind die Umkleidekabinen? (*vôô zint dii oum-klaï-de-ka-bii-nen*) (Où sont les cabines d'essayage ?)

Après l'essai du vêtement, la vendeuse peut vous poser l'une des questions suivantes pour apprendre si vous avez aimé ce que vous venez d'essayer :

- **Passt... ?** (*past...*) (... vous va-t-il/elle ?)
- **Wie passt... ?** (*vii past...*) (Comment vous va... ?)
- **Gefällt Ihnen... ?** (*gue-fèlt ii-nen...?*) (... vous plaît-il/elle ?)

Vous pouvez répondre de l'une des manières suivantes selon la façon dont s'est passé l'essayage :

- **Nein,... ist zu lang/kurz/eng/weit/groß/klein.** (*naïn... ist tsou lang/kourts/èng/vaït/gros/klaïn*) (Non,... est trop long/court/étroit/large/grand/petit.)
- **Können Sie mir eine andere Größe bringen?** (*keu-nen zii mir aï-ne an-de-re greueu-se brin-guen*) (Pouvez-vous m'apporter une autre taille ?)
- **... passt sehr gut.** (*...past zéér gouout*) (... est tout à fait ma taille.)
- **... steht mir.** (*... shtéét mir*) (... me va bien.)
- **... gefällt mir.** (*... ge-fèlt mir*) (... me plaît.)
- **Ich nehme...** (*ich néé-me*) (Je prends...)
- **Ich muss es mir noch überlegen.** (*ich mouss èss mir norr uber-lé-guen*) (Je vais réfléchir.)

Payer la facture

La plupart du temps, quand vous faites des achats, l'article comporte une étiquette vous disant exactement ce qu'il coûte. Le prix indiqué est celui que vous payez à la caisse, y compris la TVA. Si vous ne résidez pas dans un pays de l'Union européenne, vous pouvez le plus souvent obtenir un remboursement de la TVA en quittant l'UE. La TVA s'appelle **die Mehrwertsteuer (Mwst)** (*dii méér-vèrt-shtoïer*) en allemand.

De temps à autre, vous pouvez vous trouver dans une situation où il vous faut demander **der Preis** (*dèèr praïs*) (le prix) d'un article, si par exemple l'étiquette comportant le prix s'est détachée. Voici comment poser la question :

» **Was kostet... ?** (*vas kos-tet*) (Combien coûte... ?)

» **Wieviel kostet... ?** (*vii-fiil kos-tet*) (Combien coûte... ?)

Mots clés

kosten	*kos-ten*	coûter
der Preis	*dèèr praïs*	le prix
die Mehrwertsteuer	*dii méér-vèrt-shtoï-er*	la TVA

Les comparaisons

En français, les comparaisons mettent en jeu un adverbe comme « plus » (ou moins), un adjectif ou un adverbe et le mot « que ».

Pour dire plus..., l'allemand utilise systématiquement une forme spéciale de l'adjectif ou de l'adverbe, obtenue en lui ajoutant la désinence **-er** : **schön** (*sheueun*) (beau) devient alors **schöner** (*sheuu-ner*) (plus beau), et dans certains cas en le dotant aussi d'un **Umlaut** : **lang** (*lang*) (long) devient ainsi **länger** (*lèn-guer*) (plus long). Le mot reliant les deux termes de la comparaison est **als**. Voici quelques exemples :

» **Die grünen Schuhe sind teurer als die weißen.** (*dii gruu-nen shouou-e zint toï-rer als dii vaï-sen*) (Les chaussures vertes sont plus chères que les blanches.)

» **Das blaue Kleid gefällt mir besser als der grün-weiß gestreifte.** (*das blaô-e klaït gue-fèlt mir bè-ser als dèèr gruun-vaïs gue-shtraïf-te*) (La robe bleue me plaît mieux que celle à rayures bleues et vertes.)

» **Der gelbe Rock ist länger als der schwarze.** (*dèèr guèl-be rok ist lèèn-guer als dèèr shvart-se*) (La jupe jaune est plus longue que la noire.)

» **Hamburg ist größer als Düsseldorf.** (*h'am-bourg ist greueu-ser als du-sel-dorf*) (Hambourg est plus grand que Dusseldorf.)

Chapitre 9

Faire des visites

DANS CE CHAPITRE

- **Dire l'heure**
- **S'informer sur les films, les musées et le théâtre**
- **Parler des distractions**

Ce chapitre est consacré aux réjouissances – qu'il s'agisse d'aller voir un film, une pièce de théâtre ou une exposition. Les lieux de spectacle, les musées, les galeries d'art et les expositions sont très nombreux en Allemagne, où les institutions culturelles sont aidées par des fonds des États ou de l'administration fédérale. Pour en profiter, renseignez-vous sur ces établissements. Tout comme en France, la presse comporte des guides hebdomadaires des événements d'une région (**der Veranstaltungskalender** (*dèèr fer-an-shtal-toung ka-lèn-der*) (le calendrier des événements).

Avant de vous lancer dans un programme de découverte des richesses culturelles et des distractions, vous avez besoin de connaître au moins les noms des jours de la semaine et la façon de dire l'heure en allemand.

Dire l'heure

Alors que le français dispose du mot heure, et d'autres mots pour désigner les instruments qui permettent de savoir l'heure (montre, horloge, cadran solaire...), l'allemand se sert du mot de base **die Uhr** (*dii ouour*) (la pendule/montre/…) pour désigner tout ce qui sert à mesurer le temps – le terme générique **Uhr** étant éventuellement complété pour former un mot composé comme **die Armbanduhr** (*dii arm-band-ouour*) (la montre-bracelet). Le terme générique **Uhr** sert aussi pour indiquer ou demander l'heure. (Il y a bien un mot qui signifie « heure » : **die Stunde** (*dii shtoun-de*), mais il ne sert pas à demander ou dire l'heure qu'il est.)

Demander l'heure

La plupart des gens portent une montre pour ne pas avoir à demander l'heure, mais en cas d'oubli, de perte ou de défaillance, il est bon de savoir poser la question :

» **Wieviel Uhr ist es?** (*vii-fiil ouour ist ès*) (Quelle heure est-t-il ?)

» **Wie spät ist es?** (*vii shpèèt ist ès*) (Quelle heure est-il ?)

N'OUBLIEZ PAS

En approchant quelqu'un pour lui demander l'heure, vous pouvez, comme d'habitude, rendre votre requête un peu plus courtoise en ajoutant les mots **Entschuldigen Sie, bitte** (*ènt-shoul-di-guen zii, bi-te*) (Excusez-moi, s'il vous plaît) au début de votre question.

L'heure à la manière ancienne : de 1 à 12

Les locuteurs allemands peuvent utiliser deux approches pour dire l'heure : la manière ancienne qui reprend les nombres figurant sur une horloge standard (1 à 12) ; ou celle basée sur le cycle de 24 heures, décrite dans la section suivante.

Vous pouvez librement choisir entre ces deux systèmes. Comme en France, beaucoup de gens utilisent le format sur 12 heures en parlant de manière informelle, et ont recours au format sur 24 heures lorsqu'ils veulent être absolument sûrs qu'il ne peut y avoir de malentendu, par exemple en discutant d'horaires. De nombreux locuteurs préfèrent utiliser en toutes circonstances le format 24 heures, et les entreprises de transport, les théâtres et les cinémas indiquent leurs horaires sur 24 heures.

L'heure pile

Il est très facile de dire l'heure quand l'aiguille des minutes est sur zéro :

Es ist... Uhr. (*ès ist... ouour*) (Il est... heures.)

en choisissant le nombre correspondant à l'heure. (Voir le chapitre 2 pour plus d'informations sur les nombres en allemand.) Exemple : **Es ist zehn Uhr.** (*ès ist tséén ouour*) (Il est dix heures).

Un quart d'heure ou une demi-heure avant ou après l'heure

Les choses se compliquent un peu un quart d'heure avant ou après l'heure. Les expressions suivantes vous montrent comment utiliser le mot allemand qui veut dire quart (il vous suffit d'insérer l'heure appropriée) :

- **Es ist Viertel nach...** (*ès ist fiir-tel nagh...*) (Il est... et quart.) Exemple : **Es ist Viertel nach drei.** (*ès ist fiir-tel nagh draï*) (Il est trois heures et quart.)
- **Es ist Viertel vor...** (*ès ist fiir-tel fôôr...*) (Il est... moins le quart.) Exemple : **Es ist Viertel vor zwölf.** (*ès ist fiir-tel fôôr tsveulf*) (Il est midi moins le quart.)

La demi-heure mérite davantage d'explications. Les germanophones pensent à l'avenir quand la moitié d'une heure est écoulée. Au lieu de se repérer sur l'heure précédente, ils se situent une demi-heure avant l'heure suivante. En allemand, quand il est 4 heures 30, vous dites qu'il est une demi-heure avant 5 heures et non une demi-heure après 4 heures. Pour dire 4 heures 30, vous dites **Es ist halb fünf** (*ès ist h'alp fuunf*).

Es ist halb... (*ès ist h'alp*) (Il est une demi-heure avant...)

Quelques minutes avant ou après

Vous pouvez aussi vouloir indiquer une heure qui ne peut s'exprimer en heures entières, demi-heure et quart d'heure. Il faut alors recourir aux minutes, en précisant si elles précèdent ou suivent l'heure. Par exemple :

- **Es ist fünf Minuten vor zwölf.** (*ès ist fuunf mi-nouou-ten fôôr tsveulf*) (Il est midi moins cinq.)
- **Es ist zwanzig Minuten nach sechs.** (*ès ist tsvan-tsigk mi-nouou-ten nagh zèks*) (Il est 6 heures 20.)

N'OUBLIEZ PAS

Il est très courant de négliger le mot **Minuten** dans des expressions telles que les précédentes. **Es ist fünf vor zwölf** veut dire exactement la même chose que **Es ist fünf Minuten vor zwölf**.

De 0 à 24 heures

Ce système est rigoureusement parallèle à celui utilisé en France : après avoir compté les heures jusqu'à 12, on continue d'en ajouter jusqu'à 24 ou **Mitternacht** (*mi-ter-naght*) (minuit), ou encore **null Uhr** (*noul ouour*) (zéro heure).

Il n'est plus question ici de demi-heure ni de quart d'heure, mais seulement d'heures et de minutes après l'heure :

- **Es ist 15 Uhr dreißig.** (*ès ist fuunf-tséén ouour draï-sish*) (Il est 15 heures 30.)
- **Es ist 21 Uhr fünfzehn.** (*ès ist aïn-ount-tsvan-tsish ouour fuunf-tséén*) (Il est 21 heures 15.)
- **Es ist 22 Uhr vierundvierzig.** (*ès ist tsvaï-ount-tsvan-tsish ouour fiir-ount-fiir-tsish*) (Il est 22 heures 44.)
- **Es ist null Uhr siebenundreißig.** (*ès ist noul ouour zii-ben-ount-draï-sigk*) (Il est zéro heure 37.)

Les moments de la journée

Voici les principales divisions de la journée en allemand, parallèles aux divisions faites en français, avec un « avant-midi », symétrique de l'après-midi :

- **der Morgen** (*dèèr mor-guen*) (le matin : de 4 h à midi)
- **der Vormittag** (*dèèr fôôr-mi-tagk*) (la matinée : de 9 h à midi)
- **der Mittag** (*dèèr mi-tagk*) (le midi : de 12 h à 14 h)
- **der Nachmittag** (*dèèr nagh-mi-tagk*) (l'après-midi : de 14 h à 18 h)
- **der Abend** (*dèèr aa-bent*) (le soir/la soirée : de 18 h à minuit)
- **die Nacht** (*dii naght*) (la nuit : de minuit à 4 h)

Les plages de temps indiquées ci-dessus ne doivent évidemment pas être prises à la lettre, les gens pouvant avoir des notions un peu différentes du début et de la fin d'une période de la journée.

Les jours de la semaine

Les programmes des spectacles vous diront à quelles heures un film ou une pièce se joue tel ou tel jour, mais si vous ne connaissez pas les noms des jours de **die Woche** (*dii vo-ghe*) (la semaine), vous risquez de rater votre sortie.

Les noms des jours

Les jours de la semaine sont des noms tous masculins (**der**), mais on les utilise en général sans article. Par exemple, pour dire « aujourd'hui c'est lundi », vous dites **Heute ist Montag** (*h'oï-te ist môôn-tagk*). Voici les sept jours de la semaine :

- **Montag** (*môôn-tagk*) (lundi)
- **Dienstag** (*diins-tagk*) (mardi)
- **Mittwoch** (*mit-vogh*) (mercredi)
- **Donnerstag** (*do-ners-tagk*) (jeudi)
- **Freitag** (*fraï-tagk*) (vendredi)
- **Samstag/Sonnabend** (*zams-tagk/zon-aa-bent*) (samedi)
- **Sonntag** (*zon-tagk*) (dimanche)

La forme utilisée ci-après (il s'agit d'un adverbe, donc sans majuscule) sert à indiquer que quelque chose se passe toujours un jour particulier de la semaine. Par exemple, vous pouvez arriver devant un restaurant ou un musée et constater qu'il est fermé. Il peut y avoir sur la porte un écriteau avec la mention **montags geschlossen** (*môôn-tagks gue-shlo-sen*) (fermé le lundi) :

- **montags** (*môôn-tagks*) (le lundi)
- **dienstags** (*diins-tagks*) (le mardi)

- **mittwochs** (*mit-voghs*) (le mercredi)
- **donnerstags** (*do-ners-tagks*) (le jeudi)
- **freitags** (*fraï-tagks*) (le vendredi)
- **samstags/sonnabends** (*zams-tagks/zon-aa-bents*) (le samedi)
- **sonntags** (*zon-tagks*) (le dimanche)

Un jour par rapport à aujourd'hui

En allemand comme en français, vous n'évoquez pas systématiquement les jours en les appelant par leur nom. Si par exemple nous sommes lundi et si vous vous référez à un événement qui se passe le mardi, vous ne direz pas « c'est prévu pour mardi », mais « c'est prévu pour demain ». Voici les termes allemands correspondants :

- **heute** (*h'oï-te*) (aujourd'hui)
- **gestern** (*guès-tern*) (hier)
- **vorgestern** (*fôôr-guès-tern*) (avant-hier)
- **morgen** (*mor-guen*) (demain)
- **übermorgen** (*uu-ber-mor-guen*) (après-demain)

Et pour préciser le moment de la journée en même temps que le jour, vous pouvez combiner les mots précédents avec les noms figurant sous le titre « Les moments de la journée » plus haut dans ce chapitre. Voici quelques exemples :

- **heute Morgen** (*h'oï-te mor-guen*) (ce matin)
- **heute Vormittag** (*h'oï-te fôôr-mi-tagk*) (aujourd'hui dans la matinée)
- **gestern Abend** (*guès-tern aa-bent*) (hier soir)

Mots clés

das Kino	*das kii-nô*	le cinéma
der Spielfilm	*dèèr shpiil-film*	le long métrage
die Vorstellung	*dii fôôr-shtè-loung*	la séance
die Karte	*dii kar-te*	le billet/ticket
die Eintrittskarte	*dii aïn-trits-kar-te*	le billet/ticket d'entrée
der Platz	*dèèr plats*	la place
sehen	*zéé-en*	voir
laufen	*laô-fen*	passer

Qu'aimeriez-vous faire ?

Pour échanger des idées sur ce que vous pourriez faire lors de votre séjour dans un pays de langue allemande, vous pourriez demander :

Was wollen wir unternehmen? (*vas vo-len vir ounter-néé-men*) (Que voulons-nous faire ?)

C'est une formule courante pour demander à quelqu'un ce que vous pourriez faire ensemble.

Voici quelques expressions pour vous renseigner sur les projets d'une autre personne :

- **Haben Sie (heute Abend) etwas vor?** (*h'aa-ben zii [h'oï-te aa-bent] èt-vas fôôr*) (Avez-vous prévu de faire quelque chose [ce soir] ?)

» **Hast du (morgen Vormittag) etwas vor?** (*h'ast dou [mor-guen fôôr-mi-tagk] èt-vas fôôr?*) (Prévois-tu de faire quelque chose [demain matin] ?)

» **Haben Sie (heute Abend) Zeit?** (*h'aa-ben zii [hoï-te aa-bent] tsaït?*) (Avez-vous du temps [ce soir] ?)

Visite d'un musée

L'Allemagne a une longue et riche tradition culturelle et compte de très nombreux musées répartis sur tout son territoire. La plupart des musées allemands reçoivent des fonds d'un État ou de l'administration fédérale, les tickets d'entrée sont donc très abordables.

Si l'art vous intéresse, vous devez faire attention au mot **Kunstmuseum** (*kounst-mou-zéé-oum*) (musée des Beaux-arts). Pour découvrir les trésors artistiques d'une région, allez voir le **Landesmuseum** (*lan-des-mou-zéé-oum*) (musée de l'État) situé dans la capitale de chaque État.

Pour les passionnés d'histoire, il y a le **Historisches Museum** (*h'is-tôô-ri-shes mou-zéé-oum*) (musée d'Histoire), et si vous êtes fascinée par l'histoire naturelle, visitez le **Naturgeschichtliches Museum** (*na-touour-gue-shich-tli-ches mou-zéé-oum*) (musée d'Histoire naturelle). Vous trouverez des musées spécialisés dans presque tous les aspects de la culture.

La prochaine fois que quelqu'un vous demande ce que vous aimeriez faire, dite simplement :

Ich möchte ins Museum gehen. (*ich meuch-te ins mou-zéé-oum guéé-en*) (Je voudrais aller au musée.)

CULTURE

FERMÉ LE LUNDI

Amateurs de musées, attention : en Allemagne comme dans beaucoup de pays européens dont la France, de nombreux musées et autres institutions culturelles sont fermés le lundi, **montags geschlossen** (*mon-tagks gue-shlo-sen*). Vérifiez bien les heures d'ouverture, **die Öffnungszeiten** (*dii euf-noungs-tsaï-ten*), avant de vous y rendre.

Si vous voulez ne pas rater une exposition, voici les phrases à utiliser :

- **Ich möchte die... Ausstellung sehen.** (*ich meuch-te dii...aôs-shtè-loung zéé-en*) (Je voudrais voir l'exposition...)
- **In welchem Museum läuft die... Ausstellung?** (*in vèl-chem mou-zéé-oum loïft dii... aôs-shtè-loung*) (Dans quel musée se déroule l'exposition ?)
- **Ist das Museum sonntags geöffnet?** (*ist das mou-zéé-oum zon-tagks gue-euf-net*) (Le musée est-il ouvert le dimanche ?)
- **Um wieviel Uhr öffnet das Museum?** (*oum vii-fiil ouour euf-net das mou-zéé-oum*) (À quelle heure le musée ouvre-t-il ?)
- **Haben Sie eine Sonderausstellung?** (*h'aa-ben zii aï-ne zon-der-aôs-shtè-loung*) (Avez-vous une exposition particulière ?)
- **Wieviel kostet der Eintritt ins Museum?** (*vi fil kos-tet dèr aïn-tritt ins mou-zéoum*) (Combien coûte une entrée au musée ?)

» **Gibt es Ermäßigungen für Kinder / Studierende / Senioren?** (*guipt èss èr-mèss-igoung-guen fur kin-der / chtou-di-ren-de / zé-nio-ren*) (Y a-t-il des réductions enfants / étudiants / seniors ?)

» **Haben Sie die Prospekte aus Französisch?** (*ha-ben zi dii pros-pèk-te aof frants-zeu-zich*) (Est-ce que vous avez la documentation en français ?)

» **Gibt es Führungen auf Französisch?** (*guipt èss fu-roun-guen aof frants-zu-zich*) (Y a-t-il des visites guidées en français ?)

» **Ich möchte eine Sammelkarte für mehrere Museen.** (*ich meush-te aï-ne za-mel-kar-te fur mé-re-rer mou-zéen*) (Je voudrais une carte d'entrée pour plusieurs musées.)

» **Ich möchte einen Audioguide auf französisch.** (*ich meush-te aï-nen aodio-guaït aof frants-zeu-zich*) Je voudrais un guide audio en français.)

Chapitre 10
Utiliser des services

DANS CE CHAPITRE

- **Aller chez le coiffeur**
- **Se refaire une beauté chez l'esthéticienne**
- **Se détendre au sauna**
- **Nettoyer ses vêtements au pressing**
- **Prendre des photos**

Vous avez mérité ces vacances et vous avez envie non seulement de vous reposer mais d'en profiter pour prendre soin de vous, pour vous faire dorloter, évacuer les soucis, qu'on vous prenne en charge. Votre aspiration au bien-être pourra alors prendre la forme de massages, de cures thermales, etc. Ça tombe bien les allemands adorent prendre soin d'eux, vous trouverez de nombreux centres de bien-être (sauna, hammam...) et de nombreux centres de cures thermales surtout dans le sud du pays. Et les prix sont bien plus abordables qu'en France.

Malgré tout, même en vacances, il arrive que le quotidien reprenne le dessus : le linge sale qui s'entasse, une vilaine tache sur votre chemisier préféré, un problème d'appareil photo...

Dans ce chapitre, vous apprendrez à prendre un rendez-vous chez le coiffeur, lui demander ce que vous voulez, faire une lessive dans une laverie automatique. Vous découvrirez également le vocabulaire utile en rapport avec la photo. Enfin, vous apprendrez à exprimer le futur et la possession en allemand.

Les cheveux dressés sur la tête

Le soleil (oui même en Allemagne !!), l'eau de mer et le chlore de la piscine abîment vos cheveux. Votre coupe ne ressemble plus à rien et vous souhaitez reprendre forme humaine. Pas de soucis, un coiffeur allemand vous attend au coin de la rue, il est prêt à dégainer **der Kamm** (*der kam*) (peigne), **die Schere** (*di chéreu*) (ciseaux) et **der Haartrockner** (*der Haartrokeneur*) (sèche-cheveux) !

» **Wo kann man einen guten Friseur finden ?** (*vo kaN maN aïnen gouten frizeur finden*) (Où peut-on trouver un bon coiffeur ?)

» **Ich hätte gern einen Termin für morgen.** (*ich Haiteu guern aïneN termine fur morguen*) (Je voudrais un rendez-vous pour demain.)

» **Ich habe einen Termin um elf Uhr.** (*Ich Habeu aïneN termine oum elf our*) (J'ai rendez-vous à 11h.)

ATTENTION ! Le mot **Rendez-vous** (prononcé à la française) existe bien en allemand mais il ne s'agit pas d'un rendez-vous chez le docteur ou chez le coiffeur mais plutôt d'un rendez-vous galant ! On parlera de **Termin** (*termine*) dans les autres cas.

L'heure de vérité est arrivée, faites-vous plaisir, demandez **einen Haarschnitt** (*aïneN HaarchniT*) une coupe, **eine Dauerwelle** (*aïne daoueurvelleu*) une permanente, **eine neue Haarfarbe** (*aïneu noïeu Haarfarbeu*) une nouvelle couleur ou encore **ein paar Strähnchen** (*aïn* *paar schtrèènchen*) quelques mèches. Inspirez-vous des phrases suivantes afin d'éviter de mauvaises surprises capillaires :

» **Bitte nur nachschneiden !** (*Biteu nour narchnaïden*) (Un petit rafraîchissement de la coupe s'il vous plaît.)

» **Ich hätte gern eine Dauerwelle.** (*ich Haiteu guern aïneu daoueurvelleu*) (Je voudrais une permanente.)

» **Ich möchte hellblonde Strähnchen bitte.** (*ich meuchteu Helblondeu schtrèènchen bitteu*) (Je voudrais des mèches blondes s'il vous plaît.)

» **Meine Haarfarbe gefällt mir nicht, deshalb lasse ich sie jetzt schwarz / blond / rot färben.** (*maïneu Harfarbeu guéfèlt mir nicht, dessHalb lasseu ich zi yetst schvarts / blonde / rott fairben*) (Ma couleur ne me plait pas, je voudrais du noir / blond / roux.)

» **Ich hätte gern einen neuen Haarschnitt bitte.** (*ich Haiteu guern aïnen noïèn HaarchniT bitteu*) (Je voudrais une nouvelle coupe s'il vous plaît.)

» **Bitte nicht zu kurz schneiden.** (*Bitteu nicht tsou kourts chnaïden*) (Pas trop court s'il vous plaît.)

» **Bitte nur die Spitzen.** (*Biteu nour di schpitsen*) (Que les pointes s'il vous plaît.)

» **Die Seiten noch kürzer bitte !** (*di zaïten nor kurtseur biteu*) (Plus court sur les côtés s'il vous plaît.)

» **Ich hätte gerne eine Glatze bitte !** (*ich Haiteu guern aïne glatseu biteu*) (Je voudrais la boule à zéro s'il vous plaît.)

On se fait une beauté chez l'esthéticienne

Mesdames, votre duvet reprend du poil de la bête et le soleil a raison de votre peau fragile et délicate ? Messieurs, vous voulez vous offrir un masque régénérateur, enlever ces poils disgracieux qui repoussent sur le dos et avoir un torse imberbe d'Apollon ? Comme dirait ce cher André Gide : « Il n'y a pas de problème, il n'y a que des solutions. »

Dans le **Kosmetiksalon** (*cosmétiksalon*) (salon de beauté) vous pourrez, par exemple, conjuguer le verbe **epilieren** (*épiliiren*) (épiler) à tous les temps, aussi bien à la **warmes Wachs** (*varmèS vaks*) (cire chaude) qu'à la **kaltes Wachs** (*kaltèS vaks*) (cire froide) ; vous épellerez des mots tels que **das Peeling** (*daS piiling*)(peeling).

- **Ich möchte mir die Augenbrauen / die Achseln / die Beine / den Rücken / die Brust enthaaren lassen.** (*ich meuchteu mir di aouguenbraouen / di axeln / di baïne / dèN ruken / di broust entHarène lassèN*) (Je voudrais me faire épiler les sourcils / les aisselles / les jambes / le dos / le torse.)
- **Machen Sie Gesichtspflege / Körperpflege ?** (*maRen zi guézichtspflégueu / keurpeurpflégueu*) (Est-ce que vous faites des soins du visage / du corps ?)
- **Wie viel kosten die Pflege ?** (*vi fil costen di pflégue*) (Combien coûtent les soins ?)
- **Wie viel kostet eine Maniküre / Pediküre ?** (*vi fiil kosteT aïneu manicureu /pédicureu*) (Combien coûte une manucure ? une pédicure ?)

» **Machen Sie mir French Nails bitte !**
(*maRen zi mir French nèïlS bitteu*)
(Faites-moi une French manucure.)

Vous ne jurez que par les **ätherische Öle** (*ètherische euleu*) (les huiles essentielles), **Feuchtigkeitscreme** (*foïchtich-kaïtS-krémeu*) (crème hydratante) et les papouilles ? Vous trouverez sûrement un **Seebad** (*zéébat*) (station balnéaire) ou un **Wellnesshotel** (*ouèlneS-Hotel*) (spa) qui vous convient pour faire **die Thalassotherapie** (*di talassothérapi*) (thalassothérapie), **die Aromatherapie** (*di aromathérapie*) (aromathérapie) dont vous rêviez :

» **Machen Sie Massagen ?** (*maRen zi massagèN*)
(Faites-vous des massages ?)

» **Gibt es eine Sauna / ein Dampfbad ?** (*guibt es aïneu zaouna / aïN dampf-bat*) (Avez-vous un sauna / hammam ?)

» **Gibt es Handtücher und Bademantel ?** (*guibt es Handtucheur ount badeumantèl*) (Les serviettes et les peignoirs sont-ils fournis ?)

CULTURE

TRADITION THERMALE

L'Allemagne est une destination privilégiée pour tous ceux qui veulent se ressourcer, prendre soin d'eux. Avec les ressources naturelles dont dispose le pays, on compte pas moins de 350 stations thermales et de cures différentes. On peut aller se détendre dans des sources thermales et minérales, prendre des bains de boue aux vertus bénéfiques, faire une semaine de jeûne dans le cadre des méthodes Buchinger , Kneipp (thérapie par l'eau froide), les cures Felke, ou encore de Schroth (cure d'amincissement)...

La grosse tache

À force de se changer plusieurs fois par jour, la pile de linge propre commence à diminuer sévèrement et il faut trouver une parade. Vous avez peut-être la chance d'être dans un appartement équipé d'une **Waschmaschine** (*vachmachineu*) (machine à laver) mais la plupart du temps, il faut aller au **Reinigung** (*raïnigoung*) (pressing). Il devrait normalement être possible de faire cela à l'hôtel. Quoi qu'il en soit, vous trouverez ici quelques phrases qui pourraient vous aider :

- **Ist es möglich das zu waschen / bügeln ?** (*ist ès meuglich daS tsou vachen / buguelN*) (Est-ce possible de laver / repasser cela ?)
- **Machen Sie chemische Reinigung ?** (*maRen zi kémicheu raïnigoung*) (Faites-vous du nettoyage à sec ?)
- **Es gibt einen Fleck / Blutfleck / Weinfleck / Ölfleck.** (*ess guibt aïneN flèk /bloutflèk / vaïNflèk / eulflèk*) (Il y a une tache / une tache de sang / de vin / d'huile.)
- **Wann kann ich es abholen ?** (*vaN kaN ich èss ap-HoleN*) (Quand est-ce que je peux passer le chercher ?)
- **Ich möchte mein Hemd abholen.** (*ich meuchteu maïN Hèmd ap-HoleN*) (Je voudrais récupérer ma chemise.)

Le pressing est trop cher ? Ou vous estimez, simplement, que ça ne vaut pas la peine pour deux vieux tee-shirts et une paire de jeans ? Vous devriez trouver des **Waschsalon** (*Vach-salon*) (laverie automatique) un peu partout dans les villes, comme en France.

» **Wo kann ich meine Wäsche waschen ?** (*vo kan ich maïne vaiche vachen*) (Où puis-je laver mon linge ?)

» **Kann ich Bargeld für die Waschmaschine haben ?** (*kaN ich bargueld fur di vachmachineu HabeN*) (Est-ce que je pourrais avoir de la monnaie pour la machine à laver ?)

CULTURE

PHOTOS (*FOTOS*)

Lorsqu'on prend une photo en Allemagne on dit : **Spaghettiiiiiiiiiii** (*chpaguétiiiiiii*). Ne croyez pas qu'on vous propose un petit plat de la Mama ! Vous trouverez d'ailleurs de nombreux restaurants italiens en Allemagne car beaucoup d'italiens ont émigré là-bas dans les années 60. Si ce sujet vous intéresse vous pouvez regarder le très bon film « Solino » (2002) du réalisateur turco-allemand Fatih Akin.

Il faut bien reconnaître qu'avec les nouvelles technologies et à l'ère de la **Digitalfoto** (*diguital-photo*)(photo numérique), on a de moins en moins besoin de se rendre dans un **Fotoladen** (*photo-ladène*) (magasin de photo) ; cependant vous serez peut-être amené à y faire un petit tour. Mais ne mettons pas la charrue avant les bœufs, car ces photos, il faut d'abord les prendre ! Vous pouvez commencer à mitrailler les gens et les paysages :

» **Darf man Fotos machen ?** (*darf maN photoS maRen*) (Est-ce qu'on peut faire des photos ?)

» **Darf ich ein Foto von Ihnen machen ?** (*darf ich aïn photo foN inène maRen*) (Puis-je vous prendre en photo ?)

- **Können Sie ein Foto von uns machen ?** (*KeuneuN zi aïn photo foN ouNs maRen*) (Pourriez-vous nous prendre en photo ?)
- **Lächle ! / Lächeln Sie !** (*lèchle / lècheuln zi*) (Souris ! / Souriez !)
- **Können Sie noch ein anderes Foto machen ?** (*keuneuN zi noR aïn andereS photo maRen*) (Pouvez-vous faire encore une autre photo ?)

Un peu de vocabulaire

- **ein glänzendes Foto** (*aïN glèntsendeS photo*) (une photo brillante)
- **der Einwegfotoapparat** (*aïnvèg-photo-apparaT*) (l'appareil photo jetable)
- **der Fotoapparat** (*photo-apparaT*) (l'appareil photo)
- **das Digitalkamera** (*diguital-kaméra*) (l'appareil photo numérique)
- **der Film** (*film*) (la pellicule)
- **der Blitz** (*Blits*) (le flash)
- **matte** (*maT*) (mat(e))
- **unscharf** (*ouNcharf*) (flou(e))
- **das Negativ** (*négatif*) (le négatif)
- **das Objektiv** (*obyektif*) (l'objectif)
- **die Batterie** (*batterie*) (la pile)
- **das Pixel** (*pixel*) (le pixel)
- **Fotos entwickeln lassen** (*photoS entvikèln lasseN*) (faire développer des photos)
- **die Speicherkarte** (*chpaïcherkarteu*) (la carte mémoire)

- **das Stativ** (*chtatif*) (le trépied)
- **das Schwarzweißfoto** (*chvarts-vaïS-photo*) (la photo en noir et blanc)
- **das Farbfoto** (*farb-photo*) (la photo couleur)
- **das Zoom** (*zoum*) (le zoom)

Comme on n'est jamais trop prudent, voici deux petites phrases qui pourraient vous être utiles :

- **Machen Sie (biometrisches) Passfotos ?** (maRen zi biométricheS paSphotoS) (Faites-vous des photos d'identité (biométriques) ?)
- **Wo kann man ein Fotoautomat finden ?** (*vo kaN maN aïn photo-aoutomat findèn*) (Où peut-on trouver un photomaton ?)

Autres services rendus

Vous avez acheté des vêtements qui ont besoin de quelques retouches et vous ne voulez surtout pas attendre votre retour au bercail ? Vous devez aller chez le **Schuhmacher** (*choumaRer*) (le cordonnier) (Tout à fait ! Ça se prononce bien comme le célèbre pilote de F1 Michael Schumacher qui s'appelle donc Michael Cordonnier en français) faire réparer vos chaussures ? C'est l'anniversaire de votre chérubin et vous devez passer à la **Konditorei** (*conditoraï*) (pâtisserie) commander un **Geburtstagskuchen** (*guébourtstakS-kouRen*) (gâteau d'anniversaire) ? Voici donc quelques formules dont vous pourriez vous inspirer :

- **Machen Sie Änderungen ?** (*maRen zi èndérounguèN*) (Faites-vous des retouches ?)

- » **Können Sie mir einen Saum machen ?** (*keunèN zi mir aïnèN zaoum maRen*) (Pouvez-vous me faire des ourlets ?)
- » **Meine Sohle / Mein Schuhabsatz ist gebrochen.** (*maïneu zooleu / maïN chou-apzatS isst guébroRen*) (J'ai la semelle / le talon cassé ?)
- » **Können Sie es reparieren ?** (*keunèN zi ess répariirèN*) (Est-ce que l'on peut le réparer ?)
- » **Wie viel wird es kosten ?** (*vi fiil virT eS kostèN*) (Combien cela va-t-il couter ?)
- » **Wann wird es fertig sein ?** (*vaN virT eS fertich zaïN*) (Quand est-ce que ce sera prêt ?)
- » **Kann ich es Morgen abholen ?** (*kaN ich eS morguèN ap-HolèN*) (Est-ce que je peux le récupérer demain ?)

Chapitre 11

Pratiquer des activités physiques

DANS CE CHAPITRE

- » Les violons d'Ingres
- » Le sport
- » En dehors de la ville : les animaux et les plantes

Dans ce chapitre, nous parlons de ce que peuvent faire les gens quand ils ne sont pas au travail. Comme les Français, les Allemands bénéficient de nombreux jours de congé, qu'ils utilisent de leur mieux. Ils adorent les voyages à l'étranger, mais aussi le tourisme à l'intérieur de leurs frontières, qui recèlent d'innombrables lieux propices aux activités de plein air, comme le ski, les randonnées, le canotage, la voile...

Conversations sur les loisirs et les passe-temps

Il y a mille façons d'utiliser les temps libres, et leur évocation fournit un sujet de conversation inépuisable. Cette section comporte diverses suggestions pour vous aider à participer à des discussions sur ce thème en allemand.

Parler de votre hobby

Voici comment vous pourrier lancer la conversation sur votre passe-temps favori :

Mein Hobby ist... (*maïn h'o-bii ist...*) (Mon hobby est...)

En fin de phrase, vous ajoutez l'information appropriée. Par exemple :

- **Basteln** (*bas-teln*) (le bricolage)
- **Malen** (*maa-len*) (la peinture)
- **Kochen** (*ko-ghen*) (la cuisine)
- **... sammeln** (*...za-meln*) (collectionner...)
- **gärtnern** (*guèrt nèrn*) (faire du jardinage)

Les sports

Comme partout ailleurs dans le monde, les sports pratiqués en Allemagne sont de plus en plus variés. Ils sont une occasion de se détendre, soit en les pratiquant, soit en admirant les prouesses des autres, sur un stade ou à la télévision. Ils sont en tout cas un sujet de conversation intéressant. Les sports les plus populaires sont ceux auquels on « joue ».

Sports utilisant le verbe spielen

Signalons un étrange parallélisme entre le français et l'allemand : les sports auxquels on « joue » sont les mêmes dans les deux langues. Pour exprimer votre intérêt dans l'un de ces sports, vous formez une phrase avec le verbe **spielen** (*shpii-len*) (jouer) :

Ich spiele gern... (*ich shpii-le guèrn...*) (Je joue volontiers au...)

et vous insérez le nom de l'un des sports suivants à la fin de la phrase :

- » **Fußball** (*fouous-bal*) (football)
- » **Handball** (*h'ant-bal*) (handball)
- » **Basketball** (*baas-kèt-bal*) (basketball)
- » **Golf** (*golf*) (golf)
- » **Tennis** (*tè-nis*) (tennis)

Sports utilisant un verbe spécifique

La plupart des sports que l'on évoque en français en disant « je pratique le... » ou « je fais du... sont décrits en allemand par un verbe. Pour dire que vous voudriez pratiquer tel ou tel sport, vous pouvez commencer par les mots :

Ich möchte gern... (*ich meueuch-te guèrn...*) (J'aimerais bien...)

et terminer la phrase par le verbe approprié :

- » **joggen** (*djo-guen*) (faire du jogging)
- » **radfahren** (*raat-faa-ren*) (faire du vélo)
- » **Schi/Ski laufen** (*shii/skii laô-fen*) (skier)
- » **schwimmen** (*shvi-men*) (nager)
- » **segeln** (*zéé-gueln*) (faire de la voile)
- » **windsurfen** (*vint-seueur-fen*) (faire de la planche à voile)

Vous pouvez aussi utiliser la construction

Ich... gern. (*ich... guèrn*) (Je... volontiers.)

- **Ich segle gern.** (*ich zéé-gle guèrn*) (J'aime faire de la voile.)
- **Ich schwimme gern.** (*ich shvi-me guèrn*) (J'aime nager.)
- **Ich jogge gern.** (*ich djo-gue guèrn*) (J'aime faire du jogging.)

Mais attention, les mots **rad**, **Schi**, **wind** doivent être, dans cette construction, repoussés à la fin de la phrase : ils jouent le rôle de particules séparables.

- **Ich fahre gern rad.** (*ich faa-re gern rad*) (J'aime faire du vélo.)
- **Ich laufe gern Schi.** (*ich laô-fe guèrn shii*) (J'aime skier.)
- **Ich surfe gern wind.** (*ich seueur-guèrn vint*) (J'aime faire de la planche à voile.)

Mots clés

das Spiel	*das shpiil*	le jeu/le match/ la partie
sich verletzen	*sich fer-lèt-sen*	se blesser
tut mir leid	*tout miir laït*	désolé(e)
gewinnen	*gue-vi-nen*	gagner
die Mannschaft	*dii man-shaft*	l'équipe

Inviter quelqu'un à pratiquer un sport avec soi

Pour associer le plaisir du sport à celui de la compagnie d'autrui, vous pouvez vous servir de l'un des deux modèles de phrase suivants :

- **Lass uns... gehen.** (*lass ouns... guéé-en*) (Allons...)
  Exemple : **Lass uns schwimmen gehen.** (Allons nager.)
- **Spielst du...?** (*shpiilst dou...*) (Joues-tu au/à...)
  Exemple : **Spielst du Tennis?** (Joues-tu au tennis ?)

Le plein air

Bien que les pays de langue allemande comptent de très nombreuses villes et que la densité de la population y soit bien plus grande qu'en France, les paysages naturels y sont extrêmement variés.

La randonnée y est une véritable tradition, notamment en Allemagne, où le mouvement **Wandervogel** (*van-der-fôô-gel*) (oiseau « migrateur » [oiseau migrateur se dit aujourd'hui **Zugvogel**]) a pris son envol à la fin du XVIIIe siècle. Ce mouvement très largement spontané s'est propagé parmi une grande partie de la jeunesse allemande, à laquelle il apportait la joie de la liberté, de la vie en groupe et de la découverte de la nature.

Ces activités, interrompues par les tueries de la première guerre mondiale, ont repris jusqu'en 1933, date à laquelle l'association correspondante a été dissoute. Le mouvement Wandervogel est aujourd'hui de nouveau bien vivant.

Se mettre en route

Voici les phrases à prononcer dans la perspective d'une simple promenade ou d'une randonnée :

- **Wollen wir spazieren gehen/wandern gehen?** (*vo-len viir shpa-tsii-ren guéé-en/van-dern guéé-en*) (Allons-nous nous promener/faire une randonnée ?)
- **Ich möchte spazieren gehen/wandern gehen.** (*ich meuch-te shpa-tsii-ren guéé-en*) (Je voudrais aller me promener/faire une randonnée.)

Les choses que l'on voit sur son chemin

De retour au bercail, vous pouvez décrire ce que vous avez vu en disant :

- **Ich habe… gesehen.** (*ich h'aa-be… gue-zéé-en*) (J'ai vu…)
- **Ich habe… beobachtet.** (*ich h'aa-be… be-ôô-bagh-tet*) (J'ai observé…)

Vous pouvez substituer les noms suivants aux points de suspension de ces deux phrases, mais en remplaçant l'article défini par un article indéfini (j'ai vu un…) que vous mettez à l'accusatif (c'est un complément d'objet direct) :

- **der Vogel** (*dèèr fôô-guel*) (l'oiseau)
- **der Baum** (*dèèr baôm*) (l'arbre)
- **der Wald** (*dèèr valt*) (la forêt)
- **das Feld** (*das fèlt*) (le champ)
- **die Wiese** (*dii vii-ze*) (le pré)

- **das Gebirge** (*das gue-bir-gue*) (les montagnes/ la chaîne de montagne)
- **der Fluss** (*dèèr flous*) (le fleuve)
- **der Ozean** (*dèèr ôô-tsé-an*) (l'océan)
- **der Indische Ozean** (*dèèr in-di-she ôô-tsé-an*) (l'océan Indien)
- **das Meer** (*das méér*) (la mer)
- **das Mittelmeer** (*das mi-tel-méér*) (la Méditerranée)
- **die See** (*dii zéé*) (la mer)
- **die Ostsee** (*dii ost-zéé*) (la Baltique)
- **der See** (*dèèr zéé*) (le lac)
- **der Bodensee** (*dèèr bôô-den-zéé*) (le lac de Constance)
- **die Kuh** (*dii kouou*) (la vache)
- **das Pferd** (*das pfèrt*) (le cheval)
- **das Reh** (*das réé*) (le chevreuil)
- **das Schaf** (*das shaaf*) (le mouton)

GRAMMAIRE

N'oubliez pas de mettre ces mots à l'accusatif en les utilisant avec les modèles de phrase indiqués plus haut.

Voici des exemples d'accusatif pour un nom masculin :

- **Ich habe einen Vogel beobachtet.** (*ich h'aa-be aï-nen fôô-guel gue-zéé-en*) (J'ai observé un oiseau.)
- **Ich habe einen See gesehen.** (*ich h'aa-be aï-nen zéé gue-zéé-en*) (J'ai vu un lac.)
- **Wir haben den Bodensee gesehen.** (*viir h'aa-ben déén bôô-den-zéé gue-zéé-en*) (Nous avons vu le lac de Constance.)

Pour un nom féminin :

» **Ich habe eine Kuh gesehen.** (*ich h'aa-be aï-ne kouou gue-zéé-en*) (J'ai vu une vache.)

» **Sie hat die Ostsee gesehen.** (*zii h'at dii nord-zéé gue-zéé-en*) (Elle a vu la Baltique.)

Pour un nom neutre :

Du hast ein Reh im Wald beobachtet.

Mais comment dire « J'ai vu des lacs, des chevreuils... » si l'on ne sait pas mettre les noms au pluriel ? Qu'à cela ne tienne. Voici les pluriels, réunis dans quelques phrases bucoliques :

» **Es gibt in Deutschland zwei Seen, die Nordsee und die Ostsee, aber weder Ozeane noch eigentliche Meere.** (*ès guipt in doïtsh-land tsvaï zéé-en, dii nort-zéé ount dii ost-zéé, aa-ber véé-der ôô-tsé-a-ne nogh aï-guent-li-che méé-re*) (Il y a en Allemagne deux mers (Seen), la mer du Nord et la mer Baltique, mais pas d'océans (Ozeane) ni de mers (Meere) à proprement parler.)

» **Es gibt jedoch innerhalb des Landes großartige Flüsse wie der Rhein und schöne Seen wie der Bodensee.** (*ès guipt ié-dogh i-ner-h'alp dès lan-des grôôs-ar-ti-gue flu-se vii dèèr raïn ount sheueu-ne zéé-en vii dèèr bôô-den-zéé.*) (Il y a cependant à l'intérieur du pays des fleuves grandioses comme le Rhin et de beaux lacs comme le lac de Constance.)

» **Deutschland hat hohe Gebirge wie die Alpen, prächtige Wälder wie der Schwarzwald und der Bayerische Wald und auch grüne, üppige Felder und Wiesen.** (*doïtsh-lant h'at h'ôô-e gue-bir-gue vii dii al-pen, prèch-ti-gue vèèl-der vii dèèr shvarts-valt ount dèèr baï-e-ri-she valt ount aôgh gruu-ne u-pi-gue fèl-der ount vii-zen.*) (L'Allemagne a des forêts splendides comme la Forêt Noire ou la Forêt Bavaroise et aussi des champs et des prés verdoyants et prospères.)

» **Man sieht in den Wäldern verschiedenartige Bäume, Vögel, manchmal auch Rehe, und in den Feldern und Wiesen Pferde, Schafe und Kühe.** (*man ziit in déén vèl-dern fer-shii-den-ar-ti-gue boï-me, feueu-guel, manch-maal aôgh réé-e, ount in déén fèl-dern ount vii-zen pfèr-de, shaa-fe ount kuu-e*) (On voit dans les forêt des arbres d'essences variées, des oiseaux, parfois aussi des chevreuils, et dans les champs et les prés des chevaux, des moutons et des vaches.)

GRAMMAIRE

Le verbe (fort) **geben** (*guéé-ben*) (donner) est utilisé dans la locution très courante **Es gibt...** (*ès guipt*) (il y a). Notez que « ce qu'il y a » est à l'accusatif : **Es gibt einen Vogel im Garten.** (*ès gipt aï-nen fôô-guel im gar-ten*) (Il y a un oiseau dans le jardin.)

Aller en montagne

Que vous visitiez les Alpes ou une autre chaîne de montagne, vous rencontrerez certainement des gens du pays, qui adorent la montagne. Voici un peu de vocabulaire pour étoffer vos échanges.

- **Wir fahren in die Berge.** (*viir faa-ren in dii bèr-gue*) (Nous allons à la montagne. [mot à mot : dans les montagnes])
- **Wir wollen wandern gehen.** (*viir vo-len van-dern guéé-en*) (Nous voulons faire des randonnées.)
- **Ich will bergsteigen.** (*ich vil bèrg-shtaï-guen*) (Je veux faire de l'alpinisme.)
- **der Berg** (*dèèr bèrg*) (la montagne)
- **das Gebirge** (*das gue-bir-gue*) (le massif montagneux)
- **der Hügel** (dèèr huu-guel) (la colline)
- **das Tal** (*das taal*) (la vallée)
- **das Naturschutzgebiet** (*das na-touour-shouts-gue-biit*) (le parc naturel)

Mots clés

Wandern	*van-dern*	randonner
spazieren gehen	*shpa-tsii-ren guéé-en*	aller se promener
die Wanderung	*dii van-de-roung*	la randonnée
die Karte	*dii kar-te*	la carte
der Weg	*dèèr véégk*	le chemin
die Gegend	*dii guéé-guent*	la contrée/ région

Partir à la campagne

Vous n'aimez pas tellement la montagne ? Peut-être vous contentez-vous de l'air de la campagne ? Bien que sa population soit de plus de 80 millions d'habitants, l'Allemagne compte de nombreux espaces ruraux très calmes, parfois à deux pas de centres urbains débordant d'activité. Et il va sans dire que vous trouverez la paix et le calme dans les paysages campagnards d'Autriche et de Suisse. Tout ce dont vous avez besoin pour y aller, c'est de savoir un peu d'allemand :

» **Wir fahren aufs Land.** (*viir faa-ren aôfs land*) (Nous partons à la campagne.)

» **Wir machen Urlaub auf dem Bauernhof.** (*viir maa-ghen our-laôp aôf déém baô-ern-h'ôôf*) Nous prenons nos vacances dans une ferme.

» **Ich gehe im Wald spazieren.** (*ich guéé-e im valt shpa-tsii-ren*) (Je me promène dans la forêt.)

» **das Land** (*das land*) (la campagne)

» **der Wald** (*dèèr valt*) (la forêt)

» **das Dorf** (*das dorf*) (le village)

» **das Feld** (*das fèlt*) (le champ)

» **die Wiese** (*dii vii-ze*) (le pré)

» **der Bauernhof** (*dèèr baô-ern-h'ôôf*) (la ferme)

Partir à la mer

Si les vacances à la campagne vous paraissent un peu ternes, mettez le cap sur le nord et découvrez les rivages de la mer du Nord [**die Nordsee** (*dèèr nort-zéé*)] battus par le vent et les vagues ou ceux plus calmes de la mer Baltique [**die Ostsee** (*dii ost-zéé*)]. Vous pourrez y exercer votre allemand, en utilisant les mots suivants :

- **das Meer** (*das méér*) (la mer)
- **die Ostsee** (*dii ost-zéé*) (la mer Baltique)
- **die Nordsee** (*dii nort-zéé*) (la mer du Nord)
- **die Küste** (*dii kuus-te*) (la côte)
- **der Wind** (*dèèr vint*) (le vent)
- **der Sturm** (*dèèr shtourm*) (la tempête)
- **die Welle** (*dii vè-le*) (la vague)
- **die Gezeiten** (*dii gue-tsaï-ten*) (les marées)
- **die Ebbe** (*dii è-be*) (la marée basse)
- **die Flut** (*dii flouout*) (la marée haute)

Chapitre 12

Sortir

DANS CE CHAPITRE

» **Aller au cinéma**

» **Sortir en ville**

En vacances, il est bon de prendre du temps pour se distraire et se relaxer. Ce chapitre vous propose un peu de vocabulaire pour vous renseigner sur les distractions disponibles, et quelques conversations typiques à ce sujet.

Aller au cinéma

Voir des films dans une langue que vous voulez apprendre vous aide à assimiler de nouveaux mots, à acquérir des expressions utiles, et vous permet d'entrevoir certains aspects de la culture qui se cache derrière les mots. En outre, vous pouvez de cette manière vous habituer à la façon de parler de nombreux locuteurs différents.

Voici comment exprimer votre souhait d'aller au cinéma :

» **Ich möchte ins Kino gehen.** (*ich meuch-te ins kii-nô guéé-en*) (Je voudrais aller au cinéma.)

» **Ich möchte einen Film sehen.** (*ich meuch-te aï-nen film zéé-en*) (Je voudrais voir un film.)

» **Ich habe die Vorschau gesehen.** (*ich ha-beu dii fôr-shao gué-zéeuen*) (J'ai vu la bande-annonce.)

Trouver le bon film

Si vous cherchez quel film vous pourriez voir, vous pouvez consulter les programmes figurant dans les journaux. Ils vous indiquent en général tout ce que vous avez besoin de savoir sur **die Vorstellung** (*dii fôôr-shtè-loung*) (la représentation) : quand et où le film se joue ; qui sont **die Schauspieler** (*dii shao-spii-ler*) (les acteurs) ; et si le spectacle est en version originale – **im Original** (*im o-ri-gui-naal*) ou s'il est doublé – **synchronisiert** (*zun-krô-ni-ziirt*) (doublé).

Si vous ne disposez pas d'un journal pour vous donner toutes les informations, vous pouvez vous renseigner en posant les questions suivantes :

» **In welchem Kino läuft...?** (*in vèl-chem kii-nô loïft...?*) (Dans quel cinéma passe... ?)

» **Um wieviel Uhr beginnt die Vorstellung?** (*oum vii-fiil ouour be-guint dii fôôr-shtè-loung*) (À quelle heure est la séance ?)

» **Läuft der Film im Original oder ist er synchronisiert?** (*leuft dèèr film im o-ri-gui-naal oo-der ist èèr zun-krô-ni-ziirt?*) (Le film passe-t-il en version originale ou est-il doublé ?)

Acheter les billets

Vous pouvez utiliser l'expression suivante pour acheter des billets, qu'il s'agisse d'aller à l'opéra, au cinéma ou de visiter un musée :

Ich möchte... Karten für... (*ich meuch-te... kar-ten fuur...*) (Je voudrais... billets pour...)

La personne à qui vous avez demandé les billets vous fournira peut-être des informations sur le spectacle, par exemple :

» **Die Vorstellung hat schon begonnen.** (*dii fôôr-shtè-loun h'at shôôn be-go-nen*) (La représentation est déjà commencée.)

» **Die...Uhr-Vorstellung ist leider ausverkauft.** (*dii...ouour-fôôr-shtè-loung ist laï-der aôs-fer-kaôft*) (Il n'y a plus de places pour la représentation de... heures.)

» **Wir haben noch Karten für die Vorstellung um... Uhr.** (*vir h'aa-gen nogh kar-ten fuur dii fôôr-shtè-loung oum... ouour*) (Nous avons encore des places pour la représentation de... heures.)

Ces expressions peuvent être utilisées à propos de n'importe quel spectacle : cinéma, concert, théâtre...

Sortir en ville

Où que vous soyez en Allemagne, vous n'êtes probablement pas très loin d'un établissement culturel tel que **die Oper/das Opernhaus** (*dii ôô-per/das ôô-pern-h'aôs*) (l'Opéra), **der Konzertsaal** (*dèèr kôôn-tsèrt-zaal*) (la salle de concert) et **das Theater** (*das téé-aa-ter*) (le théâtre). Pour en profiter, dites **ich möchte heute Abend ausgehen.** (*ich meuch-te h'oï-te aa-bent aôs-gué-en*) (Je voudrais sortir ce soir.)

CULTURE

Faut-il ou non s'habiller pour aller au théâtre ou à un concert ? Ne faites pas d'effort particulier sur le plan vestimenaire, à moins qu'il ne s'agisse d'une **Premiere** (*pre-mi-èè-re*) (première représentation) ou d'une **Galavorstellung** (*ga-la-fôr-shtè-loung*) (spectacle de gala).

Voici quelques phrases qui vous aideront à préparer vos visites des salles de spectacle ou de concert :

- **Ich möchte ins Theater/Konzert gehen.** (*ich meuch-te ins téé-aa-ter/kon-tsèrt guéé-en*) (Je voudrais aller au théâtre/concert.)
- **Ich möchte in die Oper gehen.** (*ich meuch-te in dii ôô-per guéé-en*) (Je voudrais aller à l'Opéra.)
- **Gehen wir ins Theater.** (*guéé-en viir ins téé-aa-ter*) (Allons au théâtre.)
- **Gehen wir in die Oper.** (*guéé-en viir in dii ôô-per*) (Allons à l'Opéra.)
- **Wann ist die Premiere von...?** (*van ist dii pre-mi-èè-re von...*) (Quand a lieu la première de... ?)
- **In welchem Theater spielt...?** (*in vèl-chem téé-aa-ter shpiilt...*) (Dans quel théâtre se joue... ?)
- **Gibt es noch Orchesterplätze für die Matinee?** (*guipt ès nogh or-kès-ter-plèt-se fuur dii ma-ti-néé*) (Y a-t-il encore des places d'orchestre pour la matinée ?)
- **Bis wann läuft das Stück?** (*biss van loïft dass chtuk*) (La pièce se joue jusqu'à quand ?)
- **Gibt es eine Pause?** (*guipt èss aï-ne paoze*) (Y a-t-il un entracte ?)

CULTURE

OPÉRAS ET CONCERTS

Les pièces d'opéra des compositeurs les plus célèbres sont présentés à la **Staatsoper** (*chtat-so-peur*) (Opéra d'État) à Berlin et Munich toute l'année. Le **Festspielhaus** de Bayreuth – unique dans son genre – a été construit par le compositeur Richard Wagner. La salle, très innovatrice, a été inaugurée en 1876 et est chaque année le siège du festival de Bayreuth.

Le **Semperoper** de Dresde compte parmi les opéras les plus connus au monde. Pour écouter des orchestres symphoniques de renom, il y a le choix : **Gewandhaus** à Leipzig, **Philharmonika** à Berlin ou encore **das Festspielhaus Baden-Baden**.

Mots clés

das Theater	*das téé-<u>aa</u>-ter*	le théâtre
die Oper	*dii <u>ôô</u>-per*	l'Opéra/l'opéra
das Balett	*das ba-<u>lèt</u>*	le ballet
die Pause	*dii <u>paô</u>-ze*	l'entracte
der Sänger/ die Sängerin	*dèèr <u>zèn</u>-guer/ dii <u>zèn</u>-gue-rin*	le chanteur/ la chanteuse
der Schauspieler/ die Schauspielerin	*dèèr <u>shaô</u>-shpii-ler/ dii <u>shaô</u>-shpii-le-rin*	l'acteur/l'actrice
der Tänzer/ die Tänzerin	*dèèr <u>tèn</u>-tser/ dii <u>tèn</u>-tse-rin*	le danseur/ la danseuse
singen	*<u>zin</u>-guen*	chanter
tanzen	*<u>tan</u>-tsen*	danser
klatschen	*<u>klat</u>-shen*	applaudir
der Beifall	*dèèr <u>baï</u>-fal*	les applaudissements/l'accueil favorable du public
die Zugabe	*dii <u>tsouou</u>-gaa-be*	morceau rejoué à la fin du spectacle
die Kinokasse	*dii <u>kii</u>-no-ka-se*	la caisse (du cinéma)
die Theaterkasse	*dii téé-<u>aa</u>-ter-ka-se*	la caisse (du théâtre)
der Platz	*dèèr plats*	la place

Donner vos impressions

Chacun apprécie un spectable à sa manière, ce qui peut donner lieu à des échanges de vues très intéressants.

On vous demande votre opinion

Quelqu'un peut vous poser l'une des questions suivantes, ou la poser à quelqu'un d'autre, pour lancer la conversation sur un spectacle, un film, une exposition. La première question utilise le vouvoiement, la seconde le tutoiement.

» **Hat Ihnen die Ausstellung/der Film/die Oper gefallen?** (*h'at ii-nen dii aôs-shtè-loung/dèèr film/dii ôô-per gue-fa-len*) (L'exposition/le film/l'opéra vous a-t-elle/il plu ?)

» **Hat dir die Ausstellung/der Film/die Oper gefallen?** (*h'at dir dii aôs-shtè-loung/dèèr film/dii ôô-per gue-fa-len*) (L'exposition/le film/l'opéra t'a-t-elle/il plu ?)

Vous donnez votre avis

Vous pouvez commencer par dire que le spectacle vous a plu ou vous a déplu :

» **Die Ausstellung/der Film/die Oper hat mir (sehr) gut gefallen.** (*dii aôs-shtè-loung/dèèr film/dii ôô-per h'at mir (zéér) gouout gue-fa-len*) (L'exposition/le film/l'opéra m'a (beaucoup) plu.)

» **Die Ausstellung/der Film/die Oper hat mir (gar) nicht gefallen.** (*dii aôs-shtè-loung/dèèr film/dii ôô-per h'at mir (gar) nicht gue-fa-len*) (L'exposition/le film/l'opéra ne m'a pas plu (du tout).)

Vous pouvez ensuite donner une raison. Commencez par préparer votre prise de position par ce début de phrase :

Die Ausstellung/der Film/die Oper war wirklich... (*dii aôs-shtè-loung/dèèr film/dii ôô-per var vir-klich...*) (L'exposition/le film/l'opéra était vraiment...)

Vous pouvez ensuite exprimer votre pensée au moyen de l'un des adjectifs suivants. Vous pouvez bien sûr relier certains adjectifs au moyen de la conjonction **und** (*ount*) (et).

- **aufregend** (*aôf-réé-gent*) (excitant[e])
- **wunderschön** (*voun-der-sheueun*) (merveilleusement beau/belle)
- **phantastisch** (*fan-tas-tish*) (fantastique)
- **ausgezeichnet** (*aôs-gue-tsaïch-net*) (excellent[e])
- **spannend** (*shpa-nent*) (fascinant[e])
- **unterhaltsam** (*oun-ter-h'alt-zaam*) (distrayant[e])
- **sehenswert** (*zéé-ens-vèrt*) (digne d'être vu[e])
- **enttäuschend** (*ènt-toï-shent*) (décevant[e])
- **langweilig** (*lang-vaï-ligk*) (ennuyeux/euse)
- **großartig** (*grôss-ar-tish*) (extraordinaire, magnifique)
- **lustig** (*lous-tish*) (drôle)

Autres expressions pour exprimer vos impressions :

- **Es hat mir nicht besonders gefallen.** (*èss hat mir nisht bé-zoon-deurs gué-fa-lleun*) (Ça ne m'a pas tellement plu.)
- **Der Preis ist übertrieben.** (*dèèr praïss ist ubeur-trî-beun*) (C'est cher pour ce que c'est.)

- » **Es ist sehr touristisch.** (*èss ist zér tou-ris-tich*) (C'est très touristique.)
- » **Es war unglaublich voll.** (*èss war oun-glao-blish fol*) (Il y avait énormément de monde.)

CULTURE

FÊTES ET BOÎTES DE NUIT

L'Allemagne est réputée pour ses boîtes de nuit (**Diskos**), où l'on peut passer d'agréables soirées. Ces dernières années, de nombreux lieux insolites ont été transformés en discothèques. La vie nocturne est très développée. Dans les grandes villes comme Berlin, Leipzig, Munich, etc., on fait la fête jusqu'à l'aube (**bis zum Morgengrauen**).

Le prix de l'entrée en discothèque est moins cher qu'en France, même si on constate que dans les lieux branchés, les prix ont tendance à augmenter et, souvent, l'entrée n'inclut même pas la première boisson.

Aller à une soirée

L'organisation d'une réunions d'amis et de parents ou d'une soirée peut prendre en Allemagne comme ailleurs les formes les plus diverses. Certains aiment bien préparer l'événement longtemps à l'avance, et travaillent d'arrache-pied pour que tout soit en place le moment venu. D'autres préfèrent que les rencontres qu'ils organisent conservent un caractère impromptu.

Si vous êtes invité par quelqu'un à sa résidence privée, et si l'événement à un caractère un tant soit peu formel, il est de bon ton d'apporter un (petit) cadeau (**das Geschenk**), comme une bouteille de vin (**die Flasche Wein**).

Si vous recevez une **Einladung** (*aïn-laa-doung*) (invitation) écrite, vérifiez si une réponse est attendue, en y cherchant la formule **U. A. w. g.**, abréviation de **Um Antwort wird gebeten** (*oum ant-vort virt gue-béé-ten*) (Merci de votre réponse/RSVP).

Si vous êtes invité à une soirée plutôt informelle qui pourrait très bien impliquer de danser, votre hôte peut vous demander de contribuer en apportant une bouteille. Vous pouvez aussi prendre l'initiative et demander **Soll ich etwas mitbringen?** (*zol ich èt-vas mit-brin-gen*) (Dois-je apporter quelque chose ?)

CULTURE

Si vous êtes invité à **Kaffee und Kuchen** (*ka-fée ount kouou-ghen*) (café et gâteaux) dans l'après-midi, une institution très germanique, ne vous attendez pas à être invité à dîner. Cela peut arriver, mais n'y comptez pas.

Et si vous êtes invités pour **Kaffee trinken** (boire le café), n'arrivez pas à 14 h mais vers 16 h : c'est un « thé » ou un « goûter ».

Recevoir une invitation

Vous pouvez être invité par l'une des phrases suivantes :

» **Ich würde Sie gern zu einer Party einladen.** (*ich vuur-de zii guèrn tsou aï-ner par-tii aïn-laa-den*) (Je voudrais vous inviter à une soirée.)

» **Wir wollen eine Party feiern. Hast du Lust zu kommen?** (*viir vo-len aï-ne par-ti faï-ern. h'ast dou loust tsou ko-men*) (Nous voulons organiser une soirée. As-tu envie de venir ?)

Vous pouvez avoir besoin de vous renseigner sur la date prévue avant d'accepter ou de décliner l'invitation. Voici ce que vous pouvez dire :

» **Wann findet die Party statt?** (*van fin-det dii par-tii shtat*) (Quand la soirée a-t-elle lieu ?)

» **Wo findet die Party statt?** (*vô fin-det dii par-tii shtat*) (Où la soirée a-t-elle lieu ?)

Décliner

Si vous ne pouvez pas y aller (ou si vous ne voulez pas venir pour une quelconque raison), vous pouvez poliment décliner l'invitation en disant :

» **Nein, tut mir leid, ich kann leider nicht kommen.** (*naïn tout mir laït, ich kan laï-der nicht ko-men*) (Non, désolé, je ne pourrai malheureusement pas venir.)

» **Nein, da kann ich leider nicht. Ich habe schon etwas anderes vor.** (*naïn, da kan ich laï-der nicht. ich h'aa-be shôôn èt-vas an-de-res fôôr*) (Non, je ne peux malheureusement pas. J'ai déjà prévu autre chose.)

Accepter

Si le moment, le lieu et votre humeur s'y prêtent, vous pouvez accepter l'invitation avec l'une des phrases suivantes :

- **Vielen Dank. Ich nehme die Einladung gern an.** (*vii-len dank. ich néé-me dii aïn-laa-doung guèrn an*) (Merci beaucoup. J'accepte volontiers l'invitation.)
- **Gut, ich komme gern. Soll ich etwas mitbringen?** (*gouout, ich ko-me guèrn. zol ich èt-vas mit-brin-guen*) (D'accord, je viendrai volontiers. Dois-je/puis-je apporter quelque chose ?)

Votre hôte peut répondre comme suit à votre question :

- **Nicht nötig. Für Essen und Trinken ist gesorgt.** (*nicht neueu-tigk. fuur è-sen ount trin-ken ist gué-zorgt*) (Pas nécessaire. La question de ce qu'on mange et boit est déjà réglée.)
- **Es wäre schön, wann Sie… mitbringen.** (*ès vèè-re sheueun, vèn zii… mit-brin-guen*) (Ce serait très bien, si vous apportiez…)

Parler d'une soirée

Si quelqu'un vous demande **Wie war die Party am Samstag?** (*vii var dii par-tii am zams-tagk*) (Comment s'est passée la soirée de samedi ?), vous pouvez faire l'une des réponses suivantes :

- **Toll, wir haben bis… Uhr gefeiert.** (*tol, viir h'aa-ben bis… ouour gue-faï-ert*) (Formidable, nous avons fait la fête jusqu'à…)
- **Wir haben uns ausgezeichnet unterhalten.** (*viir h'aa-ben ouns aôs-gue-tsaïch-net oun-ter-h'al-ten*) (Nous nous sommes très bien amusés.)
- **Die Party war…** (*dii par-tii vaar*) (La soirée était…)

Chapitre 13
Communiquer

DANS CE CHAPITRE

- **Demander un interlocuteur ou une information**
- **Prendre rendez-vous**
- **Laisser des messages**
- **Envoi d'une lettre, d'un fax ou d'un e-mail**

Parler au téléphone en allemand – comme dans toute langue qu'on ne maîtrise pas encore – suppose de surmonter des difficultés bien plus considérables que lors d'une conversation face à face. Il faut connaître en premier lieu ce qu'on pourrait appeler le protocole de la communication téléphonique : ce que l'on dit au début ou à la fin en appelant ou en répondant, la manière d'obtenir la personne voulue, de prendre ou laisser un message, etc. C'est la partie la plus facile, car elle est relativement standard, indépendante du contenu infiniment variable de la conversation téléphonique. Ce chapitre vous apporte les composants de ce protocole, qui diffèrent sensiblement d'une culture à une autre.

Le chapitre aborde aussi la question du courrier, mais de façon plus sommaire, en se limitant à des opérations telles que l'affranchissement d'une lettre ou l'envoi d'un e-mail.

Le protocole de la communication téléphonique

Lorsqu'un interlocuteur germanophone décroche **das Telefon** (*das té-lé-fôôn*) (le téléphone) pour prendre un appel, il se contente en premier lieu de dire son nom de famille – surtout s'il se trouve à son bureau. Chez lui, il se contentera parfois d'un simple **hallo?** (*h'a-lô*) (allo ?).

Téléphoner se dit presque comme en français **telefonieren** (*té-lé-fônii-ren*), et le coup de téléphone se dit **das Telefonat** (*das té-lé-fo-naat*), mais téléphoner à quelqu'un ou appeler quelqu'un au téléphone se dit **jemanden anrufen** (*ié-man-den an-rouou-fen*). **anrufen** est un verbe comportant la particule séparable **an**, rejetée à la fin d'une simple déclaration au présent :

Conjugaison	*Prononciation*
ich rufe an	*ich rouou-fe an*
du rufst an	*dou rououfst an*
Sie rufen an	*zii rouou-fen an*
er, sie, es ruft an	*èr, zii, ès rououft an*
wir rufen an	*viir rouou-fen an*
ihr ruft an	*iir rououft an*
Sie rufen an	*zii rouou-fen an*
sie rufen an	*zii rouou-fen an*

Demander la personne cherchée

Si la personne qui répond n'est pas celle à qui vous vouliez parler, vous disposez de quelques options pour la demander :

» **Ich möchte gern Herrn/Frau... sprechen.** (*ich meuch-te guèrn h'èrn/fraô... shprè-chen*) (Je voudrais parler à monsieur/madame...)

» **Ist Herr/Frau... zu sprechen?** (*ist h'èr/fraô... tsou shprè-chen*) (monsieur/madame... est-il/elle joignable en ce moment ?)

» **Kann ich bitte mit Herrn/Frau... sprechen?** (*kan ich bi-te mit h'èrn/fraô... shprè-chen*) (Puis-je s'il vous plaît parler avec monsieur/madame... ?)

» **Herrn/Frau... bitte.** (*h'èrn/fraô... bi-te*) (monsieur/madame... s'il vous plaît.)

Dès ce premier contact, la variété des réponses possibles est telle que vous risquez fort de ne pas comprendre du premier coup, notamment si votre interlocuteur donne des explications. Voici d'emblée une palette de parades qui pourront vous être utiles dans toutes les phases d'une conversation (téléphonique ou autre). Utilisez-en une dès que vous perdez le fil ou en tout cas dès que vous percevez une pause ou un ralentissement dans le débit verbal.

» **Können Sie bitte langsamer sprechen?** (*keu-nen zii bi-te lang-zaa-mer shprè-chen*) (Pouvez-vous s'il vous plaît parler plus lentement ?)

» **Können Sie das bitte wiederholen?** (*keu-nen zii das bi-te vii-der-h'ôô-len*) (Pouvez-vous répéter cela s'il vous plaît ?)

» **Wie bitte?** (*vii bi-te*) (Qu'avez-vous dit s'il vous plaît ?)

» **Ich habe Sie nicht/nicht gut/gar nicht verstanden. Können Sie das bitte anders sagen?** (*ich h'aa-be zii nicht/nicht gouout/gar nicht fer-shtan-den. keu-nen zii das bi-te an-ders zaa-gen*) (Je ne vous ai pas/pas bien/pas du tout compris. Pouvez-vous s'il vous plaît dire cela autrement ?)

- **Entschuldigung. Ich verstehe Sie immer noch nicht. Tut mir leid. Können Sie das bitte nochmals sagen?** (*ènt-shoul-di-goung. ich fer-shté-e zii i-mer nogh nicht. touout mir laït. keu-nen zii das bi-te nogh-mals zaa-guen*) (Pardon. Je ne vous comprend toujours pas. Désolé(e). Pouvez-vous dire cela encore une fois ?)

Mais soyez optimiste. Il y a des cas où vous tomberez pile sur la personne voulue, qui utilisera alors la formule consacrée :

Am Apparat. (*am a-pa-raat*) (À l'appareil.)

Si la personne n'est pas joignable

Voici maintenant les réponses auxquelles vous pouvez vous attendre dans les situations les plus classiques où la personne demandée ne répond pas elle-même :

- **Einen Moment bitte, ich verbinde.** (*aï-nen mô-mènt bi-te ich fer-bin-de*) (Un moment s'il vous plaît, je vous le passe.)
- **Er/sie telefoniert gerade.** (*èr/zii té-lé-fô-niirt gue-raa-de*) (Il/elle est déjà en ligne.)
- **Die Leitung ist besetzt.** (*dii laï-toung ist be-zètst*) (La ligne est occupée.)
- **Können Sie später noch einmal anrufen?** (*keu-nen zii shpèè-ter nogh aïn-mal an-rouou-fen*) (Pouvez-vous rappeler de nouveau plus tard ?)
- **Kann er/sie Sie zurückrufen?** (*kan èr zii tsou-ruk-rouou-fen*) (Peut-il/elle vous rappeler ?)
- **Hat er/sie Ihre Telefonnummer?** (*h'at èr/zii ii-re té-lé-fôôn-nou-mer*) (A-t-il/elle votre numéro de téléphone ?)

» **Es hebt keiner/niemand ab.** (*ess hèbt kaï-neur / nii-mant ap*) (Personne ne répond.)

» **Ich habe ihn / sie nicht erreicht.** (*ich ha-beu in / zi nisht ér-raïsht*) (Je n'ai pas réussi à le / la joindre.)

CULTURE

DIRE AU REVOIR AU TÉLÉPHONE

La manière standard de clore une conversation téléphonique en allemand illustre le processus de fabrication de mots composés allemands. Vous avez vu au chapitre 4 comment dire au revoir à la fin d'une rencontre : **auf Wiedersehen** (*aôf vii-der-zéé-en*). Cette locution : **auf** (au) **Wieder** (re) **sehen** (voir) est strictement parallèle à la locution française . Nous en étendons l'usage abusivement aux situations où l'on ne se voit pas (encore), comme au téléphone. Les germanophones disent **auf Wiederhören** (*aôf vii-der-h'eueu-ren*), littéralement « au ré-entendre ».

Les anomalies

Un protocole de communication sans traitement des erreurs serait inutilisable. Voici quelques situations d'anomalies, avec les phrases qui leur correspondent :

» **Es tut mir leid. Ich habe mich verwählt.** (*ès touout mir laït. ich h'aa-be mich fer-vèèlt*) (Désolé, je me suis trompé en numérotant.)

» **Ich kann Sie schlecht verstehen.** (*ich kan zii shlècht fer-shté-en*) (Je vous comprends [sous-entendu je vous entends] mal.)

- **Er/sie meldet sich nicht.** (*èèr/zii mèl-det zich nicht*) (Il/elle ne répond pas au téléphone.)
- **Das Gespräch wurde unterbrochen.** (*das gué-sprèch wour-de oun-ter-brorren*) (On a été coupé.)
- **Der Empfang ist sehr schlecht.** (*dèèr ém-pfank ist zér chlèsht*) (La réception est très mauvaise.)
- **Kein Anschluss unter dieser Nummer.** (*kaïn an-shlouss oun-ter dii-ser nou-meur*) (Le numéro que vous avez demandé n'est pas attribué.)

Mots clés

das Telefon	*das té-lé-fôôn*	le téléphone
anrufen	*an-rouou-fen*	appeler
zurückrufen	*tsou-ruk-rouou-fen*	rappeler
auf Wiederhören	*aôf vii-der-h'eueu-reen*	au revoir
das Telefonbuch	*das té-lé-fôôn-bough*	l'annuaire téléphonique
das Telefongespräch	*das té-lé-fôôn-gue-shprèèch*	la conversation téléphonique
die Telefonnummer	*dii té-lé-fôôn-nou-mer*	le numéro de téléphone
der Anrufbeantworter	*dèèr an-rouf-be-ant-vor-ter*	le répondeur téléphonique

CULTURE

TÉLÉPHONER EN ET DEPUIS L'ALLEMAGNE

Lorsque vous appelez d'Allemagne vers la France, composez le 0033 + le numéro à neuf chiffres (sans le 0 initial). Lorsque vous appelez de la France vers l'Allemagne, composez le 0040 + l'indicatif de la ville (89 pour Munich, par exemple) + le numéro. Lorsque vous appelez d'une localité allemande à une autre, il faire le 0 + l'indicatif de la localité + le numéro.

Prendre des rendez-vous

Le rendez-vous se dit en allemand **der Termin** (*dèèr tèr-miin*). Ce mot veut dire la date prévue (de livraison, de rencontre, etc.). On utilise aussi le mot **das Rendez-vous**, avec les mêmes sens qu'en français. Voici comment demander ou décaler un rendez-vous :

» **Ich möchte gern einen Termin machen.** (*ich meuch-te guèrn aï-nen tèr-miin ma-ghen*) (J'aimerai prendre un rendez-vous.)

» **Kann ich meinen Termin verschieben?** (*kan ich maï-nen ter-miin fer-shii-ben*) (Puis-je repousser mon rendez-vous ?)

Les réactions peuvent être :

» **Wann passt es Ihnen?** (*van past ès ii-nen*) (Quand cela vous convient-t-il ?)

» **Wie wäre est mit...?** (*vii vèè-re ès mit...*) (Que diriez-vous du... ?)

» **Heute ist leider kein Termin mehr frei.** (*h'oï-te ist laï-der kaïn tèr-miin méér fraï*) (Pour aujourd'hui il n'y a malheureusement plus d'heure de rendez-vous libre.)

Laisser des messages

On ne réussit pas toujours à joindre la personne appelée au téléphone, et il faut alors laisser un message, en utilisant par exemple l'une des phrases suivantes. Certaines de ces phrases comportent des pronoms au datif, un thème qui sera abordé ensuite :

» **Kann ich ihm/ihr eine Nachricht hinterlassen?** (*kan ich iim/iir aï-ne nagh-richt h'in-ter-la-sen*) (Puis-je lui laisser un message ?)

» **Kann ich ihm etwas ausrichten?** (*kan ich iim èt-vas aôs-rich-ten*) (Puis-je lui transmettre un message ? [Cette phrase peut être prononcée aussi bien par l'appelant que par celui qui répond.])

» **Möchten Sie eine Nachricht hinterlassen?** (*meuch-ten zii aï-ne nagh-richt h'in-ter-la-sen*) (Voudriez-vous laisser un message ?)

» **Ich bin unter der Nummer... zu erreichen.** (*ich bin oun-ter dèr nou-mer... tsou èr-raï-chen*) (Je suis joignable au numéro...)

Pronoms au datif

Les pronoms **ihm** (*iim*) et **ihr** (*iir*) sont des pronoms personnels au datif. Ils représentent les équivalents allemands du pronom français « lui », qui sous-entend l'expression plus complète « à lui » ou « à elle ». Le pronom **ihm** veut dire « à lui » ou « à cela », tandis que **ihr** veut dire « à elle ». De même, **ihnen** veut dire « à eux », **Ihnen** veut dire « à vous [vouvoiement] », **euch** veut dire « à vous [tutoiement au pluriel] », et **dir** veut dire « à toi ».

» **Ich hinterlasse ihm/ihr/ihnen/Ihnen/euch/dir eine Nachricht.** (*ich h'in-ter-la-se iim/iir/ii-nen/ii-nen/oïch/dir aï-ne nagh-richt*) (Je lui/lui/leur/vous/vous/te laisse un message.)

» **Ich möchte gern mit ihm/ihr sprechen.** (*ich meuch-te guèrn mit iim/iir shprè-chen*) (J'aimerais parler avec lui/elle.)

Appeler d'un portable

Aujourd'hui, presque tout le monde dispose d'un portable. Vous trouverez dans cette section du vocabulaire et des expressions utiles autour de votre portable.

» **Ich rufe vom Handy aus an.** (*ich rou-fe fom hèn-di aoss an*). (Je vous / t'appelle de mon portable).

» **Ich habe kein Netz / ich rufe dich noch einmal an.** (*ich ha-be kaïn nèts / ich rou-fe dish norr aïn-mal an*) (Je ne capte pas bien / je n'ai pas de réseau, je te rappelle.)

» **Mein Handy war ausgeschaltet.** (*maïn hèn-di var aos-gue-chal-tet*) (Mon portable était éteint.)

» **Gibt es eine Steckdose, damit ich mein Handy aufladen kann?** (*guuipt ess aïne chtèk-dô-zeu, da-mit ich maïn hèn-di aof-lâ-deun kann*) (Est-ce qu'il y a une prise pour que je puisse recharger mon portable ?)

- **Hast du eine Handynummer?** (*hast dou aï-neu hèn-di-nou-meur*) (Est-ce que tu as un numéro de portable ?)
- **Bei welchem Telefonanbieter bist du?** (*baï vel-chem té-lé-fô-nan-bî-teur bist du*) (Tu es chez quel opérateur ?)
- **Ich habe dir eine SMS / MMS geschickt / gesendet.** (*ich ha-beu dir aï-ne ess-èm-ess / èm-èm-ess gue-chikt / gue-zen-det*) (Je t'ai envoyé un SMS / MMS.)
- **Hast du meine Nachricht erhalten / bekommen?** (*hast du maï-ne narr-risht èr-hal-teun / bé-ko-meun*) (Est-ce que tu as eu mon message ?)
- **Ich möchte mein Handy entsperren lassen.** (*ich meush-teu maïn hèn-di enttch-pè-reun la-sseun*) (Je voudrais débloquer mon portable.)
- **das Aufladegerät** (*das aof-lâ-deu-gué-reut*) (le chargeur)
- **die SIM-Karte** (*dii zim-kar-teu*) (la carte SIM)
- **der Telefonanbieter** (*dèèr té-lé-fôn an-bî-teur*) (l'opérateur)
- **die Wertkarte** (*dii wèrt-ka-rte*) (la recharge)

Envoi d'une lettre, d'un fax ou d'un e-mail

Bien que tout le monde ou presque dispose d'une ligne téléphonique et/ou d'un téléphone mobile [en allemand **das Handy** (*das <u>hen</u>-di*)], de nombreuses questions continuent de se traiter par écrit [**schriftlich** (*<u>shrift</u>-lich*)].

Des indications précises sur l'art de rédiger un courrier en allemand ne sauraient être incluses dans ce livre, faute de place, mais voici tout de même un équivalent du français « Avec mes amicales/sincères salutations » : **Mit freundlichen Grüßen.** (*mit froïnd-li-chen gruu-sen*). Les paragraphes qui suivent concernent les aspects pratiques d'un envoi des différentes formes de courrier.

Envoi d'une lettre ou d'une carte postale

Les bureaux de postes [**das Postamt** (*das post-amt*) (le bureau de poste)] fonctionnent en Allemagne d'une manière très voisine des bureaux de poste français. Outre la vente de timbres-poste [**die Briefmarke** (*dii briif-mar-ke*) (le timbre-poste)], ils peuvent affranchir vos lettres [**der Brief** (*dèèr briif*), vos cartes postales [**die Postkarte** (*dii post-kar-te*) (la carte postale), et expédier vos colis [**das Paket** (*das pa-kéét*)].

Achat de timbres

Les **Briefmarken** peuvent être achetées à un guichet [**der Schalter** (*dèèr shal-ter*) (le guichet)] mais aussi en utilisant un distributeur automatique [**der Briefmarkenautomat** (*dèèr briif-mar-ken-aô-tôô-maat*) (le distributeur de timbres-poste)]. Voici comment demander des timbres en Allemagne :

Ich möchte gern Briefmarken kaufen. (*ich meuch-te guèrn briif-mar-ken kaô-fen*) (Je voudrais acheter des timbres.)

Poster le courrier

Comme presque partout ailleurs, le courrier affranchi est placé dans une boîte à lettres [**der Briefkasten** (*dèèr briif-kas-ten*) (la boîte aux lettres)] située au coin d'une rue ou devant un bureau de poste. Elles sont symbolisées par un cor noir sur un fond jaune. Certains **Briefkästen** (*briif-kès-ten*) (boîtes aux lettres) ont des ouvertures différentes selon les destinations, marquées par exemple : **Köln und Umgebung** (*keueuln ount oum-guéé-boung*) (Cologne et environs) et **Andere Orte** (*an-de-re or-te*) (Autres lieux). Les bureaux de poste (**Deutsche Post**) sont généralement ouverts du lundi au vendredi de 8 heures à 18 heures, et le samedi de 8 heures à midi.

Services particuliers

Voici les mots qui vous permettront d'obtenir certains autres services :

- **der Eilbrief** (*dèèr aïl-briif*) (la lettre express)
- **die Luftpost** (*dii louft-post*) (la poste aérienne)
- **der Einschreibebrief** (*dèèr aïn-shraï-be-briif*) (la lettre recommandée)
- **das Einschreiben** (*das aïn-shraï-ben*) (l'envoi recommandé)
- **das Paket** (*das pa-kéét*) (le paquet)

Et vous pouvez placer ces mots dans les phrases ci-après :

- **Ich möchte diesen Brief per Eilzustellung/per Luftpost/per Einschreiben schicken.** (*ich meuch-te dii-zen briif per aïl-tsou-shtè-loung/per louft-post/per aïn-shraï-ben shi-ken*) (Je voudrais envoyer cette lettre en express/par avion/en recommandé.)

» **Ich möchte dieses Paket aufgeben.** (*ich meuch-te dii-zes pa-kéét aôf-guéé-ben*) (Je voudrais envoyer ce paquet.)

Voici encore d'autres termes, qui peuvent être utile quand vous souhaitez envoyer une lettre.

- **der Absender** (*dèèr ap-zèn-der*) (l'expéditeur)
- **der Empfänger** (*dèèr èmp-fèn-guer*) (le destinataire)
- **das Porto** (*das por-tô*) (le montant de l'affranchissement)
- **die Eilpost** (*dii aïl-post*) (l'envoi prioritaire)
- **der Briefumschlag** (*dèèr brîf-oum-chlak*) (l'enveloppe)
- **der Briefträger** (*dèèr brîft-rè-geur*) (le facteur)
- **der Schalter** (*dèèr chal-teur*) (le guichet)
- **das Päckchen** (*das pèk-sheun*) (le colis)
- **es enthält...** (*ess en-thèlt*) (il contient...)
- **zerbrechlich** (*zèr-breu-lish*) (fragile)

Envoi d'un fax

Il n'est pas difficile de faire envoyer un fax depuis un bureau de poste ou depuis l'hôtel où vous résidez, si vous connaissez l'expression suivante :

Ich möchte etwas faxen. (*ich meuch-te èt-vas fa-ksen*) (Je voudrais faxer quelque chose.)

La personne chargée de l'opération vous demandera alors **die Faxnummer** (*dii fax-nou-mer*) (le numéro de fax).

TRUC

Il est toujours difficile de dire ou comprendre des nombres et des numéros dans une langue dont on n'a pas la totale maîtrise. C'est pourquoi il vaut mieux noter les informations numériques sur un papier, puis les montrer à la personne concernée.

Par surcroît de précaution, vous pouvez aussi avertir le destinataire du fax :

Ich schicke Ihnen ein Fax. (*ich shi-ke ii-nen aïn fax*) (Je vous envoie un fax.)

Internet et E-Mail

Le vocabulaire allemand de l'informatique personnelle, celle qui permet d'envoyer des e-mails, se compose essentiellement de mots anglais, comme vous le verrez ci-dessous. Il faut savoir qu'en Allemagne, vous trouverez facilement des cybercafés. Attention au clavier allemand, qui diffère du français. Il comporte notamment les Umlaut. Vous trouverez également des bornes WiFi (**WLAN**) un peu partout pour une connexion avec votre portable (**der Laptop**) (*dèèr lèp-top*).

- **der Computer** (*dèèr kom-piouou-ter*) (l'ordinateur)
- **das Internet** (*das in-ter-nèt*) (Internet)
- **die E-Mail** (*dii ii-méél*) (l'e-mail)
- **die E-Mail-Adresse** (*dii ii-méél-a-drè-se*) (l'adresse e-mail)
- **Ich schicke eine E-Mail.** (*ich shi-ke aï-ne ii-méél*) (J'envoie un e-mail.)
- **at** (*èt*) (arrobase)
- **der Blog** (*dèèr blog*) (le blog)
- **die Tastatur** (*dii tas-ta-tour*) (le clavier)

- **der USB-Stick** (*dèèr ou-èss-bé-stik*) (la clé USB)
- **eine E-Mail senden** (*aï-ne i-meïl sén-deun*) (envoyer un mail)
- **audrucken** (*aos-drou-keun*) (imprimer)
- **der Drucker** (*dèèr drou-ckeur*) (l'imprimante)
- **das Kennwort** (*das kén-vort*) (le mot de passe)
- **die Software** (*dii soft-vèr*) (le logiciel)
- **der Ordner** (*dèr ord-neur*) (le dossier)
- **die Datei** (*dii da-teï*) (le fichier)
- **das Internetcafé** (*das in-ter-net-ca-fé*) (le cybercafé)
- **die WLAN-Verbindung** (*dii vé-lan-fér-bin-dounk*) (la connexion WiFi)

GRAMMAIRE

Les mots **Computer**, **Internet** et **E-Mail** mettent en jeu respectivement les trois genres possibles en allemand, masculin, neutre et féminin. Pourquoi pas un seul genre pour tous les mots empruntés ? Et y a-t-il une raison pour le choix du genre d'un mot emprunté ? Il y en a une, et la voici : un mot allemand d'un sens identique ou voisin se cache le plus souvent derrière le substantif étranger, et lui communique son genre. **Der Computer** est proche de **der Rechner** (*dèèr rèch-ner*) (le calculateur), **das Internet** est voisin de **das Netz** (*das nèts*) (le filet, le réseau), et **die E-Mail** n'est rien d'autre que **die Nachricht** (*dii nagh-richt*) (le message), transmise par Internet.

Chapitre 14

Voyager avec des contraintes

DANS CE CHAPITRE

» **Voyager en étant enceinte ou / et avec des enfants**

» **Voyager quand on est âgé ou handicapé**

» **Voyager avec un animal domestique**

Puisque les voyages forment la jeunesse, il est fort probable que vous partiez avec vos chérubins lors de vos vacances. Sans être nécessairement un parcours du combattant, voyager avec des enfants n'est pas non plus une promenade de santé. De la même façon, si vous avez atteint un certain âge et même si le corps suit toujours, vous n'avez certainement pas les mêmes attentes lors de votre séjour à l'étranger que des jeunes tout juste sortis de l'œuf. Enfin, si vous avez décidé d'offrir des vacances à vos fidèles compagnons à quatre pattes, vous ne serez peut-être pas le bienvenu partout...

Dans ce chapitre, vous allez apprendre comment faire savoir que vous êtes enceinte, à vérifier que les activités proposées correspondent à des enfants ou à des personnes âgées, vous pourrez vous renseigner quant aux aménagements disponibles pour les personnes handicapées, et aussi à ne avoir de mauvaises surprises lorsque vous vous déplacez avec vos animaux bien-aimés. En bonus, vous apprendrez également quelques noms d'animaux.

Un polichinelle dans le tiroir ?

Vous êtes enceinte. Et vous voulez voyager ? Vous avez bien raison ! Ce n'est pas une raison pour renoncer à ce voyage tant espéré. Dans votre état, vous devrez cependant faire attention à ce que vous mangez (si vous n'êtes pas immunisée contre la toxoplasmose) mais aussi aux éventuels médicaments qu'on pourrait vous prescrire, même si, en Allemagne, on prescrit essentiellement du thé... Mais bon, il vaut mieux prévenir que guérir et c'est pour cela que je vous conseille de jouer carte sur table dès le départ :

- **Ich bin im 7 Monat schwanger.** (*ich biN im ziibtèN monaT schvangèr*) (Je suis enceinte de sept mois.)
- **Darf ich diese Medikamente einnehmen ?** (*darf ich diizeu médikamenteu aïN-némèN*) (Est-ce que je peux prendre ces médicaments ?)
- **Ist dieser Ausflug für schwangere Frauen geeignet?** (*iSt diseur aouSfloug fur chvangueureu fraouèN gué-aïg-nèT*) (Cette excursion convient-elle aux femmes enceintes ?)

Ouf ! Nous voilà rassurés ! Néanmoins, si d'aventure la grossesse ne se passait pas aussi bien que vous l'auriez souhaité, voici quelques phrases qui peuvent s'avérer utiles :

- **Ich ertrage die Eier / diesen Geruch nicht mehr.** (*ich èrtragueu di aï-yeur / diizèN guérouR nichT mèr)* (Je ne supporte plus les œufs / cette odeur.)
- **Mir ist schlecht.** (*mir iSt chlèchT*) (Je ne me sens pas bien.)
- **Ich leide unter Übelkeit.** (*ich laïdeu ouNteur ubèlkaiT*) (J'ai des nausées.)

- » **Ich mache nichts außer kotzen.** (*ich maReu nix aousseur kotsèN*) (Je n'arrête pas de vomir.)
- » **Können Sie mir einen Frauenarzt empfehlen?** (*keuneuN zi mir aïnèN fraoueun-artS empféélèN*) (Pouvez-vous me conseiller un gynécologue ?)

Le polichinelle est déjà sorti du tiroir ?

Votre grossesse, récente ou lointaine, est derrière vous. Mais le fruit de votre amour est là, avec vous. Voyager avec des enfants n'est pas toujours simple mais on va essayer de vous faciliter la tâche.

Lorsque vous parlez avec d'autres personnes, vous pouvez déjà essayer de voir où ils en sont avec leur progéniture :

- » **Haben Sie Kinder?** (*HabèN zi kindeur*) (Avez-vous des enfants ?)
- » **Ein Junge oder ein Mädchen?** (*aïN youngueu odeur aïN mèèdchèN*) (Un garçon ou une fille ?)
- » **Wie alt sind Ihre Kinder?** (*vi alT zint iireu kindeur*) (Quel âge ont vos enfants ?)
- » **Mein Sohn ist 5 und meine Tochter 2.** (*maïN zôN ist fuNf unT maïneu toRteur ist tsvaï*) (Mon fils a 5 ans et ma fille 2 ans.)

Parents depuis peu, vous voyagez avec votre petite tête blonde. Dès votre arrivée, à l'agence de location de voitures, vous pourrez demander **einen Kindersitz** (*aïnèN kindeurzitS*) (siège-auto), et à l'hôtel **ein Kinderbett** (*aïN kindeurbête*) (lit pour enfant) ou **eine Wiege** (*aïneu viigueu*) (berceau) ou encore **einen Laufstall** (*aïnèN laoufchtal*) (parc).

Côté nourriture, il faudra prévenir que vous allez peut-être **stillen** (*chtilèN*) (allaiter) et que vous allez avoir besoin de **Wasser** (*vasseur*) (eau) pour préparer **die Flasche** (*di flacheu*) (le biberon) avec du **Milchpulver** (*milchpoulfeur*) (lait en poudre).

Côté hygiène, ce ne sera pas du luxe de connaître des mots tels que **Pflegetuch** (*pflégueutouR*) (lingette) ou **Windel** (*viNdèl*) (couches) ; quant aux **Taschentücher** (*tachèntucheur*) (mouchoirs), ils vous seront toujours utiles.

Côté transport, à vous de choisir entre **eine Babytragetasche** (*aïNeu baïbi-tragueutacheu*) (porte-bébé) et **ein Kindersportwagen** (*aïN kindeur-chporT-vagèN*) (poussette), ce qui, traduit mot-à-mot, veut dire une voiture de sport pour enfant. La classe !

Côté distractions, rien ne fera mieux l'affaire qu'**ein Schnuller** (*aïN chnouleur*) (tétine) et **ein Babyspielzeug** (*aïN baïbi-chpiil-tsoïk*) (jouet) ; à moins de l'amener à la **Kinderkrippe** (*kindeurkripeu*) (crèche) pour souffler un peu.

Voici une autre série de petites phrases qui vous seront d'une grande utilité au restaurant :

- **Können Sie die Flasche aufwärmen bitte ?** (*keuneuN zi di flacheu aoufvarmèN biteu*) (Pouvez-vous chauffer le biberon ?)
- **Haben Sie ein Kindermenü ?** (*Habèn zi aïN kindeurménu*) (Avez-vous un menu enfant ?)

» **Gibt es ein Wickelgestell ?** (*guipT eS aïN vikèl-guéchtèL*) (Est-ce qu'il y a une table à langer ?)

» **Darf ich einen Kinderstuhl haben bitte ?** (*darf ich aïnèN kindeurchtoul HabèN biteu*) (Puis-je avoir une chaise haute ?)

N'OUBLIEZ PAS

DES PETITS QUI VOYAGENT À PETITS PRIX

À Berlin, les enfants de moins de 6 ans peuvent prendre le métro gratuitement et bénéficient d'une **Ermäßigung** (*èrmaissigoung*) (tarif réduit) jusqu'à 14 ans. Si, en tant que touristes, vous prenez la **WelcomeCard** (*ouèlcom-card*), qui est d'ailleurs bien pratique puisqu'elle vous donne droit à de nombreuses réductions dans les restaurants, musées et autres attractions de la ville, vous pouvez voyager avec un maximum de trois enfants de 6 à 14 ans sans payer de supplément pour eux. Chez la **DB**, la **Deutsche-Bahn** (*doïtscheubaaN*) (la SNCF allemande), les enfants voyagent gratuitement jusqu'à 5 ans et même jusqu'à 15 ans sous certaines conditions. Il faut par exemple qu'ils soient accompagnés d'un parent ou d'un grand-parent et que leur nom soit inscrit sur le ticket. Sinon, ils bénéficient d'une réduction de 50 % sur le prix du billet normal.

» **Ist es möglich ein zusätzliches Bett zu haben ?** (*iSt èS meuglich aïN tsouzètslicheS bèT tsou HabèN*) (Serait-il possible d'avoir un lit supplémentaire ?)

- **Haben Sie einen Kindersitz ?** (*HabèN zi aïnèN kindeurzitS*) (Avez-vous un rehausseur ?)
- **Ist dieser Ausflug für kleine Kinder geeignet ?** (*iSt diseur aouSfloug fur klaïneu kindeur gué-aïg-nèT*) (Cette excursion convient-elle aux enfants en bas âge ?)
- **Gibt es Ermäßigungen für Kinder / für große Familien ?** (*guipT èS èrméssigoungèN fur kindeur / fur grôSeu familieu*) (Faites vous des réductions pour les enfants / familles nombreuses ?)

Si vous souhaitez souffler un peu et, à moins qu'**ein Videospielgerät** (*aïN fidéochpiilguéraiT*) (console de jeu vidéo) et **ein Videospiel** (*aïN fidéochpiil*) (jeu vidéo) suffisent à distraire vos bambins, il faudra certainement prendre quelques initiatives :

- **Haben Sie einen Kinderbetreuungsdienst ?** (*HabèN zi aïnèn kindeur-bétroïoungS-diiNsT*) (Avez-vous un service de garde d'enfants ?)
- **Gibt es einen Spielplatz in der Nähe ?** (*guipT èS aïnèN chpiil-platS iN dèr naiHeu*) (Y-a-t-il une aire de jeu dans le coin ?)
- **Organisieren Sie Aktivitäten für Kinder ?** (*organisiirèn zi activitaitèN fur kindeur*) (Organisez-vous des activités pour les enfants ?)
- **Ich suche einen französischsprachigen Babysitter.** (*ich zouReu aïnèN frantseuzich-chpraRigueuN baïbi-sitteur*) (Je cherche un baby-sitter qui parle français.)

Votre enfant est un peu **wild** (*vilT*) (agité) ? Mieux vaut connaître quelques formules pour s'excuser auprès du voisinage :

» **Entschuldigung für den Kinderlärm.**
(*N-tchouldigoung fur dèN kindeurlairm*)
(Excusez-moi pour le bruit.)

» **Es tut mir leid, er / sie hat nicht extra gemacht.**
(*èS touT mir laïT èr / zi Hat nicht extra guémaRT*)
(Je suis désolé, il / elle n'a pas fait exprès.)

Si lors de votre séjour, par malchance et inattention, votre cher enfant s'égare pendant une séance shopping au KeDeWe (ka-dé-vé) (un grand magasin berlinois) ou au zoo, pas de panique et référez-vous au chapitre 15.

CULTURE

L'ALLEMAGNE ET LES ENFANTS

L'Allemagne regorge d'activités adaptées aussi bien aux adultes qu'aux enfants ! Il y a de nombreux **Vergnügungsparks** (*fergnugoungSparks*) (parcs d'attractions) comme le célèbre **Europa Park** (*oïropa parc*) ou encore le **Babelsberg- Filmspark** (*Babelsberg- filmSpark*) (parc sur le thème du cinéma). Le pays dispose de nombreux zoos mais le plus connu est celui de Berlin, dans lequel on peut admirer les ours blancs. Il est d'ailleurs très bien fait. Il y a également de nombreux musées d'arts, sur l'île aux musées à Berlin notamment, et de nombreux musées sur la triste, mais néanmoins riche histoire du pays. En général, les enfants de moins de 4 ans, parfois jusqu'à 6 ans, ne paient pas l'entrée dans les zoos ou les musées. Il existe également des tarifs pour les moins de 18 ans et pour les étudiants. N'oubliez pas votre carte d'étudiant !

L'heure de la retraite a sonné ?

Après une vie de dur labeur, vous avez enfin la possibilité de vous reposer et de profiter de votre retraite ! Vous avez décidé d'aller vous ressourcer dans une station thermale dont regorge l'Allemagne ? Ou peut-être plutôt d'aller vous émerveiller devant la richesse architecturale des villes allemandes ?

Sachez que lors de vos déplacements et de vos visites, privilège de l'âge oblige, vous pouvez souvent bénéficier de **Seniorenpreisen** (*séniorèNpraïzèN*) (tarif sénior) dans les transports en commun, les musées, les théâtres.... Profitez-en bien !

Gibt es Seniorenpreisen ? (*guipT èS sénioréNpraïzèN*) Y-a-t-il des réductions pour les séniors ?

Comme vous n'avez plus 20 ans et que le corps ne suit plus forcément comme au bon vieux temps, voici quelques phrases qui pourraient vous faciliter la vie :

- **Können Sie mich am Flughafen / am Bahnhof / am Hotel abholen ?** (*keuneuN zi mich aM flougHafèN / aM baaNHôf / aM Hotèl ap-HolèN*) (Est-ce que vous pouvez venir me chercher à l'aéroport / la gare / l'hôtel ?)
- **Können Sie mir helfen ?** (*keuneuN zi mir HelfèN*) (Est-ce que vous pouvez m'aider ?)
- **Ist der Ausflug ermüdend ?** (*iSt dèr aousflouk èrmudènT*) (La sortie est-elle fatigante ?)
- **Ist dieser Ausflug für Senioren geeignet ?** (*iSt diseur aouSfloug fur sénioréN gué-aïg-nèT*) (Est-ce que cette activité qui convient aux personnes âgées ?)

» **Darf ich Wasser haben ? Ich muss Medikamente einnehmen.** (*darf ich vasseur HabèN ? ich mouS médikamènteu aïN-néémèN*) (Pourrais-je avoir de l'eau ? Je dois prendre mes médicaments.)

Si jamais des sens tels que la vue ou l'ouïe vous font défaut, consultez la rubrique suivante consacrée aux handicaps.

Vous suivez peut-être aussi **eine spezielle Diät** (*aïneu chpétsièlleu dièèT*) (régime spécial) et vous devez **dünsten** (*duNstèN*) (cuire à la vapeur) ou **kochen lassen** (*koRèN lassèN*) (faire bouillir) votre poisson :

» **Ich bin zuckerkrank.** (*ich biN tsoukeurkraNk*) (J'ai du diabète.)

» **Ich habe einen erhöhten Cholesterinspiegel.** (*ich Habeu aïneuN èrHeutèN kolestérin-chpiiguèl*) (J'ai du cholestérol.)

» **Ich habe eine fettarme / salzarme Ernährung.** (*ich Habeu aïneu fèttarmeu / zalts-armeu èrnairoung*) (Je suis un régime faible en matières graisses / en sel.)

» **Ich möchte... aber ohne...** (*ich meuchteu... abeur ooneu...*) (Je vais prendre... mais sans...)

Une course d'obstacles

Il ne faut pas que die **Behinderung** (*di béHiNdeuroung*) (le handicap) soit un frein aux voyages ! De plus en plus d'infrastructures permettent aux **Behinderte** (*béHiN-deurteu*)(personnes handicapées) de réaliser leurs rêves en leur donnant la possibilité de voyager. Les trains, les compagnies aériennes, les agences de voyages, les associations et les gouvernements mettent en œuvre un ensemble de services pour que l'envie de dépaysement ne soit pas sacrifiée aux besoins quotidiens des personnes handicapées.

Le voyage urbain reste, certes, le plus immédiatement accessible et la plupart des villes allemandes sont aménagées et adaptées à tous les handicaps. Il faut savoir qu'en Allemagne, les villes sont très récentes, conséquences directes des bombardements de la Seconde Guerre Mondiale. Les nouvelles infrastructures dont a pu se doter l'ex-Allemagne de l'Est dans le cadre du programme de reconstruction de l'Est (Aufbau Ost) améliorent particulièrement les conditions de vie des aveugles, malvoyants et des handicapés en général. Mais rassurez vous, les infrastructures sont bonnes dans toute l'Allemagne, pas seulement à l'Est.

Par ailleurs, le site internet visitberlin.de/fr (disponible en français) regorge de conseils et pourra vous aider à planifier au mieux votre voyage à Berlin en fonction de votre handicap.

Malgré tout, que vous souhaitiez séjourner chez l'habitant ou dans un hôtel cinq étoiles, il faudra vous renseigner sur les infrastructures de l'établissement :

» **Ist das Hotel / das Museum behindertengerecht ausgestattet ?** (*iSt daS Hotèl / daS Muzéoum béHindeurtèNgérècht aousguéchtatèT*) (Est-ce que l'hôtel / le musée est adapté aux handicapés ?)

» **Ich bin Rollstuhlfahrer/in m/f** (*Ich biN rôlchtoul-faareur/iN*) (Je me déplace en fauteuil roulant.)

» **Können Sie mich am Flughafen / am Bahnhof / am Hotel abholen ?** (*keuneuN zi mich aM flougHafèN / aM baaNHôf / aM Hotèl ap-HolèN*) (Est-ce que vous pouvez venir me chercher à l'aéroport / la gare / l'hôtel ?)

- **Können Sie mir helfen ?** (*keuneuN zi mir HelfèN*) (Est-ce que vous pouvez m'aider ?)
- **Gibt es Ermäßigungen für Behinderte ?** (*guipT èS èrmaissigoungèN fur béHiNdeurteu*) (Y-a-t-il des réductions pour les personnes handicapées ?)

Pour les autres handicaps, voici quelques phrases ainsi que quelques mots qui pourront vous aider :

- **Ich bin sehbehindert.** (*ich biN séébéHindeurT*) (Je suis malvoyant(e).)
- **Haben Sie ein Menü mit Bilder / in Großbuchstaben ?** (*Habèn zi aïN ménu miT bildeur / iN grôS-bouRchtabèN*) (Avez-vous un menu avec des photos / en gros caractères ?)
- **Ich komme mit einem Blindenhund.** (*ich komeu mit aïneum bliNdèNHounT*) (Je viendrai avec un chien d'aveugle.)
- **Ich bin schwerhörig.** (*ich biN chvèr-Heurich*) (Je suis malentendant(e).)
- **Können Sie bitte lauter / langsamer reden ?** (*keuneuN zi biteu laouteur / langue-zameur rédèN*) (Pouvez-vous parler plus fort / plus lentement ?)

Parlons handicap

- **der Begleiter / die Begleiterin** (*dèr béglaïteur / di béglaïteuriN*) (l'accompagnateur / l'accompagnatrice)
- **die Gehhilfe** (*di guéHilfeu*) (le déambulateur)
- **der Stock** (*dèr chtok*) (la canne)
- **der Blindenstock** (*dèr bliNdèNchtok*) (la canne blanche)

- **die / der Sehbehinderte(r) f/m** (*dèr / di zéébéHiNdeurteu(r)*) (la/le malvoyant(e))
- **die Blinde / der Blinder f/m** (*di bliNdeu / dèr bliNdeur*) (l'aveugle)
- **der Blindenhund** (*dèr bliNdèNHounT*) (le chien d'aveugle)
- **die / der Schwerhörige(r) f/m** (*dèr / di chvèrHeurigueu(r)*) (la / le malentendant(e))
- **das Medikament** (*daS médikamènt*) (le médicament)
- **die Krücke** (*di krukeu*) (la béquille)
- **geistig / motorisch Behinderte(r) f/m** (*gaïstich / motorich béHindeurteu(r)*) (la / le handicapé mental / moteur)
- **die Prothese** (*di protèzeu*) (la prothèse)
- **die / der Taube(r) f/m** (*di / dèr taoubeu(r)*) (le / la sourd(e))
- **die / der Taubstumme(r) f/m** (*di / dèr taoubchtoumeu(r)*) (le / la sourd(e)-muet(te))

Médor, Popinette, Teseo et autres compagnons à quatre pattes

Vous n'imaginez pas passer vos vacances sans Popinette, votre adorable petit bulldog français ? Ou si tout simplement vous n'avez trouvé personne pour la garder pendant votre absence, Popinette va pouvoir gambader en Allemagne. Mais malgré sa petite bouille d'amour, cela pourrait poser quelques petits problèmes. Nous allons voir ça ensemble :

Quelques conseils pratiques avant le départ : n'oubliez pas que votre animal doit être âgé de plus de quatre mois et que vous devez impérativement vous informer des conditions phytosanitaires d'acceptation du pays de destination et de transit. Tous les **Impfungen** (*impfounguèn*) (vaccins) dont le **Tollwutimpfstoff** (*tolvoutimpfchtof*) (vaccin antirabique) de votre animal doivent être à jour et effectifs, et vous devez présenter le jour de votre départ, à l'enregistrement, **die Tierkennzeichnung** (*di tiirkèNtsaïchnoung*) (certificat d'identification), **der Gesundheitspass** (*dèr guézoundHaïtSpaS*)(carnet de santé) ou **der Reisepass** (*dèr raïzeupaS*)(passeport) de votre animal.

- **Ist es möglich, mit einem Hund zu kommen ?** (*ist èS meuglich mit aïneum HounT tsou komèN*) (Est-il possible de venir avec un chien ?)
- **Wo ist das Futter für Tiere ?** (*vo ist das fouteur fur tiireu*) (Où se trouve la nourriture pour animaux ?)
- **Darf ich die Reste mitnehmen ?** (*darf ich di resteu miTnémeuN*) (Est-ce que je peux prendre les restes ?)
- **Können Sie mir einen Tierarzt empfehlen ?** (*keuneuN zi mir aïneuN tiirartS empféélèN*) (Pouvez-vous me recommander un vétérinaire ?)

Vous trouverez pour finir une petite liste d'animaux. Ne vous attendez pas à y trouver des tigres ou des serpents à sonnettes mais seulement des animaux que vous pourrez rencontrer sur place ou au menu....

En laisse, en cage ou dans l'assiette...

- **der Hund** (*dèr HounT*) (le chien)
- **die Katze** (*di catseu*) (le chat)

- **der Hamster** (*dèr Hamsteu*) (le hamster)
- **der Kanarienvogel** (*dèr canarifogueul*) (le canari)
- **der Papagei** (*dèr papagaï*) (le perroquet)
- **der Sittich** (*dèr zitich*) (la perruche)
- **der Goldfisch** (*dèr goldfich*) (le poisson rouge)
- **das Pferd** (*daS pfèrd*) (le cheval)
- **die Maus** (*di maouS*) (la souris)
- **das Rind** (*daS riNd*) (le bœuf)
- **das Schwein** (*daS chvaïN*) (le porc)
- **das Lamm** (*daS lam*) (l'agneau)
- **das Kaninchen** (*daS kaniNchèN*) (le lapin)
- **das Hähnchen** (*daS HaiNchèN*) (le poulet)
- **die Ente** (*di Nteu*) (le canard)
- **der Thunfisch** (*dèr tounfich*) (le thon)
- **der Kabeljau** (*dèr cabèlyaou*) (la morue)
- **die Makrele** (*di macrèlleu*) (le maquereau)
- **die Seezunge** (*di séétsoungueu*) (la sole)
- **die Forelle** (*di forèlleu*) (la truite)
- **der Lachs** (*dèr laX*) (le saumon)
- **der Hering** (*dèr HérinG*) (le hareng)
- **der Zander** (*dèr tsandeur*) (le sandre)
- **die Garnele** (*di garnèlleu*) (la crevette)

Chapitre 15

Gérer des urgences

DANS CE CHAPITRE

» **Demander de l'aide**

» **Aller chez le médecin ou à l'hôpital**

» **Parler avec la police**

Le vocabulaire allemand de ce chapitre n'est pas d'utilisation fréquente, et peut-être ne vous servira-t-il jamais. Mais si les circonstances font que vous en avez besoin un jour, il peut vous rendre d'immenses services.

Les accidents et les urgences

Si vous êtes d'un naturel anxieux, et s'il vous arrive quelque accident ou si vous êtes victime ou témoin d'un délit, vous aurez d'autant plus besoin de savoir décrire ce qui se passe dans la langue de ceux qui vous entourent.

Appeler au secours

Voici quelques expressions qu'il vaut mieux connaître à l'avance, car vous n'aurez pas le temps d'aller les chercher dans un guide de conversation ou un dictionnaire :

» **Hilfe!** (*h'il-fe*) (Au secours !)

» **Rufen Sie die Polizei!** (*rouou-fen zii dii po-li-tsai*) (Appelez la police !)

- **Rufen Sie einen Krankenwagen!** (*rouou-fen zii aï-nen kran-ken-vaa-guen*) (Appelez une ambulance !)
- **Rufen Sie die Feuerwehr!** (*rouou-fen zii dii foï-er-véér*) (Appelez les pompiers !)
- **Holen Sie einen Arzt!** (*hôô-len zii aï-nen artst*) (Allez chercher un médecin !)
- **Feuer!** (*foï-er*) (Au feu !)

Signaler un problème

Voici le vocabulaire adapté à la description d'une situation d'urgence dont vous pouvez être le témoin ou la victime :

- **Ich möchte einen Unfall melden.** (*ich meuch-te aï-nen oun-fal mèl-den*) (Je voudrais signaler un accident.)
- **Ich möchte einen Unfall auf der Autobahn melden.** (*ich meuch-te aï-nen oun-fal aôf dèèr aô-tô-baan mèl-den*) (Je voudrais signaler un accident sur l'autoroute.)
- **Ich bin verletzt.** (*ich bin fer-lètst*) (Je suis blessé.)
- **Es gibt Verletzte.** (*ès gipt fer-lèts-te*) (Il y a des blessés.)

Et voici deux phrases utiles à connaître en cas de vol :

- **Ich möchte einen Diebstahl/Raubüberfall melden.** (*ich meuch-te aï-nen diip-shtaal/raôp-uu-ber-fal mèl-den*) (Je voudrais signaler un vol/hold-up.)
- **Haltet den Dieb!** (*h'al-tet déén diip*) (Au voleur !)

Demander de l'aide dans une autre langue

Si vous n'arrivez pas à vous faire comprendre, n'hésitez pas à essayer une autre langue que l'allemand :

Spricht hier jemand Französisch? (*shpricht h'iir iéé-mant fran-tseueu-zish*) (Quelqu'un parle-t-il français ici ?)

Mots clés

Hilfe!	*h'il-fe*	Au secours !
Rufen Sie die Polizei!	*rouou-fen zii dii po-li-tsaï*	Appelez la police !
Feuer!	*foï-er*	Au feu !

Le médecin ou l'hôpital

Vous trouverez dans cette section le vocabulaire indispensable en cas de maladie ou d'accident.

» **der Arzt/die Ärztin** (*dèèr artst/dii èrts-tin*) (le médecin/la praticienne)

» **der Doktor** (*dèèr dok-tôôr*) (le docteur)

» **das Krankenhaus** (*das kran-ken-h'aôs*) (l'hôpital)

» **die Notaufnahme** (*dii nôôt-aôf-naa-me*) (les urgences)

» **die Arztpraxis** (*dii artst-pra-xis*) (le cabinet médical)

Voici comment demander l'aide d'un médecin ou vous renseigner sur le cabinet médical ou l'hôpital le plus proche :

- **Ich brauche einen Arzt.** (*ich braô-ghe aï-nen artst*) (J'ai besoin d'un médecin.)
- **Wo ist die nächste Arztpraxis?** (*vôô ist dii nèèk-ste artst-pra-xis*) (Où est le cabinet médical le plus proche ?)
- **Wo ist das nächste Krankenhaus?** (*vôô ist das nèèk-ste kran-ken-h'aôs*) (Où est l'hôpital le plus proche ?)

Décrire ce qui ne va pas

Voici maintenant les mots pour décrire les raisons d'une visite à l'hôpital ou chez le médecin :

- **Ich fühle mich nicht wohl.** (*ich fuu-le mich nicht vôôl*) (Je ne me sens pas bien.)
- **Ich bin krank.** (*ich bin krank*) (Je suis malade.)
- **Ich habe Fieber.** (*ich h'aa-be fii-ber*) (J'ai de la fièvre.)
- **Mir tut der Hals/Bauch/Rücken weh.** (*mir touout dèèr h'als/baôgh/ru-ken véé*) (J'ai mal à la gorge/au ventre/au dos.)
- **Ich habe Schmerzen im Arm/Bauch.** (*ich h'aa-be shmèr-tsen im arm/baôgh*) (J'ai des douleurs dans le bras/le ventre.)
- **Ich habe (starke) Bauchschmerzen/Kopfschmerzen/Zahnschmerzen.** (*ich h'aa-be shtar-ke baôgh-shmèr-tsen/kopf-shmèr-tsen/tsaan-shmèr-tsen*) (J'ai [très] mal au ventre/à la tête/aux dents.)

» **Ich habe Halsschmerzen/Rückenschmerzen.**
(*ich h'aa-be h'als-shmèr-tsen/ru-ken-shmèr-tsen*)
(J'ai mal à la gorge/au dos.)

CULTURE

APPELS D'URGENCE

Voici les numéros d'appel d'urgence à inscrire sur votre agenda de poche en cas de voyage dans l'un des trois pays de langue allemande :

- **Polizei**
  (*po-li-tsai*) (police) :
  110 (Allemagne) ;
  133 (Autriche) ;
  117 (Suisse).
- **Feuerwehr**
  (*foï-er-véér*)
  (pompiers) : 112
  (Allemagne) ;
  122 (Autriche) ;
  118 (Suisse).

Grâce aux téléphones portables, il est désormais beaucoup plus facile de demander de l'aide ou de signaler un accident. Cependant, le réseau autoroutier allemand est équipé depuis longtemps pour permettre de donner l'alarme en cas d'accident. Les automobilistes disposent de bornes d'appel situées à intervalles réguliers sur les bandes d'arrêt d'urgence : **die Notrufsäule** (*dii nôôt-rououf-zoï-le*) (la borne d'appel d'urgence). Des signes vous indiquent en outre à quelle distance se trouve la borne d'appel la plus proche.

Décrire une situation médicale particulière

Les médecins et le personnel médical interrogent toujours un nouveau patient sur sa situation médicale avant tout examen et toute intervention. Un malentendu à ce niveau pouvant avoir de graves conséquences, vous avez intérêt à bien connaître les termes éventuellement applicables à votre cas.

Vous pouvez commencer la phrase correspondante par :

Ich bin... (*ich bin...*) (Je suis...)

et compléter par :

- **allergisch gegen...** (*a-lèr-gish guéé-guen*) (allergique à...)
- **behindert** (*be-h'in-dert*) (handicapé)
- **schwanger** (*schvan-guer*) (enceinte)
- **Diabetiker** (*dia-béé-ti-ker*) (diabétique)
- **Epileptiker** (*éé-pi-lèp-ti-ker*) (épileptique)

D'autres situations se décrivent en commençant par le verbe avoir :

Ich habe... (*ich h'aa-be*) (J'ai..)

et en continuant pas l'indication de ce que vous avez :

- **ein Herzleiden** (*aïn hèrts-laï-den*) (une maladie de cœur)
- **zu hohen/niedrigen Blutdruck** (*tsou h'ôô-en blouout-drouk*) (une tension trop élevée/basse)

L'examen par le médecin

Voici quelques-unes des questions que le médecin peut poser à l'occation de votre examen :

- **Was haben Sie für Beschwerden?** (*vas haa-ben zii fuur be-shvéér-den*) (De quoi souffrez-vous ?)

- **Haben Sie Schmerzen?** (*h'aa-ben zii shmèr-tsen*) (Avez-vous mal ?)
- **Wo tut es weh?** (*vôô touout ès véé*) (Où avez-vous mal ?)
- **Tut es hier weh?** (*touout ès h'iir véé*) (Cela fait-il mal ici ?)
- **Wie lange fühlen Sie sich schon so?** (*vii lan-gue fuu-len zii zich shôôn zôô*) (Depuis combien de temps vous sentez-vous ainsi ?)
- **Sind Sie gegen irgendetwas allergisch?** (*zint zii guéé-gent ir-gent-èt-vas a-lèr-gish*) (Êtes-vous allergique à quelque chose ?)

Le médecin peut aussi vous donner certaines instructions au cours de l'examen :

- **Bitte streifen Sie den Ärmel hoch.** (*bi-te shtraï-fen zii déén èr-mel h'ôôgh*) (Remontez s'il vous plaît votre manche.)
- **Bitte machen Sie den Oberkörper frei.** (*bi-te ma-ghen zii déén ôô-ber-keur-per fraï*) (S'il vous plaît enlevez tous les vêtements du haut du corps.)
- **Bitte legen Sie sich hin.** (*bi-te léé-guen zii zich h'in*) (Allongez-vous s'il vous plaît.)
- **Machen Sie bitte den Mund auf.** (*ma-ghen zii bi-te déén mount aôf*) (Ouvrez la bouche s'il vous plaît.)
- **Atmen Sie bitte tief durch.** (*at-men zii bi-te tiif dourch*) (Respirez s'il vous plaît profondément.)
- **Husten Sie bitte.** (*h'ous-ten zii bi-te*) (Toussez s'il vous plaît.)

Différentes parties du corps

Voici un choix de réponses à la question **Wo tut es weh?** (*vôô touout ès véé*) (Où avez-vous mal ?)

- **der Arm** (*dèèr arm*) (le bras)
- **das Auge** (*das aô-gue*) (l'oeil)
- **der Bauch** (*dèèr baôgh*) (le ventre)
- **das Bein** (*das baïn*) (la jambe)
- **die Brust** (*dii broust*) (la poitrine)
- **der Daumen** (*dèèr daô-men*) (le pouce)
- **der Finger** (*dèèr fin-guer*) (le doigt)
- **der Fuß** (*dèèr fouous*) (le pied)
- **das Gesicht** (*das gue-zicht*) (le visage)
- **das Haar** (*das h'aar*) (le cheveux/les cheveux/le poil/les poils)
- **der Hals** (*dèèr h'als*) (le cou/la gorge)
- **die Hand** (*dii h'ant*) (la main)
- **das Herz** (*das h'èrts*) (le cœur)
- **der Kiefer** (*dèèr kii-fer*) (la mâchoire)
- **das Knie** (*das knii*) (le genou)
- **der Kopf** (*dèèr kopf*) (la tête)
- **das Fußgelenk** (*das fouous-gue-lènk*) (la cheville)
- **der Fußknöchel** (*dèèr fouous-kneueu-chel*) (la malléole)
- **die Lippe** (*dii li-pe*) (la lèvre)
- **der Magen** (*dèèr maa-guen*) (l'estomac)
- **der Mund** (*dèèr mount*) (la bouche)

- **der Muskel** (*dèèr mous-kel*) (le muscle)
- **die Nase** (*dii naa-ze*) (le nez)
- **das Ohr** (*das ôôr*) (l'oreille)
- **der Rücken** (*dèèr ru-ken*) (le dos)
- **die Schulter** (*dii shoul-ter*) (l'épaule)
- **der Zeh** (*dèèr tséé*) (l'orteil)
- **die Zunge** (*dii tsoun-gue*) (la langue)

Le diagnostic

Voici quelques-unes des expressions utilisées pour formuler un diagnostic :

- **die Diagnose** (*dii di-ag-nôo-ze*) (le diagnostic)
- **Sie haben...** (*zii h'aa-ben...*) (Vous avez...)
- **eine Erkältung** (*aï-ne èr-kèl-toung*) (un rhume)
- **eine Grippe** (*aï-ne gri-pe*) (une grippe)
- **eine Entzündung** (*aï-ne ènt-sun-doung*) (une inflammation)
- **eine Blinddarmentzündung/ Lungenentzündung/Mandelentzündung** (*blint-darm-ènt-tsun-doung / loun-guen-ènt-sun-doung/man-del-ènt-sun-doung*) (Une appendicite/ pneumonie/amygdalite)
- **Wir müssen eine Röntgenaufnahme machen.** (*viir mu-sen aï-ne reueun-tguen-aôf-naa-me ma-ghen*) (Nous devons faire une radiographie.)
- **Ihr Fußgelenk ist gebrochen/verstaucht/ verrenkt.** (*iir fouous-gue-lènk ist gue-bro-ghen/ fer-shtaôght/fer-rènkt*) (Votre cheville est cassée/ a une entorse/est déboîtée.)

Mots clés

Ich brauche einen Arzt	*ich braô-ghe aï-nen artst*	J'ai besoin d'un médecin.
Ich bin krank	*ich bin krank*	Je suis malade.
Wo tut es weh?	*vôô touout ès véé*	Où cela fait-il mal ?
Haben Sie Schmerzen?	*h'aa-ben zii shmèr-tsen*	Avez-vous des douleurs ?

Le traitement

Avant de prescrire un traitement, le médecin pose le plus souvent la question :

Nehmen Sie noch andere Medikamente? (*néé-men zii nogh an-de-re mé-di-ka-mèn-te*) (Prenez vous d'autres médicaments ?)

Et voici ce qu'il pourrait vous prescrire :

- **Ich gebe Ihnen…/Ich verschreibe Ihnen…** (*ich guéé-be ii-nen…/ich fer-shraï-be ii-nen…*) (Je vous donne…/Je vous prescrit…)
- **ein Schmerzmittel** (*aïn shmèrts-mi-tel*) (un calmant de la douleur)
- **Antibiotika** (*an-tii-biôô-ti-ka*) (des antibiotiques)
- **Tabletten** (*ta-blè-ten*) (des comprimés)
- **das Medikament** (*das mé-di-ka-mènt*) (le médicament)

Le docteur vous remet alors **das Rezept** (*das re-tsèpt*) (l'ordonnance) que vous porterez dans une pharmacie, appelée **die Apotheke** (*a-pô-téé-ke*) (la pharmacie) pour y acheter vos **Medikamente** (*mé-di-ka-mèn-te*).

Voici les expressions usuelles relatives à la prise des médicaments :

- **Bitte, nehmen Sie... Tabletten/Teelöffel...** (*bi-te néé-men zii... ta-blè-ten/téé-leu-fel...*) (Veuillez prendre... comprimés/cuillerées à dessert de...)
- **Dreimal am Tag/täglich** (*draï-mal am taagk/tèèg-lich*) (Trois fois par jour/chaque jour)
- **Alle... Stunden** (*a-le... shtoun-den*) (Toutes les... heures)
- **Vor/nach dem Essen** (*fôôr/nagh déém è-sen*) (avant/après les repas)

Et pour finir, si le médecin souhaite vous voir de nouveau, il dira :

Kommen Sie in... Tagen/einer Woche wieder. (*ko-men zii in... taa-gue/aï-ner vo-ghe vii-der*) (Revenez dans... jours/une semaine.)

Parler avec la police

Vous venez de découvrir que votre chambre d'hôtel a été cambriolée. Voici quelques expressions appropriées :

- **Wo ist die nächste Polizeiwache?** (*vôô ist dii nèèk-ste po-li-tsaï-va-ghe*) (Où se trouve le plus proche commissariat de police ?)
- **Ich möchte einen Diebstahl melden.** (*ich meuch-te aï-nen diip-shtaal mèl-den*) (Je voudrais signaler un vol.)

Décrire ce qui a été volé

Vous pouvez commencer votre déclaration ainsi

Man hat mir... gestohlen. (*man h'at mir... gue-shtôô-len*) (On m'a volé...)

et la compléter par la mention de ce qui a disparu :

- **meine Brieftasche/mein Portemonnaie** (*maï-ne briif-ta-she/maïn port-mo-nèè*) (mon portefeuille/porte-monnaie)
- **meine Tasche** (*maï-ne ta-she*) (mon sac)
- **mein Geld** (*maïn guèlt*) (mon argent)
- **meinen Pass** (*maï-nen pas*) (mon passeport)
- **mein Auto** (*maïn aô-tô*) (ma voiture)

Pour indiquer que quelqu'un est entré par effraction dans votre maison ou votre bureau, vous utilisez le verbe **einbrechen** (*aïn-brè-chen*) (entrer par effraction) :

Man hat bei mir eingebrochen. (*man h'at baï mir aïn-gue-bro-ghen*) (On est entré chez moi par effraction.)

S'il s'agit de votre voiture, vous utilisez un verbe un peu différent, **aufbrechen** (*aôf-brè-chen*) (ouvrir par effraction) :

Man hat mein Auto aufgebrochen. (*man h'at maïn aô-tô aôf-gue-bro-ghen*) (On a fracturé ma voiture.)

GRAMMAIRE

Le pronom indéfini **man**, équivalent du français « on » s'emploie exactement dans les mêmes contextes, par exemple :

- **Man hat seine Tasche gestohlen.** (*man h'at zaï-ne ta-she gue-shtôô-len*) (On a volé son sac [possesseur masculin].)

» **Man hat ihre Tasche gestohlen.** (*man h'at ii-re ta-she gue-shtôô-len*) (On a volé son sac [possesseur féminin].)

Répondre aux questions de la police

Si vous avez aperçu l'auteur du délit, vous aurez besoin du vocabulaire permettant de décrire une personne. La police vous demandera :

Können Sie die Person beschreiben? (*keu-nen zii dii per-zôôn be-shraï-ben*) (Pouvez-vous décrire la personne ?)

Vous pouvez amorcer votre réponse ainsi :

Die Person hatte... (*dii per-zôôn h'a-te*) (La personne avait...)

et la compléter par l'un des mots suivants (ou plusieurs reliés par **und**) :

» **blonde/schwarze/rote/graue Haare** (*blon-de/shvar-tse/rôô-te/graô-e h'aa-re*) (des cheveux blonds/noir/roux/gris)

» **einen Bart/keinen Bart** (*aï-nen bart/kaï-nen bart*) (une barbe/pas de barbe)

» **eine Glatze** (*aï-ne glat-se*) (il était chauve)

» **eine Brille** (*aï-ne bri-le*) (des lunettes)

Ou vous pouvez commencer par dire **Die Person war...** (*dii per-zôôn vaar...*) (La personne était...) et compléter par l'une des expressions suivantes :

» **groß/klein** (*grôôs/klaïn*) (grande/petite)

» **ungefähr... Meter... groß** (*oun-gue-fèèr... méé-ter grôôs*) (environ d'une taille de... mètres)

» **ungefähr... Jahre alt.** (*oun-gue-fèèr... iaa-re alt*) (âgée d'environ... ans)

La police peut aussi vous demander d'autres précisions :

- **Wann ist das passiert?** (*van ist das pa-siirt*) (Quand cela s'est-il passé ?)
- **Wo waren Sie in dem Moment?** (*vôô vaa-ren zii in déém mô-mènt*) (Où étiez-vous à ce moment-là ?)

La protection de vos droits

Et si vous deviez avoir vous-même affaire à la police, quels qu'en soient les circonstances ou les motifs, voici deux phrases dont la connaissance vous sera très utile :

- **Ich brauche einen Anwalt.** (*ich braô-che aï-nen an-valt*) (J'ai besoin d'un avocat.)
- **Ich möchte das Konsulat anrufen.** (*ich meuch-te das kon-sou-laat an-rouou-fen*) (Je voudrais appeler le consulat.)

Dictionnaire allemand/français

A

der Aal (*dèèr aal*) (l'anguille)

der Abend (*dèèr aa-bent*) (le soir/la soirée : de 18 h à minuit)

das Abendessen (*das aa-bent-è-sen*) (le dîner)

die Abfahrt (*dii ap-faart*) (le départ)

der Abflug (*dèèr ap-flouougk*) (le décollage)

die Abreise (*dii ap-raï-ze*) (le départ en voyage)

der Absender (*dèèr ap-zèn-der*) (l'expéditeur)

die Adresse (*dii a-drè-se*) (l'adresse)

das Altbier (*das alt-biir*) (altbier – bière à haute fermentation couleur cuivrée)

die Altstadt (*dii alt-sthat*) (la vieille ville)

der Anflug (*dèèr an-flouougk*) (l'approche [pour atterrissage])

der Anfang (*dèèr an-fang*) (le début)

das Angebot (*das an-gue-bôôt*) (l'offre)

der Angestellte (*dèèr an-gue-shtèl-te*) (l'employé)

die Angestellte (*dii an-gue-shtèl-te*) (l'employée)

der Ankauf (*dèèr an-kaôf*) (l'achat)

die Ankunft (*dii an-kounft*) (l'arrivée)

der Anruf (*dèèr an-rououf*) (l'appel)

der Anrufbeantworter (*dèèr an-rouf-be-ant-vor-ter*) (le répondeur téléphonique)

der Anteil (*dèèr an-taïl*) (la part [qui revient à quelqu'un])

die Anzeige (*dii an-tsaï-gue*) (l'annonce)

der Anzug (*dèèr an-tsougk*) (le costume)

der Apfel (*dèèr ap-fel*) (la pomme)

der Apparat (*dèèr a-pa-raat*) (l'appareil)

die Arbeit (*dii ar-baït*) (le travail)

die Arbeitslosigkeit (*dii ar-baïts-lôô-sich-kaït*) (le chômage)

der Architekt (*dèèr ar-chii-tèkt*) (l'architecte)

die Architektur (*dii ar-chi-tèk-touour*) (l'architecture)

der Arm (*dèèr arm*) (le bras)

der Arzt (*dèèr artst*) (le médecin)

die Arztpraxis (*dii artst-pra-xis*) (le cabinet médical)

die Auffahrt (*dii aôf-faart*) (la rampe d'accès à l'autoroute)

der Aufschnitt (*dèèr aôf-sh-nit*) (viande froide et fromage)

das Auge (*das aô-gue*) (l'œil)

die Ausfahrt (*dii aôs-faart*) (la sortie d'autoroute)

der Ausgang (*dèèr aôs-gang*) (la sortie)

die Auskunft (*dii aôs-kounft*) (l'information)

die Ausstellung (*dii aôs-shtè-loung*) (l'exposition)

die Auswanderung (*dii aôs-van-de-roung*) (l'émigration)

der Ausweis (*dèèr aôs-vaïs*) (la pièce d'identité)

die Autobahn (*dii aô-tô-baan*) (l'autoroute)

das Autobahndreieck (*das aô-tô-baan-draï-èk*) (la jonction de trois autoroutes)

der Automat (*dèèr aô-tô-maat*) (l'appareil automatique, le distributeur)

B

der Bäcker (*dèèr bè-ker*) (le boulanger)

die Bäckerin (*dii bè-ke-rin*) (la boulangère)

das Bad (*das baat*) (la salle de bain)

die Badewanne (*dii baa-de-va-ne*) (la baignoire)

die Bahn (*dii baan*) (la voie)

der Bahnhof (*dèèr baan-h'ôôf*) (la gare)

der Bahnsteig (*dèèr baan-sh-taïgk*) (le quai [dans une gare de voyageurs])

das Balett (*das ba-lèt*) (le ballet)

der Balkon (*dèèr bal-kon*) (le balcon)

die Bank (*dii bank*) (la banque)

das Bargeld (*das bar-guèlt*) (l'argent en espèces)

der Bauch (*dèèr baôgh*) (le ventre)

der Bauernhof (*dèèr baô-ern-h'ôôf*) (la ferme)

der Baum (*dèèr baôm*) (l'arbre)

die Baumwolle (*dii baôm-vo-le*) (le coton)

der Beifall (*dèèr baï-fal*) (les applaudissements/l'accueil favorable du public)

das Bein (*das baïn*) (la jambe)

der Berg (*dèèr bèrg*) (la montagne)

der Beruf (*dèèr be-rououf*) (la profession)

der Beschluß (*dèèr be-shlououս*) (la décision)

der Besen (*dèèr béé-zen*) (le balai)

die Besprechung (*dii be-shprè-choung*) (la réunion)

das Besteck (*das be-shtèk*) (les couverts : couteau, fourchette et cuiller)

das Bett (*das bèt*) (le lit)

der Bewohner (*dèèr be-vôô-ner*) (l'occupant [d'une habitation])

die Bibliothek (*dii bi-bli-ô-téék*) (la bibliothèque)

der Bibliothekar (*dèèr bi-bli-ô-téé-kaar*) (le bibliothécaire)

der Biergarten (*dèèr biir-gar-ten*) (le jardin où l'on sert de la bière)

die Bierhalle (*dii biir-h'a-le*) (la brasserie)

die Bierstube (*dii biir-shtouou-be*) (la petite brasserie)

das Bild (*das bilt*) (l'image)

die Blamage (*dii bla-maa-je*) (la gaffe)

das Blatt (*das blat*) (la feuille)

der Blazer (*dèèr blèè-zer*) (le blazer)

der Bleistift (*dèèr blaï-sthtift*) (le crayon)

die Blinddarmentzündung (*dii blintdarm-ènt-tsun-doung*) (l'appendicite)

die Bluse (*dii blouou-ze*) (le corsage)

die Bohnensuppe (*dii bôô-nen-zou-pe*) (le potage aux haricots)

die Bordkarte (*dii bort-kar-te*) (la carte d'embarquement)

die Botschaft (*dii bôôt-shaft*) (l'ambassade)

der Brief (*dèèr briif*) (la lettre)

der Briefbogen (*dèèr briif-bôô-gen*) (la feuille de papier à lettre)

der Briefkasten (*dèèr briif-kas-ten*) (la boîte aux lettres)

die Briefmarke (*dii briif-mar-ke*) (le timbre-poste)

das Brot (*das brôôt*) (le pain)

das Brötchen (*das breueut-chen*) (le petit pain)

der Bruder (*dèèr brouou-der*) (le frère)

die Brust (*dii broust*) (le sein, la poitrine)

der Buchhändler (*dèèr <u>bouough</u>-h'ènd-ler*) (le libraire)

die Buchhandlung (*dii <u>bouough</u>-h'and-loung*) (la librairie)

das Buch (*das bouough*) (le livre)

der Buchstabe (*dèèr <u>bough</u>-shtaa-be*) (la lettre)

der Bundestag (*dèèr <u>boun</u>-des-taagk*) (le parlement [de la République fédérale d'Allemagne])

der Bus (*dèèr bous*) (le bus)

der Busfahrer (*dèèr <u>bous</u>-faa-rer*) (le conducteur de bus)

die Buslinie (*dii <u>bous</u>-li-ni-e*) (la ligne d'autobus)

die Butter (*dii <u>bou</u>-ter*) (le beurre)

C

das Café (*das ka-<u>féé</u>*) (le café où l'on prend un café)

der Chef (*dèèr chèf*) (le responsable)

die Chefin (*dii <u>chè</u>-fin*) (la responsable)

die Chemie (*dii ché-<u>mii</u>*) (la chimie)

der Computer (*dèèr kom-<u>piouou</u>-ter*) (l'ordinateur)

der Cousin (*dèèr kouou-<u>zin</u>*) (le cousin)

die Cousine (*dii kouou-<u>zii</u>-ne*) (la cousine)

D

das Dach (*das dagh*) (le toit)

der Daumen (*dèèr <u>daô</u>-men*) (le pouce)

die Demokratie (*dii dé-mô-kra-<u>tii</u>*) (la démocratie)

die Diagnose (*dii di-ag-<u>nôo</u>-ze*) (le diagnostic)

das Ding (*das dingk*) (la chose)

der Direktor (*dèèr di-<u>rèk</u>-tôôr*) (le directeur)

die Direktorin (*dii di-<u>rèk</u>-tôô-rin*) (la directrice)

der Dirigent (*dèèr di-ri-<u>guènt</u>*) (le chef d'orchestre)

der Doktor (*dèèr dok-<u>tôôr</u>*) (le docteur)

der Dom (*dèèr dôôm*) (la cathédrale)

der Doppelgänger (*dèèr <u>do</u>-pel-guèèn-guer*) (le double, le sosie)

das Doppelzimmer (*das <u>do</u>-pel-tsi-mer*) (la chambre double)

das Dorf (*das dorf*) (le village)

der Drucker (*dèèr <u>drou</u>-ker*) (l'imprimante)

die Dusche (*dii <u>dou</u>-she*) (la douche)

E

das Ei (*das aï*) (l'œuf)

der Eilbrief (*dèèr <u>aïl</u>-briif*) (la lettre express)

der Eingang (*dèèr aïn-gang*) (l'entrée = endroit par où l'on entre)

der Einschreibebrief (*dèèr aïn-shraï-be-briif*) (la lettre recommandée)

das Einschreiben (*das aïn-shraï-ben*) (l'envoi recommandé)

der Eintritt (*dèèr aïn-trit*) (l'entrée = action d'entrer)

die Eintrittskarte (*dii aïn-trits-kar-te*) (le billet/ticket d'entrée)

der Einwohner (*dèèr aïn-vôô-ner*) (l'habitant [d'une ville, d'un pays])

das Einzelzimmer (*das aïn-tsel-tsi-mer*) (la chambre d'une personne)

die E-mail (*dii ii-mééł*) (l'e-mail)

die E-mail-Adresse (*dii ii-méél-a-drè-se*) (l'adresse e-mail)

der Empfänger (*dèèr èmp-fèn-guer*) (le destinataire)

die Erkältung (*aï-ne èr-kèl-toung*) (le rhume)

die Erlaubnis (*dii èr-laô-bnis*) (l'autorisation)

die Eröffnung (*dii èr-euf-noung*) (l'ouverture)

die Erscheinung (*dii èr-shaï-noung*) (l'apparition)

die erste Klasse (*dii éérs-te kla-se*) (la première classe)

die Erzählung (*dii èr-tsèè-loung*) (le récit)

das Esszimmer (*das ès-tsi-mer*) (la salle à manger)

der Euro (*dèèr oï-rôô*) (l'euro)

F

der Fachmann (*dèèr fagh-man*) (le spécialiste)

die Fähre (*dii fèè-re*) (le bac, le ferry)

der Fahrer (*dèèr faa-rer*) (le conducteur)

die Fahrkarte (*dii faar-kar-te*) (le billet de train)

der Fahrkartenschalter (*dèèr faar-kar-ten-shal-ter*) (le guichet de vente de billets)

der Fahrplan (*dèèr faar-plan*) (l'horaire)

der Fahrschein (*dèèr faar-shaïn*) (le titre de transport)

der Fahrscheinautomat (*dèèr faar-shaïn-aô-tôo-maat*) (le distributeur automatique de billets)

das Fahrzeug (*das faar-tsoïgk*) (le véhicule)

der Fall (*dèèr fal*) (la chute/ le cas)

die Falle (*dii fa-le*) (le piège)

die Feier (*dii faï-er*) (la fête)

der Feiertag (*dèèr faï-er-taagk*) (le jour férié)

das Feld (*das fèlt*) (le champ)

die Ferienwohnung (*dii féé-ri-en-vôô-noung*) (l'appartement de vacances)

die Feuerwehr (*dii foï-er-véér*) (les pompiers)

der Feuerwehrmann (*dèèr foï-er-véér-man*) (le pompier)

das Feuerwerk (*das foï-er-vèrk*) (le feu d'artifice)

das Feuerzeug (*das foï-er-tsoïgk*) (le briquet)

der Finger (*dèèr fin-guer*) (le doigt)

der Fisch (*dèèr fish*) (le poisson)

der Flug (*dèèr flouougk*) (le vol)

die Fluggesellschaft (*dii flouougk-ge-zèl-shaft*) (la compagnie aérienne)

der Flughafen (*dèèr flouougk-h'aa-fen*) (l'aéroport)

der Flugkapitän (*dèèr flouougk-ka-pi-tèèn*) (le commandant de bord)

der Flugschein (*dèèr flouougk-shaïn*) (le billet d'avion)

der Flugsteig (*dèèr flouougk-shtaïgk*) (la porte d'embarquement)

das Flugticket (*das flouougk-ti-kèt*) (le billet d'avion)

das Flugzeug (*das fouougk-tsoïgk*) (l'avion)

der Fluss (*dèèr flous*) (le fleuve)

das Formular (*das for-mou-laar*) (le formulaire)

die Frage (*dii fraa-gue*) (la question)

die französische Zwiebelsuppe (*fran-tseueu-zi-she tsvii-bel-zou-pe*) (la soupe à l'oignon)

die Frau (*dii fraô*) (la femme/l'épouse)

das Fremdenverkehrsbüro (*das frèm-den-fer-kéérs-buu-rôô*) (l'office du tourisme)

die Freude (*dii froï-de*) (la joie)

der Freund (dèèr *froïnt* (l'ami)

die Freundschaft (*dii froïnd-shaft*) (l'amitié)

der Friseur (*dèèr fri-zeueur*) (le coiffeur)

das Frühstück (*das fruu-sh-tuk*) (le petit déjeuner)

der Führerschein (*dèèr fuu-rer-shaïn*) (le permis de conduire)

der Fuß (*dèèr fouous*) (le pied)

der Fußgänger (*dèèr fouous-guèn-guer*) (le piéton)

das Fußgelenk (*das fouous-gue-lènk*) (la cheville)

der Fußknöchel (*dèèr fouous-kneueu-chel*) (la malléole)

G

die Gabel (*dii gaa-bel*) (la fourchette)

der Garten (*dèèr gar-ten*) (le jardin)

das Gasthaus (*das gast-h'aôs*) (le restaurant local)

der Gasthof (*dèèr gast-h'ôôf*) (l'auberge)

die Gaststätte (*dii gast-sh-tè-te*) (le restaurant local)

das Gebirge (*das gue-bir-gue*) (le massif montagneux)

die Gefahr (*dii gue-faar*) (le danger)

die Gegend (*dii guéé-guent*) (la contrée/région)

der Gehalt (*dèèr gue-h'alt*) (le contenu)

der Geldautomat (*dèèr guèlt-aô-tô-maat*) (le distributeur)

der Gemüse-Paprika (*dèèr gue-muu-ze pa-pri-ka*) (le poivron)

das Gepäck (*das gue-pèk*) (les bagages)

das Gericht (*das gue-richt*) (le plat)

der Gesang (*dèèr gue-zang*) (le chant)

der Geschäftsführer (*dèèr gue-shèfts-fuu-rer*) (le responsable opérationnel)

die Geschichte (*dii ge-shich-te*) (l'histoire)

das Gesetz (*das gue-zèts*) (la loi)

das Gesicht (*das gue-zicht*) (le visage)

die Gesundheit (*dii gue-zount-haït*) (la santé)

der Gewinner (*dèèr gue-vi-ner*) (le gagnant)

der Gewürz-Paprika (*dèèr gue-vurts pa-pri-ka*) (le paprika)

das Glas (*das glas*) (le verre)

das Gleis (*das glaïs*) (la voie)

der Gottesdienst (*dèèr go-tes-diinst*) (la messe)

der Großvater (*dèèr grôôs-vaa-ter*) (le grand-père)

die Grippe (*dii gri-pe*) (la grippe)

die Größe (*dii greueu-se*) (la taille)

die Großmutter (*dii grôôs-mou-ter*) (la grand-mère)

die Großzügigkeit (*dii grôôs-tsuu-guich-kaït*) (la générosité)

die Güte (*dii guu-te*) (la bonté)

H

das Haar (*das h'aar*) (le cheveux/les cheveux/le poil/les poils)

der Hafen (*dèèr h'aa-fen*) (le port)

der Hals (*dèèr h'als*) (le cou/la gorge)

die Haltestelle (*dii h'al-te-sh-tè-le*) (l'arrêt/la station)

die Hand (*dii h'ant*) (la main)

das Handgepäck (*das h'ant-gue-pèk*) (les bagages à main)

das Haus (*das h'aôs*) (la maison)

die Hausnummer (*dii h'aôs-nou-mer*) (le numéro de la maison)

die Hebamme (*dii h'ééb-a-me*) (la sage-femme)

das Heil (*das h'aïl*) (le salut)

das Hemd (*das h'èmd*) (la chemise)

die Herkunft (*dii h'éér-kounft*) (l'origine)

der Hersteller (*dèèr h'èr-shtè-ler*) (le producteur)

die Hersteller der Hose-nanzug (*dèèr h'ôô-zen-an-tsougk*) (le costume avec pantalon)

das Herz (*das h'èrts*) (le cœur)

das Historische Museum (*das h'is-tôô-ri-shes mou-zéé-oum*) (le musée d'Histoire)

die Hose (*dii h'ôô-ze*) (le pantalon)

das Hotel (*das h'ôô-tèl*) (l'hôtel)

der Hotelführer (*dèèr h'ôô-tèl-fuu-rer*) (le guide hôtelier)

der Hügel (*dèèr h'uu-guel*) (la colline)

das Huhn (*das h'ououn*) (le poulet/la poule)

I

der Imbiss (*dèèr im-bis*) (le snack-bar)

das Immobilienbüro (*das im-mô-bii-li-en-buu-rôô*) (l'agence immobilière)

der Indische Ozean (*dèèr in-di-she ôô-tsé-an*) (l'océan Indien)

die Informatik (*dii in-for-maa-tik*) (l'informatique)

der Informatiker (*dèèr in-for-maa-ti-ker*) (l'informaticien)

die Information (*dii in-for-ma-tsiôôn*), (l'information)

der Inhalt (*dèèr in-h'alt*) (le contenu)

das Internet (*das in-ter-nèt*) (Internet)

J

die Jacke (*dii ia-ke*) (le cardigan/la veste)

das Jahrhundert (*das iaar-h'oun-dert*) (le siècle)

das Jahrtausend (*das iaar-taô-zent*) (le millénaire)

die Jugendherberge (*dii iouou-guent-h'èr-bèr-gue*) (l'auberge de jeunesse)

der Junge (*dèèr ioun-gue*) (le garçon)

K

der Kaffee (*dèèr ka-féé*) (le café)

die Karte (*dii kar-te*) (le billet/ticket/la carte)

die Kasse (*dii ka-se*) (la caisse [où a lieu l'encaissement])

der Kassierer (*dèèr ka-sii-rer*) (le caissier)

die Kassiererin (*dii ka-sii-re-rin*) (la caissière)

der Kasten (*dèèr kas-ten*) (la caisse/la boîte)

der Kaufmann (*dèèr kaôf-man*) (le commerçant)

der Kiefer (*dèèr kii-fer*) (la mâchoire)

das Kind (*das kint*) (l'enfant)

das Kino (*das kii-nô*) (le cinéma)

die Kinokasse (*dii kii-no-ka-se*) (la caisse [du cinéma]

die Kirche (*dii kir-che*) (l'église)

der Klatsch (*dèèr klatsh*) (le bruit d'un objet tombant dans l'eau/le cancan, la rumeur)

das Kleid (*das klaïd*) (le costume/la robe)

die Kneipe (*dii knaï-pe*) (le bistrot)

das Knie (*das knii*) (le genou)

das Konsulat (*das kon-zou-laat*) (le consulat)

der Kopf (*dèèr kopf*) (la tête)

das Kostüm (*das kos-tuum*) (l'ensemble, le tailleur)

das Krankenhaus (*das kran-ken-h'aôs*) (l'hôpital)

die Krankheit (*dii krank-h'aït*) (la maladie)

die Krawatte (*dii kra-va-te*) (la cravate)

die Kreditkarte (d*ii kré-dit-kar-te* (la carte de crédit)

die Kritik (*dii kri-tik*) (la critique)

der Kritiker (*dèèr kri-ti-ker*) (le critique)

die Küche (*dii kuu-che*) (la cuisine)

der Kugelschreiber (*dèèr kouou-guel-shraï-ber*) (le stylo à bille)

die Kuh (*dii kouou*) (la vache)

die Kunst (dii *kounst*) (l'art)

das Kunstmuseum (*das kounst-mou-zéé-oum*) (le musée des Beaux-Arts)

die Küste (*dii kuus-te*) (la côte)

der Kuß (*dèèr kous*) (le baiser)

L

der Lachs (*dèèr laks*) (le saumon)

der Laden (*dèèr laa-den*) (le magasin)

das Land (*das lant*) (l'État de la RFA)

das Land (*das lant*) (la campagne)

das Landesmuseum (*das lan-des-mou-zéé-oum*) (le musée d'État)

die Landkarte (*dii lant-kar-te*) (la carte)

der Landtag (*dèèr land-taagk*) (le parlement [d'un État de la RFA])

die Länge (*dii lèn-gue*) (la longueur)

die Liebe (*dii lii-be*) (l'amour)

das Leben (*das léé-ben*) (la vie)

das Lebensmittelgeschäft (*das léé-bens-mi-tel-ge-shèft*) (le magasin d'alimentation)

das Leder (*das léé-der*) (le cuir)

das Leinen (*das laï-nen*) (le lin)

der Leitfaden (*dèèr laït-faa-den*) (le fil conducteur)

die Lippe (*dii li-pe*) (la lèvre)

die Literaturwissenschaft (*li-té-ra-touour-vi-sen-shaft*) (littérature)

der Löffel (*dèèr leu-fel*) (la cuiller)

die Luftpost (*dii louft-post*) (la poste aérienne)

die Lungenentzündung (*dii loun-guen-ènt-sun-doung*) (la pneumonie)

M

das Mädchen (*das mèd-chen*) (la fille [par opposition au garçon])

der Magen (*dèèr maa-guen*) (l'estomac)

der Mais (*dèèr maïs*) (le maïs)

der Maler (*dèèr maa-ler*) (le peintre)

die Malerei (*dii maa-le-raï*) (la peinture)

der Mann (*dèèr man*) (l'homme/le mari)

der Mantel (*dèèr man-tel*) (le manteau)

der Markt (*dèèr markt*) (le marché)

die Maschine (*dii ma-shii-ne*) (l'avion/l'appareil)

die Mathematik (*dii ma-té-ma-tik*) (les mathématiques)

der Mathematiker (*dèèr ma-té-maa-ti-ker*) (le mathématicien)

die Mechanik (*dii mé-kaa-nik*) (la mécanique)

der Mechaniker (*dèèr mé-chaa-ni-ker*) (le mécanicien)

das Medikament (*das mé-di-ka-mènt*) (le médicament)

die Medizin (dii *mè-di-tsiin*) (la médecine)

das Meer (*das méér*) (la mer)

die Mehrwertsteuer (Mwst) (*dii méér-vèrt-shtoïer*) (la taxe à la valeur ajoutée)

der Meister (*dèèr maïs-ter*) (le maître)

der Mensch (*dèèr mènsh*) (l'être humain)

die Messe (*dii mè-se*) (la foire)

das Messer (*das <u>mè</u>-ser*) (le couteau)

die Metzgerei (*dii <u>mèts</u>-gue-raï*) (la boucherie)

die Mieterin (*dii <u>mii</u>-te-rin*) (la locataire)

die Milch (*dii milch*) (le lait)

der Mittag (*dèèr <u>mi</u>-tagk*) (le midi : de 12 h à 14 h)

das Mittagessen (*das <u>mi</u>-taagk-<u>è</u>-sen*) (le déjeuner)

das Mittelmeer (*das <u>mi</u>-tel-méér*) (la Méditerranée)

die Mitternacht (*dii <u>mi</u>-ter-naght*) (minuit)

der Mond (*dèèr mônt*) (la lune)

der Morgen (*dèèr <u>mor</u>-guen*) (le matin : de 4 h à midi)

die Motte (*dii <u>mo</u>-te*) (le papillon de nuit)

der Mund (*dèèr mount*) (la bouche)

das Museum (*das mou-<u>zéé</u>-oum*) (le musée)

die Musik (*dii mou-<u>ziik</u>*) (la musique)

der Muskel (*dèèr <u>mous</u>-kel*) (le muscle)

die Mutter (*dii <u>mou</u>-ter*) (la mère)

N

der Nachmittag (*dèèr <u>nagh</u>-mi-tagk*) (l'après-midi : de 14 h à 18 h)

die Nachricht (*dii <u>nagh</u>-richt*) (le message)

der Nächste (*dèèr <u>nèèk</u>-ste*) (le prochain)

die Nacht (*dii naght*) (la nuit)

der Nachteil (*dèèr <u>nagh</u>-taïl*) (l'inconvénient)

der Nachtvogel (*dèèr <u>naght</u>-fôô-guel*) (l'oiseau de nuit)

die Nase (*dii <u>naa</u>-ze*) (le nez)

das Naturschutzgebiet (*das na-<u>touour</u>-shouts-guebiit*) (le parc naturel)

das Naturgeschichtliche Museum (*das na-<u>touour</u>-gue-<u>shich</u>-tli-ches mou-<u>zéé</u>-oum*) (le musée d'Histoire naturelle)

das Netz (*das nèts*) (le filet, le réseau)

der Norden (*dèèr <u>nor</u>-den*) (le nord)

die Notaufnahme (*dii <u>nôôt</u>-aôf-naa-me*) (les urgences)

die Nummer (*dii <u>nou</u>-mer*) (le numéro)

O

das Oberhemd (*das <u>ôô</u>-ber-h'èmt*) (la chemise)

die Öffnung (*dii <u>euf</u>-noung*) (l'ouverture)

das Ohr (*das ôôr*) (l'oreille)

der Onkel (*dèèr <u>ong</u>-kel*) (l'oncle)

die Oper (*dii <u>ôô</u>-per*) (l'Opéra/l'opéra)

die Operette (*dii ôô-pé-rè-te*) (l'opérette)

das Opernhaus (*das ôô-pern-h'aôs*) (l'opéra)

der Optimismus (*dèèr op-ti-mis-mous*) (l'optimisme)

der Optimist (*dèèr op-ti-mist*) (l'optimiste)

die Ordnung (*dii ord-noung*) (l'ordre)

der Osten (*dèèr os-ten*) (l'est)

die Ostsee (*dii ost-zéé*) (la Baltique)

der Ozean (*dèèr ôô-tsé-an*) (l'océan)

P

das Paket (*das pa-kéét*) (le paquet)

das Papier (*das pa-piir*) (le papier)

der Paprika (*dèèr pa-pri-ka*) (le paprika, le poivron)

der Park (*dèèr park*) (le parc, le jardin public)

der Parkplatz (*dèèr park-plats*) (le parking)

der Patient (*dèèr pa-tsi-ènt*) (le patient)

die Pause (*dii paô-ze*) (l'entracte)

die Pension (*dii pen-zi-ôôn*) (la pension)

das Pferd (*das pfèrt*) (le cheval)

der Platz (*dèèr plats*) (la place)

die Platzkarte (*dii plats-kar-te*) (la place réservée)

die Politik (*dii po-li-tik*) (la politique)

der Politiker (*dèèr po-li-ti-ker*) (l'homme politique)

die Polizei (*dii po-li-tsaï*) (la police)

das Porto (*das por-tô*) (le montant de l'affranchissement)

die Post (*dii post*) (la poste)

der Postbeamte (*dèèr post-be-am-te*) (le postier)

die Postkarte (*dii post-kar-te*) (la carte postale)

die Postleitzahl (*dii post-laït-tsaal*) (le code postal)

der Preis (*dèèr praïs*) (le prix)

die Publizität (*dii pou-bli-tsi-tèèt*) (la publicité [le caractère public])

der Pullover (*dèèr pou-lôô-ver*) (le pull-over)

der Punkt (*dèèr pounkt*) (le point)

Q

die Quittung *(dii kvi-toung* (le reçu)

R

der Radfahrer (*dèèr rat*-faa-rer) (le cycliste)

das Rasthaus (*das rast-h'aôs*) (l'auberge)

das Rasthof (*das* *rast-h'ôôf*) (une sorte de motel à proximité d'une autoroute)

der Rasthof (*dèèr* *rast-hôôf*) (le restaurant d'autoroute)

die Raststätte (*dii* *rast-sh-tè-te*) (le motel)

das Rathaus (*das* *raat-haôs*) (l'hôtel de ville)

der Ratskeller (*dèèr* *raats-kè-ler*) (le restaurant dans une cave)

die Rechnung dii *rèch-noung* (l'addition/la facture)

das Recht (*das rècht*) (le droit)

das Reh (*das réé*) (le chevreuil)

die Reise (*dii* *raï-ze*) (le voyage)

das Reisebüro (*das* *raï-ze-buu-rôô*) (l'agence de voyages)

der Reisende (*dèèr* *raï-zen-de*) (le voyageur)

der Reisepass (*dèèr* *raï-ze-pas*) (le passeport)

das Restaurant (*das rès-tôô-ran't*) (le restaurant)

der Richter (*dèèr* *rich-ter*) (le juge)

der Rock (*dèèr rok*) (la jupe)

das Rollbrett (*das* *rol-brèt*) (la planche à roulettes)

der Rotwein (*dèèr* *rôôt-vaïn*) (le vin rouge)

der Rücken (*dèèr* *ru-ken*) (le dos)

die Rückfahrkarte (*dii* *ruk-faar-kar-te*) (l'aller retour)

das Rückflugticket (*das* *ruk-flouougk-ti-ket*) (le billet aller-retour)

der Rum (*dèèr roum*) (le rhum)

S

der Saft (*dèèr zaft*) (le jus de fruit)

der Sänger (*dèèr* *zèn-guer*) (le chanteur)

die Sängerin (*dii* *zèn-gue-rin*) (la chanteuse)

der Satz (*dèèr zats*) (le set [tennis], le marc [café], la phrase)

das Schaf (*das shaaf*) (le mouton)

der Schalter (*dèèr* *shal-ter*) (le guichet)

der Schauspieler (*dèèr* *shaô-shpii-ler*) (l'acteur)

die Schauspielerin (*dii* *shaô-shpii-le-rin*) (l'actrice)

das Schiff (*das shif*) (le navire)

das Schlafzimmer (*das* *shlaaf-tsi-mer*) (la chambre)

die Schlafzimmer das Schwimmbad (*das* *shvim-baat*) (la piscine)

der Schlüssel (*dèèr* *shlu-sel*) (la clé)

der Schnellimbiss (*dèèr* *shnèl-im-bis*) (le snack-bar)

die Schreibmaschine (*dii shraïp-ma-shii-ne*) (la machine à écrire)

die Schulter (*dii shoul-ter*) (l'épaule)

der Schwager (*dèèr shvaa-guer*) (le beau-frère)

die Schwägerin (*dii shvèè-gue-rin*) (la belle-sœur)

der Schwanz (*dèèr shvants*) (la queue)

die Schwester (*dii shvès-ter*) (la sœur)

die Schwiegermutter (*dii shvii-guer-mou-ter*) (la belle-mère)

der Schwiegersohn (*dèèr shvii-guer-sôôn*) (le gendre)

die Schwiergertochter (*dii shvii-guer-togh-ter*) (la belle-fille)

der Schwiegervater (*dèèr shvii-guer-vaa-ter*) (le beau-père)

der See (*dèèr zéé*) (le lac)

die See (*dii zéé*) (la mer)

die Seide (*dii zaï-de*) (la soie)

der Sekretär (*dèèr ze-kré-tèèr*) (le secrétaire)

die Sekretärin (*dii ze-kré-tèè-rin*) (la secrétaire)

die Serviette (*dii zèrv-iėt-te*) (la serviette)

der Sieg (*dèèr ziigk*) (la victoire)

der Sieger (*dèèr zii-guer*) (le vainqueur)

der Sohn (*dèèr zôôn*) (le fils)

der Sonnenschein (*dèèr zo-nen-shaïn*) (la lumière du soleil)

der Spatz (*dèèr shpatz*) (le moineau)

der Spaziergang (*dèèr shpa-tsiir-gang*) (la promenade)

das Spiegelei (*das shpii-guel-aï*) (l'œuf sur le plat)

das Spiel (*das shpiil*) (le jeu/le match/la partie)

der Spielfilm (*dèèr shpiil-film*) (le long métrage)

das Spielzeug (*das shpiil-tsoïgk*) (le jouet)

die Sprache (*dii shpraa-ghe*) (la langue)

die Stadt (*dii shtat*) (la ville)

der Stahl (*dèèr shtaal*) (l'acier)

der Stamm (*dèèr shtam*) (le tronc)

die Stärke (*dii shtèèr-ke*) (la force)

die Stelle (*dii shtè-le*) (la position/l'endroit/le lieu)

die Stellung (*dii shtè-loung*) (la position)

das Steuer (*das shtoïer*) (le volant [véhicule] / la barre [bateau])

die Stimme (*dii shti-me*) (la voix [dans tous les sens français])

die Straße (*dii shtraa-se*) (la rue)

die Straßenbahn (*dii shtraa-sen-baan*) (le tramway)

die Straßenkarte (*dii shtraa-sen-kar-te*) (la carte routière)

der Sturm (*dèèr shtourm*) (la tempête)

der Süden (*dèèr zuu-den*) (le sud)

der Supermarkt (*dèèr zouou-per-markt*) (le supermarché)

der Suppenteller (*dèèr zou-pen-tè-ler*) (l'assiette à soupe)

das Symbol (*das zum-bôôl*) (le symbole)

das Symptom (*das zump-tôôm*)

das System (*das zus-téém*) (le système)

T

die Tabelle (*dii ta-bè-le*) (le tableau)

der Tafelwein (*dèèr taa-fel-vaïn*) (le vin de table)

der Tag (*dèèr taag*) (le jour)

die Tageszeitung (*dii taa-gues-tsaï-toung*) (le journal quotidien)

die Tagung (*dii taa-goung*) (la séance, la session)

die Tagungen die Tanne (*dii ta-ne*) (le sapin)

das Tal (*das taal*) (la vallée)

die Tante (*dii tan-te*) (la tante)

der Tänzer (*dèèr tèn-tser*) (le danseur)

die Tänzerin (*dii tèn-tse-rin*) (la danseuse)

die Tasse (*dii ta-se*) (la tasse)

die Taube (*dii taô-be*) (le pigeon)

das Taxi (*das ta-xi*) (le taxi)

der Taxistand (*dèèr ta-xi-sh-tant*) (la station de taxis)

der Tee (*dèèr téé*) (le thé)

der Teil (*dèèr taïl*) (la partie / la portion)

das Telefon (*das té-lé-fôôn*) (le téléphone)

das Telefonat (*das té-lé-fôô-naat*) (le coup de téléphone)

das Telefongespräch (*as té-lé-fôôn-gue-shprèèch*) (la conversation téléphonique)

die Telefonkarte (*dii té-lé-fôôn-kar-te*) (la carte téléphonique)

die Telefonnummer (*dii té-lé-fôôn-nou-mer*) (le numéro de téléphone)

die Telefonzelle (*dii té-lé-fôôn-tsè-le*) (la cabine téléphonique)

der Teller (*dèèr tè-ler*) (l'assiette)

der Termin (*dèèr tèr-miin*) (la date prévue de livraison, de rencontre, etc.)

das Theater (*das téé-aa-ter*) (le théâtre)

die Theaterkasse (*dii téé-aa-ter-ka-se*) (la caisse du théâtre)

die Theorie (*dii té-o-rii*) (la théorie)

der Toast (*dèèr tôôst*) (le toast)

die Tochter (*dii togh-ter*) (la fille [par opposition au fils])

die Tomatensuppe (*dii to-maa-ten-zou-pe*) (la soupe à la tomate)

das T-Shirt (*das ti-sheurt*) (le T-shirt)

die Tube (*dii touou-be*) (le tube)

die Tür (*dii tuur*) (la porte)

U

die U-Bahn (*dii ouou-baan*) (le métro)

die U-bahnhaltestelle (*dii ouou-baan-h'al-te-shtè-le*) (la station de métro)

die U-Bahnlinie (*dii ouuo-baan-li-ni-e*) (la ligne de métro)

die U-Bahnstation (*dii ouou-baan-shta-tsi-ôôn*) (la station de métro)

die Übernachtung (*dii uu-ber-nagh-toung*) (le logement pour une nuit)

der Übersetzer (*dèèr uu-ber-zèt-ser*) (le traducteur)

die Übersetzung (*dii uu-ber-zèt-soung*) (la traduction)

die Übung (*dii uu-boung*) (l'exercice)

der Umschlag (*dèèr oum-shlaagk*) (l'enveloppe)

die Untergrundbahn (*dii oun-ter-grount-baan*) (la voie souterraine = le métro)

V

die Vase (*dii vaa-ze*) (le vase)

der Verkäufer (*dèèr fer-koï-fer*) (le vendeur)

die Verkäuferin (*dii fer-koï-fe-rin*) (la vendeuse)

der Verkehr (*dèèr fer-kéér*) (la circulation, le trafic, la fréquentation)

die Verletzung (*dii fer-lèt-soung*) (la blessure)

die Verspätung (*dii fer-shpèè-toung*) (le retard)

der Verwundete (*dèèr fer-voun-de-te*) (le blessé)

das Visum (*das vii-zoum*) (le visa)

der Vogel (*dèèr fôô-guel*) (l'oiseau)

der Vormittag (*dèèr fôôr-mi-tagk*) (la matinée : de 9 h à midi)

der Vorrat (*for-raat*) (la provision)

die Vorstellung (*dii fôôr-shtè-loung*) (la séance)

die Vorwahl (*dii vôôr-vaal*) (le préfixe)

W

das Wachs (*das vaks*) (la cire)

der Wagen (*dèèr vaa-guen*) (la voiture)

die Wahl (*dii vaal*) (le choix, l'élection)

der Wald (*dèèr valt*) (la forêt)

die Wanderung (*dii van*-de-roung) (la randonnée)

das Wasser (*das va-ser*) (l'eau)

der Wechsel (*dèèr vèk-zel*) (le changement, la lettre de change)

der Wechselkurs (*dèèr vèk-zel-kouourz*) (le taux de change)

die Wechselstube (*dii vèk-zel-shtouou-be*) (le bureau de change)

der Weg (*dèèr véégk*) (le chemin)

der Wein (*dèèr vaïn*) (le vin)

die Weinstube (*dii vaïn-sh-touou-be*) (le bar à vin)

die Weise (*dii vaï-ze*) (la manière/la façon)

der Weißwein (*dèèr vaïs-vaïn*) (le vin blanc)

die Weite (*dii vaï-te*) (l'étendue/la largeur)

die Welle (*dii vè-le*) (la vague)

die Werbung (*dii vèr-boung*) (la publicité)

der Werktag (*dèèr vèrk-taagk*) (le jour ouvrable)

der Wert (*dèèr vèrt*) (la valeur)

die Weste (*dii vès-te*) (la veste)

der Westen (*dèèr vès-ten*) (l'ouest)

die Wettervorhersage (*dii vè-ter-fôôr-héérzaa-gue*) (la prévision météorologique)

die Wiese (*dii vii-ze*) (le pré)

der Wind (*dèèr vint*) (le vent)

die Wissenschaft (*dii vi-sen-shaft*) (la science)

die Wissenschaftlerin (*dii vi-sen-shaft-le-rin*) (la scientifique)

das Wochenende (*das vo-ghen-èn-de*) (le week-end)

die Wohnung (*dii vôô-noung*) (l'appartement)

das Wohnzimmer (*das vôôn-tsi-mer*) (la salle de séjour)

die Wolle (*dii vo-le*) (la laine)

die Wunde (*dii voun-de*) (la blessure [grave] / la plaie)

die Würze (*dii vur-tse*) (l'épice)

Y

der Yoga (*dèèr iôô-ga*) (le yoga)

Z

die Zahl (*dii tsaal*) (le nombre)

der Zeh (*dèèr tséé*) (l'orteil)

das Zeichen (*das tsaï-chen*) (le signe)

der Zeichner (*dèèr tsaïch-ner*) (le dessinateur)

die Zeichnung (*dii tsaïch-noung*) (le dessin)

die Zeit (*dii tsaït*) (le temps [qui passe])

die Zeitung (*dii tsaï-toung*) (le journal)

die Zeitungsanzeige (*dii tsaï-toungs-an-tsaï-gue*) (l'annonce)

die Ziffer (*dii tsi-fer*) (le chiffre)

das Zimmer (*das tsi-mer*) (la pièce)

das Zimmermädchen (*das tsi-mer-mèèd-chen*) (la femme de chambre)

der Zimmermann (*dèèr tsi-mer-man*) (le menuisier)

der Zimmerservice (*dèèr tsi-mer-ser-vis*) (le service dans la chambre)

der Zoll (*dèèr tsol*) (la douane)

die Zunge (*dii tsoun-gue*) (la langue)

der Zustand (*dèèr tsou-sh-tant*) (l'état [des choses, d'un malade, d'une situation])

die zweite Klasse (*dii tsvaï-te kla-se*) (la seconde classe)

Index alphabétique